Christian König

Das große Buch vom
Wetter

Wolken, Luftdruck, Jahreszeiten
Wetterbeobachtung und Wettervorhersage für alle

LUDWIG

Inhalt

Vor Wetterkapriolen kann man niemals sicher sein.

Vorwort 6

Wie Wetter funktioniert 8
Die Ausgangselemente 10
Die Wetterbestandteile 15
Die Hauptwetterphasen 20
Die meteorologischen Hauptelemente 22
Wechselspiel und Summe der Einflüsse 25

Die Wetterphänomene 26
Wolken 27
Wind 40
Der Niederschlag – Flüssiges und Festes von oben 51
Der Sonnenschein und seine Lichtspiele 58

Unsere Wetterlagen 64
Die zehn typischen Wetterlagen über Europa 65
Besondere Wetterlagen 69

Die Wetterbeobachtung 78
Das Netz zwischen Himmel und Erde 79
Die eigene Wetterstation 81
Messgeräte und ihre Handhabung 82
Das eigene Wetterprotokoll 96
Die internationalen Wettersymbole 97

Unser Wetter im Jahreslauf 98
Die Jahreszeiten 99
Wetterabläufe und Vegetationszeiten 107
Wetter und Klima in Deutschland – eine Fieberkurve 108

Stadtwetter und Landwetter 112
Das Stadtwetter 113
Das Straßenwetter 116
Das Gartenwetter 118
Ein nützlicher Gartenwetterkalender 122

Form und Farbe der Wolkenformationen geben Aufschluss über die Wetterentwicklung.

Inhalt

Das Winzerwetter 124
Das Wetter im Wald 124

Bergwetter und Seewetter 128
Das Wetter im Gebirge 129
Das Wetter am Meer 134
Wettereinflüsse auf die Binnenseen 139

Wetter und Gesundheit 142
Wetterfühligkeit 143
Wie die Wetterlagen wirken 146
UV-Strahlung – die unsichtbare Gefahr 152
Pollenflug und Heuschnupfen 154
Das Bioklima in Deutschland 155
Reisebioklima 156

Je nach Landschaftstyp können sich bestimmte regionale Wetterlagen herausbilden.

Regeln, Weisheiten und Wetterboten 158
Singularitäten – Erfahrungen mit Prognosewert 159
Bewährte Wetterregeln 162
Praktische Wetterregeln für den Hausgebrauch 165
Tiere als Wetterboten 173
Pflanzen als Wetterboten 174
Der Mond – ein Wetterprophet? 174
Planeteneinflüsse aufs Wetter? 175
Der Bauernkalender 176

Der Mensch als Wettermacher und Klimastörenfried 178
Der Treibhauseffekt 180
Das Ozonloch 181
El Niño und La Niña 182
Die Hagelabwehr im Alpengebiet 183

Anhang 184
Umrechnungstabellen 184
Kontaktadressen 186
Impressum, Bildnachweis, Danksagung 188
Sachregister 189
Wetterprotokoll 192

In den Bergen kann sich das Wetter mit jedem Höhenmeter ändern.

Vorwort

Wetter begleitet, beeinflusst und prägt uns das ganze Leben lang. Ob wir es nun bewusst wahrnehmen, aufmerksam beobachten und unsere Pläne und Entscheidungen danach ausrichten oder uns einfach in unserer Befindlichkeit manchmal wie fremdgesteuert fühlen: Wetter formt Gewohnheiten, Wesenszüge und Sitten ganzer Völkergemeinschaften, das Aussehen von Landschaften und letzten Endes die Qualität der Lebensräume auf unserem Blauen Planeten.

So launisch und unberechenbar Wetter manchmal wirkt, so zuverlässig lässt es sich meist vorhersagen. Jahrzehntelange Beobachtungen und Forschungen, moderne Messgeräte und Satellitenbeobachtungen ermöglichen es den Wissenschaftlern, die Zusammenhänge zu erkennen und vorherzusagen. Viele dieser Zusammenhänge sind leicht nachvollziehbar und können von jedem beobachtet werden.

Was wir so einfach »unser Wetter« nennen, ist ein hochkompliziertes Zusammenwirken von physikalischen und chemischen Vorgängen im Großen und Kleinen zwischen Himmel und Erde. Deshalb gibt es in diesem Bereich eine Menge theoretisches Fachwissen und rund um den Globus viele hochspezialisierte Fachleute, die sich nur mit Klima und Wetter beschäftigen. Was aber fehlt, ist ein lehrreicher und zugleich praktischer Wissensextrakt für das alltägliche Leben. Dieses Wetterbuch soll das ändern. Es ist zum gemütlichen Schmökern an verregneten Wochenenden genauso geeignet wie zum Nachschlagen bei auffälligen Wetterphänomenen, und zugleich ist es ein Ratgeber durchs Jahr für unsere Lebensrhythmen und Gewohnheiten – von den Wettertücken auf der Fahrt zur Arbeit bis zum Abschätzen der Gewittergefahr vor einer Bergtour.

Gespür und Hightech beim Wetter
Im Labyrinth von Daten, Einheiten, Grenzwerten und Risikoskalen gelingt es uns immer seltener, unbeschwert das herrschende Wetter vor der eigenen Haustür einfach so zu nehmen, wie es ist. Oft wird schlechtgeredet, was vielleicht wohltuend und stärkend wirkt. Der Blick zurück darauf, wie unsere

Vorfahren mit dem Wetter umgingen, es beobachteten, interpretierten und daraus noch heute gültige Regeln schufen, zeigt, dass es sich trotz aller modernen Technologie lohnt, unser Gespür für die Vorgänge in der Natur wach zu halten und neu zu schulen. In diesem Buch lernen Sie die wichtigsten dieser altbewährten Regeln und Einsichten kennen und Ihre Sinne für das Wetter und seine »Launen« zu schärfen.

Computerberechnete Wettervorhersagen mit hoher Treffsicherheit nehmen uns keine grundsätzlichen Entscheidungen ab; sie helfen allenfalls festzulegen, welche wetterabhängigen Pläne wir wann in die Tat umsetzen. Die praktische Ausführung birgt nach wie vor Wetterrisiken, die aber mit Erfahrung und umsichtigem Verhalten rechtzeitig erkannt und damit leichter vermieden werden können.

Der große Bogen

Auch dazu soll dieses Wetterbuch maßgeblich mithelfen, indem es Ihnen einen Einblick in das aktuelle Wissen über die Wetterentstehung und den Wetterablauf bis hin zu richtigen Verhaltenstipps bei jeder Wetterlage gibt. Falls ein Interesse am Beobachten oder sogar Aufzeichnen des Wetters nicht bereits vorhanden sein sollte, wird spätestens anhand all der hier geschilderten faszinierenden und spannenden Aspekte des Wettergeschehens der Funke zum Selbstmitmachen überspringen. Denn hier erfahren Sie mit ausführlichen praktischen Anleitungen, mit welchen Messinstrumenten und einfachen Vorkehrungen Sie zu Hause die Wetterphänomene deuten und Wetterlagen und -umschwünge vorhersagen können.

Außerdem werden brandaktuelle Themen vom Weltklima bis zum hausgemachten Sommersmog am Badeweiher angegangen. Keiner von uns kann sich diesen teils beunruhigenden Facetten des Wetters entziehen, vor allem in Anbetracht der Tatsache, dass wir unseren Teil dazu beitragen, wenn der nächste zerstörerische Wirbelsturm in der sonst so paradiesischen Karibik vielleicht auch deshalb so verheerend werden kann, weil wir hierzulande an nasskalten Herbstabenden lieber schon vorzeitig die Zentralheizung im Keller anwerfen.

Wenn es gelingt, Wissensdurst und Wetterhobby, regelmäßiges Nachschlagen und naturbewusste Nachdenklichkeit zu vereinen, dann liegt dieses Buch bei Ihnen immer in Reichweite und hat sein Anliegen erfüllt.

Viel Freude und »Aha-Effekte« wünscht

Christian König

Wetter findet zwar direkt vor unserer Haustür statt, doch seine Einflussfaktoren sind weltumspannend. Je genauer wir hinter die Kulissen schauen, desto klarer wird uns: Mit all seinem Tun nimmt der Mensch direkt und indirekt Einfluss auf das sensible Klimagefüge der Erde.

Wie Wetter funktioniert

Seit dem Entstehen der Erdatmosphäre findet Wetter rund um den ganzen Globus statt. Auch Sonnenschein oder sternklarer Himmel ohne Wolken oder Windzug ist Wetter. Alles scheint nahtlos und wie von selbst ineinander zu greifen. Doch dahinter steckt eine Fülle von Faktoren und Wirkgrößen, die sich ständig verändern, gegenseitig beeinflussen und um den Vorrang kämpfen. Bis heute hat die Naturwissenschaft noch immer erst einen Teil der komplexen und komplizierten Wetterwirklichkeit erforscht.

Was ist eigentlich »Wetter«?

Wetter umgibt uns draußen zwar rund um die Uhr, und jeder glaubt zu wissen, was es ist – doch wie definiert es sich?

Als »Wetter« bezeichnet man den Zustand der Atmosphäre zu einem bestimmten Zeitpunkt an einem bestimmten Ort. Dabei wirken die meteorologischen Elemente Strahlung, Luftdruck, Lufttemperatur, Luftfeuchte, Wind und abgeleitete Erscheinungsformen wie Wolken, Niederschlag und Sichtweite zusammen. Wetter spielt sich also kurzfristig und bis in Höhen um zehn Kilometer ab.

Mit »Witterung« wird der durchschnittliche Wetterzustand oder der vorherrschende Charakter des Wetterablaufs von einigen Tagen bis hin zu Jahreszeiten bezeichnet.

Das »Klima« umfasst dagegen die Wettererscheinungen als mittleren Zustand der Atmosphäre in einer bestimmten Region. Auf das Klima nehmen auch die Bodenoberfläche und globale Ereignisse Einfluss.

Wir in Mitteleuropa befinden uns in der Zone gemäßigten Klimas. Es gehört zur Westwindzone und zeigt häufige und teils starke Wetterschwankungen. Dabei gibt es das Flachlandklima, das Seeklima, das Mittelgebirgs- und das Hochgebirgsklima.

Wo wir Wetter erleben

Doch das ist nur die gröbste landschaftliche Langzeiteinteilung. Wenn wir uns mit Einheimischen über das Wetter unterhalten, erfahren wir oft ungeahnte Details über lokale Besonderheiten. Manchmal wird seit Generationen Wettertypisches tradiert, das in keinen überregionalen Meldungen seinen Niederschlag findet, denn es ist in erster Linie für die Ortsansässigen wichtig, für andere hingegen eher uninteressant. So werden häufig Hügelketten, Gebirgsausläufer, ja manchmal bereits Flusszonen als »Wetterscheiden« tituliert. Diesseits und jenseits dieser oft unscheinbaren Landmarken finden dann charakteristisch unterschiedliche Wetterabläufe statt. Lokal gültige Wettersprüche im ureigensten Dialekt geben dann Auskunft über Erfahrungswerte der ansässigen Generationen; ob z. B. Gewitter mehr jenseits eines Flusslaufs weiterziehen oder beim Entstehen über einem bestimmten Berg häufiger Hagel bringen – die Einheimischen wissen es.

Es gibt kaum ein beliebteres Thema als das Wetter. Wenn man mit jemandem nichts Wichtigeres zu bereden weiß, kommt oft unweigerlich das angebliche »Sauwetter« oder der herrliche Sonnenschein, der deprimierende Nebel oder der kopfzersprengende Föhn zur Sprache.

Die Ausgangselemente

Wie bei einem guten Essen braucht es auch in der Wetterküche die passenden Grundlagen und Zutaten. Als Energiespender ist die Sonne der Anfang von allem. Ohne Lufthülle als Transport- und Mischungsmedium könnten keine ausgleichenden Prozesse vonstatten gehen. Und mit dem Element Wasser in jeglicher Form wird unser Planet erst zum Juwel in der kosmischen Vielfalt.

Die Sonne – Motor für Licht und Wärme

Wir nehmen ihre Existenz so hin wie die Luft zum Atmen: selbstverständlich, immer verfügbar, ewig für uns da. Aus der Froschperspektive unseres kurzen Erdenlebens stimmt das wohl auch. Auf der anderen Seite sind die Dimensionen so unvorstellbar, dass der Mensch seit alters her religiöse und mythische Inhalte um diesen Stern im Universum entwickelte. Rein wissenschaftlich betätigt sich die Sonne als gigantische Wettermaschine!

Sie schickt pro Tag so viel an Licht- und Wärmeenergie auf die Erde, dass damit etwa der 14000-fache Energieverbrauch der gesamten Menschheit abgedeckt werden könnte.

Auf seinem Weg durch die Erdatmosphäre wird das Sonnenlicht zum Teil absorbiert und reflektiert. Dazu tragen winzige feste Partikel in den erdnahen atmospärischen Schichten bei, die sich durch Vulkanausbrüche, Sandstürme oder durch die Verbrennung von Rohstoffen (Kohle, Holz, Erdöl, Erdgas) in der Luft befinden. Zum anderen sind es die Eiskristalle der Schleierwolken und Kondensstreifen und Nebeltröpfchen, die das Licht wie in zahllosen Spiegeln brechen und verändern.

Die kurzwellige Strahlung wird auf der Erdoberfläche in langwellige Wärmestrahlung umgewandelt. Helle bis weiße Bereiche, etwa Schneegebirge, Polkappen und weißliche Wolkenoberflächen, strahlen jedoch einen erheblichen Anteil des Sonnenlichts zurück in den Weltraum. Insgesamt besteht durch die Lufthülle und die großen Windsysteme auf der Erde ein Gleichgewicht zwischen empfangener Sonneneinstrahlung und Erdabstrahlung. So bleibt die Energiebilanz unseres Globus zumindest über längere Zeiträume weitgehend stabil.

Der Sonnenscheinautograph

Die Sonnenscheindauer wird heutzutage mit elektronischen Verfahren gemessen. Noch vor nicht allzu langer Zeit benutzte man dazu einen »Sonnenscheinautographen«. Bei diesem Gerät bündelt eine Glaskugel die Sonnenstrahlen wie eine Linse, so dass auf dem Papierregistrierstreifen eine Brandspur entsteht.

Befinden wir uns auf der Tagseite der rotierenden Erdkugel, baut die Sonneneinstrahlung einen Energie- und Wärmeüberschuss in der bodennahen Atmosphäre auf. Befinden wir uns auf der Nachtseite, ist die »Sonnenheizung« abgestellt, und die Infrarotwärmestrahlen entweichen ins Weltall.

Strahlungsbreite des Sonnenlichts

Das Sonnenlicht setzt sich aus Wärmestrahlung (Infrarot, langwellig), sichtbarem Licht (Spektralfarben) und ultraviolettem Licht (UV, kurzwellig) zusammen.

Die Energie, die von der Sonne auf die Erde gelangt, ist die Grundbedingung des Lebens schlechthin. Ohne Sonne gäbe es keine Pflanzen und Tiere, wäre unsere Erde ein kalter, unwirtlicher Planet.

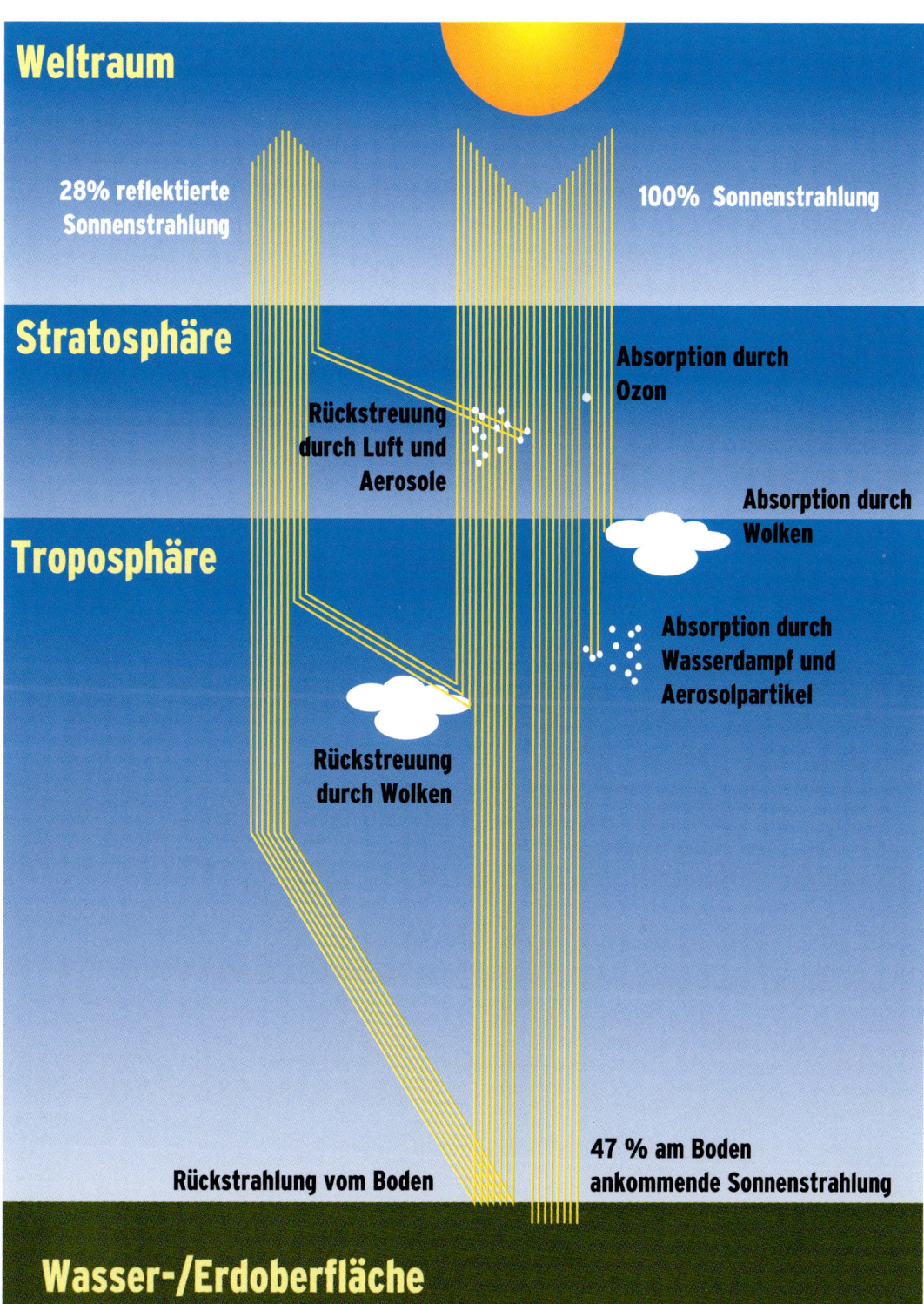

Das bekommen wir besonders in den langen, sternklaren Winternächten zu spüren, wenn sich keine Wärme reflektierende Wolkenschicht zwischen Erdboden und Kosmos befindet und die Temperaturen auf empfindliche Kältegrade sinken.

Die Luft – Strahlenschutz und Klimawächter

Wir sind ständig von ihr umgeben und brauchen sie vom ersten bis zum letzten Atemzug. Doch wir können sie nur sehen, wenn sie mit festen oder flüssigen Teilchen erfüllt ist, über heißem Grund flimmert oder als Wind Gegenstände bewegt. Als unsichtbares und hochsensibles Gasgemisch ist uns der Wert der Lufthülle um unseren Planeten erst seit den Zeiten der Raumfahrt und Satellitenbilder bewusst. Die Erdatmosphäre ist nicht gleichförmig dicht und in den verschiedenen Höhen aus verschiedenen Bestandteilen zusammengesetzt. Jeder, der sich in Gletscherregionen körperlich anstrengen muss, weiß um den Mangel an Sauerstoff bereits ein paar tausend Meter über dem Meeresspiegel! Hier wird die Luft schon »dünner«, und ihre filternde Schutzwirkung gegen die gefährliche UV-Strahlung nimmt mit der Höhe deutlich ab.

Was die Atmung angeht, sind wir direkt auf der Erdoberfläche am besten aufgehoben. Hier ist durch die Erdanziehungskraft das Gasgemisch der Luft am dichtesten und der Sauerstoffgehalt mit etwa 21 Prozent am höchsten. Stickstoff macht mit rund 78 Prozent den Löwenanteil aus, nur 1 Prozent nehmen noch Neon und Helium, Kohlendioxid und Wasserdampf ein.

Wo Wetter stattfindet

Das eigentliche Wetter findet nur in der untersten Schicht der Atmosphäre, der Troposphäre, statt. Sie ist über den Polen am dünnsten (8 bis 10 km) und über dem Äquator am dicksten (bis 16 km). An der Grenze zur darüber liegenden Stratosphäre macht die Temperatur einen gewaltigen Sprung. Der Dichteunterschied der Luft lässt dabei eine Art Deckel entstehen (Tropopause), durch den die Wolken nicht oder nur mit Hilfe extremer Aufwindenergie ein Stück weiter nach oben dringen können. Solche Ereignisse sind zum Beispiel schwere Vulkanausbrüche, die Aschewolken hochschleudern, oder Atompilze bei oberirdischen Tests, wie sie noch vor wenigen Jahrzehnten durchgeführt wurden. Glücklicherweise kommen schwere Vulkanausbrüche nur relativ selten vor, denn ihr Einfluss auf das Wetter kann auch überregional oder für ganze Kontinente von Bedeutung sein, etwa durch immense Aschemengen, die in die Atmosphäre gelangen werden und die Sonne verdunkeln.

Mit weltumspannenden Windsystemen wie den tropischen Passat- und Monsunwinden zwischen Meeren und Kontinenten, aber auch den Hoch- und Tiefwinden zwischen den Polen und gemäßigten Breiten werden extreme Wärme- und Kältezonen immer wieder ausgeglichen. Das geschieht manchmal mit unmerklicher Brise, dann wieder mit gewaltigen Stürmen.

Der Treibhauseffekt

Bestimmte Gase wie Kohlendioxid und Methan sowie hohe Eiskristall-Schleierwolken (Cirrus) lassen das Sonnenlicht durch, reflektieren jedoch die Wärmestrahlung (Infrarot) der Erde – das ist der »Treibhauseffekt«. Auch aus diesem Grund sind künstlich erzeugte Schleierwolken durch Jetkondensstreifen so kritisch für das Wärmegleichgewicht der Erdatmosphäre!

Jenseits der Wolkengrenze im Flugzeug über den Himmel zu schweben ist eines der schönsten Erlebnisse. Auch von oben lassen sich verschiedene Wolkentypen erkennen, und die immer wieder durchscheinende Erdoberfläche kontrastiert auf eigentümliche Weise mit dem ungewohnten Wolkenbild.

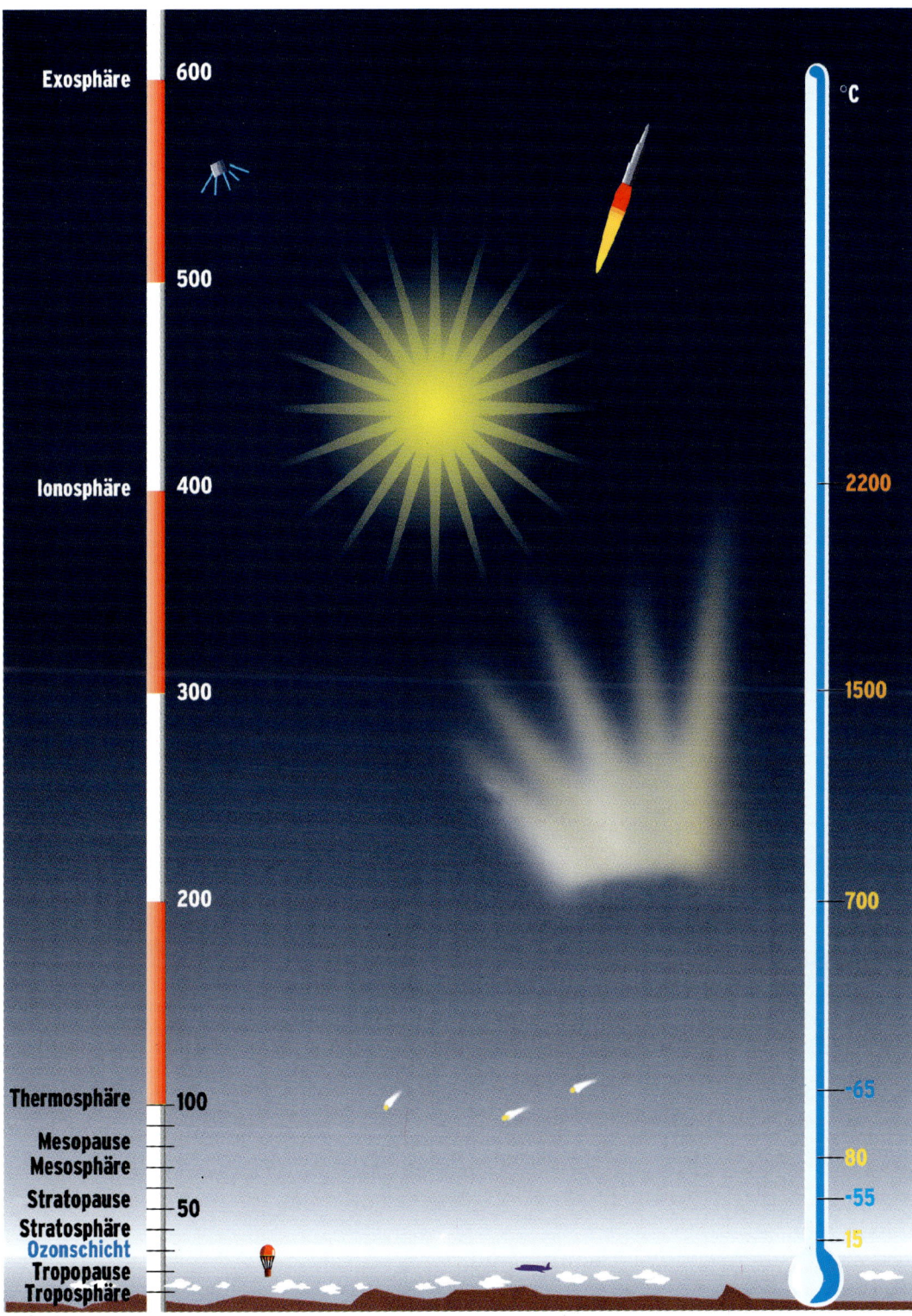

Das Wasser – Lebensspender und Wettergestalter

Längst ist erwiesen, dass es ohne Wasser kein Leben auf dieser Erde gäbe. Jeder Mensch, der in Steppen, Savannen oder gar wüstenähnlichen Gebieten zu Hause ist, wird es uns mit leuchtenden Augen bestätigen: Wasser ist der Quell allen Lebens! Etwa zwei Drittel des menschlichen Organismus bestehen aus Wasser. Ohne zu essen, könnten wir Wochen überleben – ohne Flüssigkeit nur wenige Tage. Rund 70 Prozent der Erde sind mit Wasser bedeckt. Der nutzbare Anteil des Süßwassers macht jedoch nur 0,3 Prozent des gesamten Wasserreservoirs der Erde aus. Wir finden es als Grundwasser, in Flüssen und Seen sowie als Eis- und Schneereserven in alpinen Gletscherlagen und um die Polkappen.

Der Wasserkreislauf: Durch Verdunstung (V) gelangt Wasser in die Atmosphäre, kondensiert, regnet wieder ab und kehrt als Abfluss (A) in die Meere zurück.

Das Wasser auf der Erde befindet sich in einem ständigen Kreislauf. Die Menge bleibt zwar insgesamt gleich, doch je nach Klima und Standort treten massive Mängel oder zum Teil verheerende Überflüsse auf. Was über Meere, Seen und Landoberflächen verdunstet, wird meist über viele Kilometer als Eiskristalle oder feine Tröpfchen in Wolkenpaketen wegtransportiert. Anderswo gelangt das Wasser dann in Form von Regen oder Schnee wieder zur Erde. Dort versickert es, wird von den Pflanzen im Wurzelboden aufgesogen oder sammelt sich nach Wochen als Grundwasser in tiefen Schichten.

Zweimal wird das Wasser natürlich gereinigt: bei seiner Verdunstung in die Atmosphäre und beim Versickern in die Tiefen der Erde. Schadstoffe gelangen aufgrund der meist durch Menschen verursachten Luftverschmutzung, die sich in den Wolken sammelt, und durch das Auswaschen von belastenden Stoffen durch Regen, Schneefall oder Nebel ins Wasser. Entsprechendes gilt für das Grund- und Abflusswasser, das durch Düngung in der Landwirtschaft (zu viel Stickstoffe, Gülle auf Schneefeldern oder wassergesättigten Boden) oder fahrlässige Mülldeponien chronisch verunreinigt wird.

Der Golfstrom – Europas Wärmepumpe

Rund um den Globus gibt es große Meeresströmungen, die warme und kalte Wassermassen in den Meeren ausgleichen. Für unser Wetter und Klima ist der Golfstrom im Nordatlantik von entscheidendem Einfluss. Er bringt oberflächennah warmes Wasser nordwärts bis Spitzbergen und Grönland. Dort sinkt es, abgekühlt durch die eiskalten Polarwinde, in die Tiefe und kehrt in den Südatlantik und Pazifik zurück. Diesem derzeit stabilen Kreislauf verdanken wir in Europa das bevorzugte, gemäßigt-warme Klima.
Fiele der Golfstrom aus, würden wir innerhalb von zehn Jahren eine um 7 °C niedrigere Durchschnittstemperatur bekommen! Das käme einer plötzlichen neuen Eiszeit gleich: Die Gletscher würden wieder bis in die Alpentäler wachsen, und in London würde, wie ein paar tausend Kilometer entfernt auf dem gleichen Breitengrad, ostsibirisches Wetter herrschen.

Die warme Golfströmung beeinflusst das Wetter von Mitteleuropa bis Großbritannien und Skandinavien erheblich.

Die Wetterbestandteile

Tiefdruck- und Hochdruckgebiete mit ihren verschiedenen charakteristischen Eigenschaften und typischen Verhaltensweisen prägen die unterschiedlichen Phasen unseres Wetters und leiten Wetterwechsel und -umschwünge ein.

Tief- und Hochdruckgebiete

Wenn es keine großräumigen Luftdruckunterschiede gäbe, dann wäre das Leben auf der Erde ein lebensfeindliches Mosaik von Hitze, Kälte, Dürre, Überschwemmung, Dauernebel oder Wolkenlosigkeit. So sind Hochs als Gebilde mit Luftbergen oder Tiefs als schüsselförmige Unterdrucksenken für den Luftmassenausgleich und unser gesamtes Wettergeschehen entscheidend. Hochs und Tiefs sind Luftwirbel, deren Drehsinn recht kompliziert von verschiedenen Luftausgleichskräften der Erde bestimmt werden.

So entsteht ein Tief

Zunächst braucht es warme und kalte Luft als Gegensatz. Wärmere Luft ist leichter und will aufsteigen, kältere Luft ist dagegen ein dichteres und schwereres Gasgemisch, das absinkt. Im Grenzbereich dieser beiden Luftmassen bilden sich Wolken und schließlich Regen. Die angehobene Luft

> **Die wichtigsten Luftausgleichskräfte**
>
> **Die Corioliskraft:** Sie bewirkt durch die Drehung der Erde auf der Nordhalbkugel eine Rechtsablenkung.
>
> **Die Fliehkraft:** Sie ist vom Mittelpunkt der gekrümmten Kreisbahn der Erde nach außen gerichtet.
>
> **Die Reibung:** Die teilweise raue Erdoberfläche bremst je nach Region die Windgeschwindigkeit.

strömt in der Höhe auseinander und hinterlässt in Bodennähe eine Art »Luftmangel«, den Unterdruck oder tieferen Luftdruck. Sofort setzt damit am Boden die Luftausgleichskraft ein und erzeugt nach den drei genannten Kräften eine Drehung der Luft gegen den Uhrzeigersinn um das Zentrum herum – ein Tief ist geboren! Dieser Vorgang findet sehr häufig auf dem Atlantik statt. So ziehen mit den oft westlichen Winden in größeren Höhen viele Tiefs und Regenfronten vom Meer her zu uns nach Mitteleuropa.

Das idealtypische Tief

Das idealtypische Tief besteht aus einem Tiefzentrum, einer Warm- und einer Kaltfront. Die Warmfront bringt leichtere Luft mit Eigenschaften aus südlicheren Breiten, die flach auf die vorgelagerte kältere Luft aufgleitet. Die

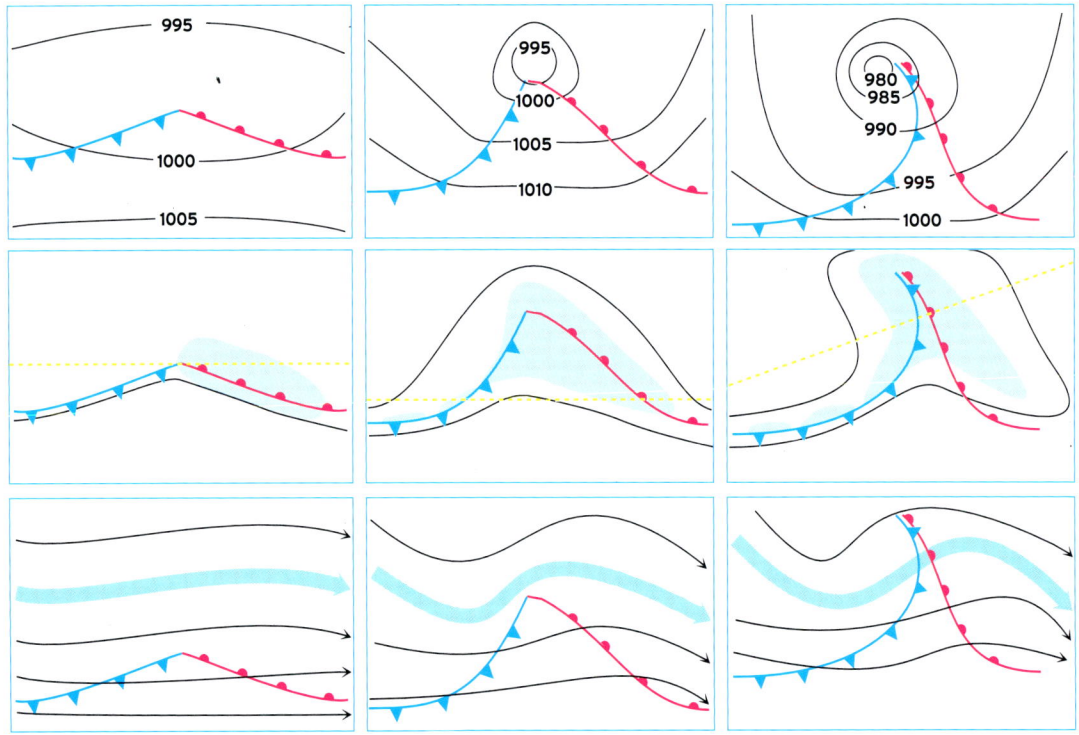

Die Abfolge der Tiefentstehung, betrachtet nach Luftdruck (obere Reihe), Niederschlagsgebieten (mittlere Reihe) und Windströmen (untere Reihe).

Kaltfront holt dagegen vergleichsweise schwerere Luft mit Eigenschaften nördlicherer Klimazonen heran, die keil- oder walzenförmig unter die wärmere vorgelagerte Luft drängt. Die Unterschiede liegen in Temperatur, Feuchte, Schichtung und Staubgehalt. Die Grenzen zwischen diesen Luftmassen lassen die jeweiligen Regen- oder Schneewolkenfronten entstehen, die ein verändertes Wetter erzeugen.

Die Größe dieser Tiefdruckgebiete hängt von der Stärke der Luftmassen ab, die sie speisen. Minitiefs haben nur einen begrenzten Einfluss auf das Wetter, größere Tiefs können tagelange Regen- oder Kältewellen bringen.

Wetterablauf mit Warmfront

Vorher: feine, hohe Federwolken, Luftdruck sinkt, Temperatur steigt leicht, Wind oft aus Südost.

Während: Schleierwolken werden zu tieferen Schichtwolken, »Landregen« oder Nieselregen fällt, Temperatur steigt, Luftdruck fällt, Wind kräftiger und aus südlicher Richtung.

Nachher: Wolken nehmen ab, Luftdruck bleibt stabil, Temperatur steigt, Wind dreht südwärts, Sicht weiterhin eher schlecht.

Wetterablauf mit Kaltfront

Vorher: Schleierwolken, teils auch massive Wolkenwalzen, Luftdruck fallend, Temperatur konstant oder leicht sinkend.

Während: rasch durchziehende, kompakte Wolken, kräftiger Regen und windig, vereinzelt Gewitterböen, Temperatur sinkt rascher, Luftdruck steigt kräftig.

Tiefs werden immer mit schlechtem Wetter und tiefen Temperaturen in Verbindung gebracht. Das ist aber nicht immer so! Fallender Luftdruck kann – vor allem in den Herbstmonaten – auch einen Wetterumschwung nach sich ziehen, bei dem die Temperaturen steigen und der Himmel aufklart. Im Winter beschert uns ein klarer Himmel aber große Nachtkälte, da keine Wolkendecke das Auskühlen der Erdoberfläche bremst.

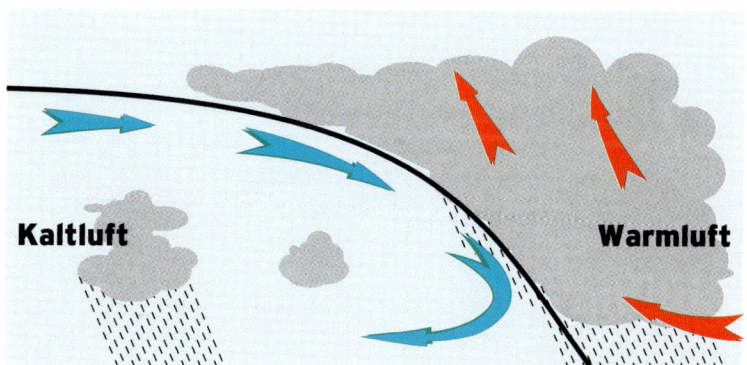

Nachher: erst wenig Wolken, dann Schauer, Luftdruck steigt, Temperatur sinkt noch etwas, Wind kräftig aus Nordwest, Sicht teils sehr gut.

Die Kaltfront bewegt sich schneller um das Tiefzentrum als die Warmfront und holt sie allmählich nach dem Reißverschlussprinzip ein – die Mischfront, auch »Okklusion« genannt, entsteht.

Wetterablauf mit Mischfront/Okklusion

Vorher: Wolken und teils Regen/Schnee, fallender Luftdruck, leicht sinkende Temperatur, auffrischender Südwestwind.

Während: Regen oder Schneefall, Luftdruck fällt noch etwas, Temperatur sinkt leicht, Wind dreht auf West und nimmt zu.

Nachher: weniger Wolken, teils Schauer, Luftdruck steigt, Temperatur leicht sinkend, Wind lässt nach und dreht mehr auf Nord, Sicht wieder gut.

Nach dem physikalischen Gesetz über den Ausgleich von Gegensätzen bleibt zuletzt vom ursprünglich dynamischen Tief voller Energiegegensätze nur noch ein Kaltluftwirbel übrig, der sich – wie wir es oft im Wetterbericht hören – »allmählich auflöst«.

Oft folgen kleinere Zwischenhochs auf Tiefs und sorgen für ständigen Wetterwechsel.

So entsteht ein Hoch

Bei der Entstehung eines Hochs sinkt kalte, schwere Luft aus der Höhe Richtung Erdboden ab und fließt dort langsamer auseinander als Nachschub von oben ankommt. Dadurch wird Luft »angehäuft«, deren Gewicht den Luftdruck steigen lässt. Mit den Luftausgleichskräften rotiert die Luft nun um den Kern des Gebildes, aber diesmal im Uhrzeigersinn – ein Hoch ist geboren! Es kann die Größe eines ganzen Kontinents erreichen und über Wochen an Ort und Stelle wetterbestimmend bleiben.

Bei einem Hoch rotiert die Luft im Uhrzeigersinn um den Kern des Druckgebiets.

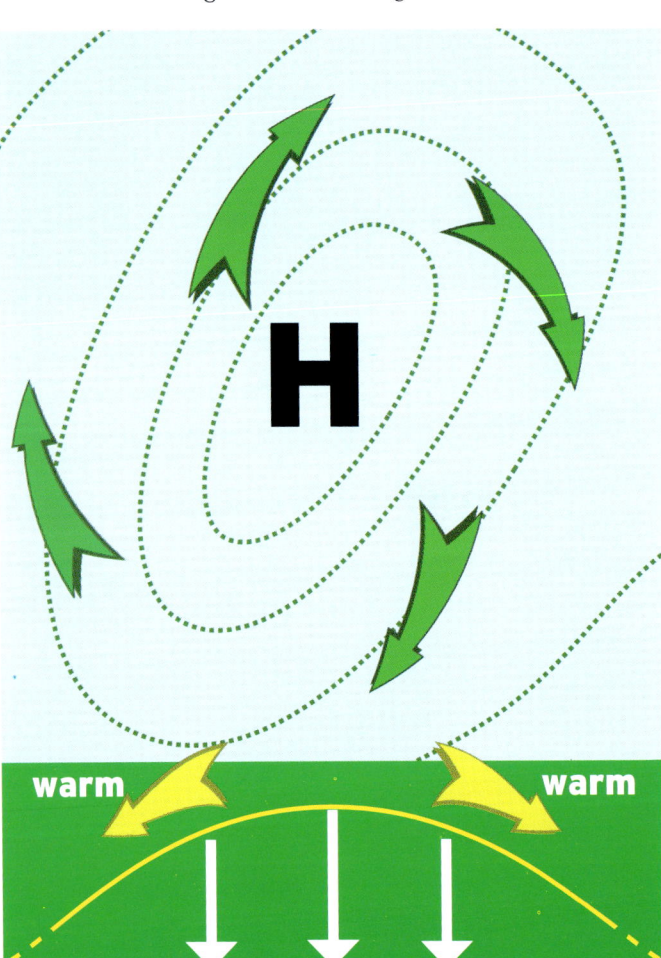

Warme Hochs

Warme Hochs sind aus absinkender warmer, oft tropischer Luft aufgebaut. Bei uns ist vor allem das »Azorenhoch« bekannt und beliebt. Es bringt im Sommer viel Sonnenschein, große Wärme, meist nur harmlose Schönwetterwolken und für die Hobbyflieger guten Windauftrieb (Thermik). Im Herbst und Winter bildet sich mangels Wind und durch die nächtliche Auskühlung in Bodennähe oft zäher Nebel oder Hochnebel mit erhöhter Luftschadstoffkonzentration in Ballungsräumen (Smoggefahr). Darüber ist es sonnig und mild mit bester Fernsicht auf den Bergen.

Kalte Hochs

Kalte Hochs entstehen im Winter über Kontinenten. Bei uns bekannt: das »russische Hoch«. Es ist angefüllt mit dunstiger Luft, die über Schneedecken in Senken, Tälern und Ebenen auch in Mitteleuropa bis - 30 °C kalt werden kann! Bei entsprechender Hochlage über Nordeuropa kommt zum Teil böiger Ostwind hinzu, der in den Quertälern des Bayerischen Waldes als »Böhmerwind« gefürchtet ist.

Luftmassencharaktere

Die in Mitteleuropa eintreffende Luft weist je nach Herkunftsregion verschiedene typische Merkmale auf. Auf dem Weg von ihrem Ursprungsland zu uns verändert diese so genannte »Luftmasse« ihren Charakter und passt sich den jeweiligen Umgebungseinflüssen an bzw. wird von den Witterungsverhältnissen, die sie passiert, beeinflusst. Je rascher und direkter die Luftmasse zu uns vordringt, umso unverfälschter ist ihre Wirkung. So bringt Polarluft aus Skandinavien im Frühjahr auch im tiefen Flachland noch Schneeschauer und Nachtfröste, afrikanische Heißluft im Sommer dagegen bis Norddeutschland Hitzewellen, Trockenheit und manchmal sogar Saharastaub.

In einer bis über 500 Kilometer ausgedehnten Luftmasse sind die Wetterverhältnisse oft einheitlich, außer direkt unter dem Einfluss der Alpenbarriere.

Besonders zwei Luftherkünfte erleben wir immer wieder mit ihren typischen Eigenschaften. Das ist zum einen im Winter der manchmal extreme, trockene Kälte mitführende Ostwind, zum anderen der Westwind, der im Winter für gemäßigtere Temperaturen und im Sommer oft für wolkenreichere Wetterbilder verantwortlich ist.

Luftherkünfte und ihre Wettereigenschaften			
Bezeichnung	**Ursprungsgebiet**	**Wetter im Sommerhalbjahr**	**Wetter im Winterhalbjahr**
Meeresluft	Atlantik	kühl, öfter Regen oder Schauer	mild mit Regen, teils windig
	Nordsee	kühl, Schauer oder Gewitter	Schneeschauer, Nachtfröste
Mittelmeerluft	Riviera, Adria	warm, teils schwül mit Gewittern, in Alpennähe teils viel Regen	mild, teils Alpenföhn, im Flachland oft neblig-trüb
Polarluft	Skandinavien	viel Sonne, nachts kühl (Frost)	oft Schnee, frostig
kontinentale Luft	Osteuropa, Russland	sonnig und heiß, kaum Gewitter	extreme Kälte, kaum Schnee, teils eisiger Ostwind

So lassen sich den jeweiligen Luftmassen typische Wetterverhältnisse zuordnen. Die Mixtur der einzelnen Klimaelemente macht wiederum unseren mitteleuropäischen Witterungsverlauf aus.

Wie Wetter funktioniert

Die Hauptwetterphasen

Von allen Wetterabläufen zwischen Hoch und Tief sind sechs markante Hauptphasen hervorzuheben, die immer wieder nach einem ähnlichen Schema ablaufen. Haben Sie die jeweilige Wetterphase ausgemacht und kennen Sie Ihren Charakter, dann können Sie das typischerweise auftretende Wetter ableiten und Ihre Freizeitaktivitäten danach ausrichten.

Die Wettervorhersage im Fernsehen hilft Ihnen dabei, denn dort werden mit den Satellitentrickaufnahmen die Verschiebungen der Hochs und Tiefs angezeigt. Wenn Sie Ihre eigenen Wetterbeobachtungen mit diesen Veränderungen vergleichen, haben Sie die typischen Abläufe schnell erkannt.

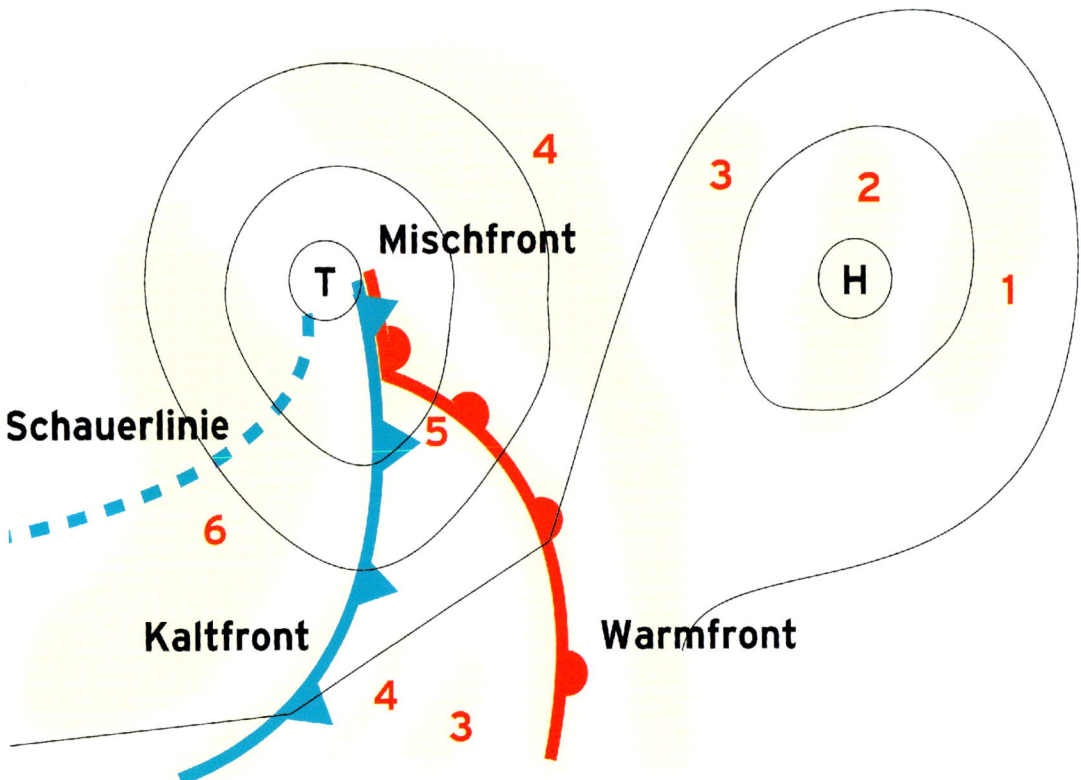

Schematische Darstellung eines Hochs und Tiefs, die aufeinander folgen. In den verschiedenen Zonen der Druckgebiete wird Wetter mit bestimmten Merkmalen wirksam.

Mittleres Schönwetter (Zone 1)

Ein Hoch zieht über Mitteleuropa und/oder dem Alpenraum auf. Es ist trocken und zunehmend milder. Nur unmittelbar am Alpenrand halten sich noch dichtere Wolken, die vom nördlichen Wind aufgestaut werden. In den Übergangsjahreszeiten ist im Flachland morgens Nebel oder Reif möglich. Um die Alpen entstehen meist nur ein paar harmlose Quellwolken, die sich schnell wieder auflösen.

Diese Wetterlage wirkt auf uns belebend. Gutes Freizeitwetter bahnt sich an, die Bergsicht bessert sich, Aktivitäten im Freien sind angesagt.

Gesteigertes Schönwetter (Zone 2)

Das Hoch liegt über den Alpen und über Osteuropa. Es wird nach Dunst oder Frühnebel sonnig und mild, in den Monaten von April bis September warm. Wir empfinden dieses Wetter als behaglich. In Senken entsteht von Ende Oktober bis Mitte April teils Reif, mittags bilden sich in der warmen Jahreszeit oft Quellwolken. Im Spätherbst und Winter droht aber die Inversionswetterlage, wobei es im Flachland neblig-trüb und feucht-kalt ist, während auf den Bergen oberhalb 800 bis 1300 Meter strahlender Sonnenschein und beste Fernsicht herrschen. Diese Wetterphase bedeutet mehrere Tage lang ideales Ski- und Tourenwetter! Aber Achtung – im Sommer entstehen über den Alpen vereinzelte Gewitter.

Übersteigertes Schönwetter (Zone 3)

Das Hoch zieht weiter nach Osten und schwächt sich ab. Es ist aber sonnig und sehr mild, im Sommer heiß. Hierzu passt der Spruch: »Ein Hoch stirbt in Schönheit«. Zeitweise ziehen Schleier- und Schichtwolken, im Alpenvorland auch linsenförmige Föhnwolken vorüber. An der Nordseeküste und im Hochgebirge bläst zunehmend stürmischer Südwestwind (Nordalpenföhn!). In den Alpen ist beste Fernsicht geboten, doch Vorsicht, Tourengänger: Bald erfolgt ein Wettersturz! Für Segelflieger und Paraglider drohen in Alpennähe Turbulenzen!

Aufkommender Wetterumschwung (Zone 4)

Der Luftdruck zeigt eher auf »fallend«. Wir befinden uns vor den atlantischen Regenfronten, die bereits in Frankreich eingetroffen sind und Kurs auf Deutschland/Alpen haben. Im Winterhalbjahr wird es bei zunehmendem Südwestwind immer milder, mit Tauwetter und Sturmböen im Hochgebirge. Im Sommer ist es warm und vor allem südlich des Mains teils schwül. Vereinzelt entstehen vorgelagerte Gewitter. Sonst ziehen Schleierwolken, dann allmählich tiefere Schichtwolken und schließlich Regen- oder im Winter Schneewolken auf. Vor der Front sind die Verhältnisse oft gut zum Segeln und Surfen. Im Gebirge heißt es: Vorsicht – ein Wettersturz steht in den nächsten 6 bis 18 Stunden bevor!

Wetterumschlag (Zone 5)

Ein Tief schickt seine Warm- und Kaltfront über Deutschland und die Alpen. Von mild-warm und teils sonnig wechselt das Wetter markant über zu feucht, kühler und windig. Dichte Wolken in allen Höhen bringen Regen, im Winter Schnee, vereinzelt mit Gewittern und Sturmböen. Dieses Wetter empfinden wir als unbehaglich. Im Gebirge erfolgt ein dramatischer Temperatursturz, die Gipfel sind in dicke Wolken eingehüllt.
Diese Lage ist alles andere als gutes Freizeitwetter! Im Flachland müssen wir uns teils auf massive Verkehrsbehinderungen, sei es durch Regen, Aquaplaning, Seitenwind, Schnee oder Glätte, einstellen!

Gerade für Wanderer im Gebirge oder Segler auf dem Meer und auf größeren Seen ist die Kenntnis über die Hauptwetterphasen mit ihren typischen Wetterbildern wichtig. Wetterumschwünge können sich innerhalb weniger Stunden vollziehen. Wenn mehrstündige oder sogar mehrtägige Bergtouren geplant sind, muss man immer, selbst bei strahlendem Schönwetter, mit bedrohlichen Temperaturstürzen rechnen.

Wetterberuhigung (Zone 6)

Ein Hoch oder Zwischenhoch zieht von Westen auf. Die Witterung geht von kalt zu kühl und – zumindest im Flachland – von feucht-nass mit Schauern zu trocken über. Der Luftdruck steigt, Wolken und Wind nehmen ab. An den Nordalpen und Nordhängen der sächsisch-bayerischen Mittelgebirge gibt es noch Schauer und dichte Wolken. Am Alpenrand bleibt oft noch einen Tag länger Hochnebel hängen.

Dieses Wetter empfinden wir als rau und frisch, und es ist sehr günstig für sportliche Freizeitaktivitäten. Ein gesunder Körper ist dann bis an seine individuellen Leistungsgrenzen belastbar.

Wetterumschwungphasen belasten den Organismus stärker als stabile Wetterlagen. Berücksichtigen Sie das vor allem dann, wenn Sie einen anstrengenden Freizeitsport betreiben.

Die meteorologischen Hauptelemente

Zu den meteorologischen Hauptelementen zählt man die drei Größen Lufttemperatur, Luftfeuchtigkeit und Luftdruck. Auf die Kombinationen dieser drei Hauptelemente und ihre Veränderungen stützt sich die Wetterbeobachtung und -vorhersage hauptsächlich.

Ein typischer Anblick bei Frosttagen: Die Luftfeuchtigkeit hat sich als Raureif an Bäumen, Gräsern und auf der Erde niedergeschlagen.

Im Lauf der Jahre wurden immer bessere Methoden und Geräte entwickelt, um die Temperatur der Luft, ihre Feuchtigkeit – auch in Abhängigkeit zur Temperatur – und ihren Druck absolut und in seiner Veränderung zu messen. Mittlerweile helfen hier auch Spezialkameras mit, die vom Wettersatelliten aus rund um die Uhr den gesamten Globus abfotografieren.

Lufttemperatur

Als Wärmezustand der Atmosphäre wird die Lufttemperatur in Europa in Grad Celsius (°C) gemessen. 0 °C wurde der Temperatur von schmelzendem Eis und 100 °C der von siedendem Wasser zugeteilt.

Als Messinstrument dient uns das Thermometer. Es funktioniert nach dem Naturgesetz, dass sich erwärmte Materie ausdehnt und auskühlende zusammenzieht. Das veränderliche Volumen der Flüssigkeit (Quecksilber oder Alkohol) wird in einer abgeschlossenen Säule auf der angebrachten geeichten Skala als Temperatur angezeigt.

Temperaturänderungen mit Signalwirkung

- Steigende Tagestemperaturen bedeuten im Winter immer Umschwung zu maritimem Wetter mit mehr Wolken, Regen und Wind vom Atlantik.
- Steigende Temperaturen im Sommer sind immer mit einem nahen Hoch und damit stabileren Wetterverhältnissen verbunden.
- Extrem hohe Temperaturen im Sommer (über 35 °C) oder Winter (20 °C) deuten auf baldigen Umschwung zu Regen und kühlerer Luft hin.
- Sinkende Tagestemperaturen im Winter deuten auf skandinavische oder kontinentale Einflüsse hin. Bei zugleich steigendem Luftdruck muss mit verschärftem Frost und mehrtägig verbleibender Schneedecke gerechnet werden.
- Sinkende Temperaturen im Sommer hängen immer mit Tiefnähe und feucht-kühler Luft vom Atlantik, aber auch von der Nord- oder Ostsee zusammen.
- Innerhalb von kurzer Zeit sinkende Temperaturen oder ein Temperatursturz lassen im Sommer wie im Winter auf wechselhaftes und anfangs oft windiges Wetter schließen.

In den USA werden die Lufttemperaturen in Grad Fahrenheit (°F) angegeben. Ihr Nullpunkt entspricht historisch der tiefsten in Danzig gemessenen Temperatur von minus -32 °C, 100 °F dagegen 37,8 °C – der Körpertemperatur des Menschen. Die Umrechnung ist daher äußerst kompliziert (siehe die Umrechnungstabelle im Anhang auf Seite 184).

Luftfeuchtigkeit

Im Gasgemisch der Luft ist auch Wasserdampf enthalten. Je wärmer die Luft, umso mehr Wasserdampfanteile kann sie aufnehmen, bevor sie »gesättigt« ist und feinster Nebel entsteht. In warmer Sommerluft steckt also viel mehr Wasserdampf als in kalter Winterluft. Anders ausgedrückt: In ein hohles Glasgefäß gesperrte warme Badezimmerluft würde im Kühlschrank schnell die Glasflächen beschlagen, im Gefrierfach Reif oder Eisblumen bilden. Wegen der grundsätzlich kälteren Luft erleben wir also im Winterhalbjahr viel häufiger Nebel. Schon im zeitigen Frühjahr hat er aber vormittags gegen die kräftig erwärmenden Sonnenstrahlen kaum Überlebenschancen.

Beim Lüften im Winter holen wir kältere Luft mit weniger Wasserdampfgehalt in die Räume. Diese Luft erwärmt sich und ist dann besonders trocken. Deshalb ist im Winter unsere Haut tendenziell eher spröde.

Der Anteil des vorhandenen Wasserdampfgehaltes am maximal möglichen wird »relative Luftfeuchte« genannt und in Prozent angegeben. Gemessen wird die Luftfeuchtigkeit meist mit Hilfe eines so genannten Hygrometers. An den offiziellen Wetterstationen wird die Luftfeuchtigkeit recht kompliziert ermittelt: Mit speziellen Umrechnungstabellen ergibt sie sich aus dem Unterschied zwischen Lufttemperatur und einer Feuchttemperatur, die durch abgegebene Wärme beim Verdunsten niedriger liegt.

Bei Temperaturen über 20 °C und relativer Luftfeuchtigkeit über 80 Prozent spricht man von »Schwüle«. Ist die Luft mit Wasserdampf gesättigt – die relative Luftfeuchtigkeit also 100 Prozent – wird bei weiterem Abkühlen der überschüssige Wasserdampf als Tröpfchen oder Eispartikel ausgeschieden. Diese Temperaturschwelle nennt man den »Taupunkt«.

Auch die Luftfeuchtigkeit unterliegt dem physikalischen Gesetz vom Ausgleich der Gegensätze. Dieses Prinzip wird vor allem beim Wäschetrocknen anschaulich. Nasse Wäsche gibt ihre Feuchtigkeit an die Umgebungsluft ab, und zwar desto besser, je wärmer und trockener diese Luft ist. So trocknet Wäsche an einem heißen, windigen Sommertag weit besser als an einem Tag mit hoher Luftfeuchtigkeit und Windstille.

Luftfeuchtigkeit und ihre Auswirkungen

- Steigende Luftfeuchtigkeit lässt vor allem im Frühjahr bei Sonnenschein ab dem Vormittag vermehrt Quellwolken entstehen. Bei zusätzlich aufkommendem Wind kündigt sich eine Wolkenfront mit Regen an.

- Hohe Luftfeuchtigkeit im Sommer (über 70 %) bringt bei Sonnenschein auch im Flachland erhöhte Schauer- und Gewitterneigung.

- Niedrige Luftfeuchtigkeit im Sommer (unter 50 %) garantiert viel Sonnenschein und meist auch starken Temperaturanstieg mit nachmittäglicher Hitze.

- Hohe Luftfeuchtigkeit im Winterhalbjahr (über 70 %) sorgt bei abends klarem Himmel in Tälern und Niederungen für starken Tauansatz oder Frühnebel.

- Niedrige Luftfeuchtigkeit im Winterhalbjahr lässt bei klarem Himmel die Luft über Nacht stark auskühlen. Dann sind Reif und zwischen Dezember und Februar in Senken über Schnee auch extreme Fröste bis unter -20 °C möglich!

- Je trockener und wärmer die Luft, umso mehr Feuchtigkeit kann aus dem Boden und von den Pflanzenoberflächen verdunsten. Die gleiche Menge Regen hält also den Erdboden in winterkalter Luft viel länger feucht als in warmer Sommerluft bei zusätzlich kräftiger Sonneneinstrahlung.

Luftdruck

Unsere Lufthülle hat aufgrund der Erdanziehungskraft ein Eigengewicht und lastet auf der Erdoberfläche. Dieses Gewicht der Luftsäule gibt, normiert auf Meereshöhe, den jeweiligen Luftdruck an. Gemessen wird mit einem Barometer, das den jeweils aktuellen Luftdruck in Hektopascal (hPa; früher Millibar Quecksilbersäule) anzeigt.

Der Luftdruck ist vor allem in unseren Breiten wegen des häufigen Wechsels zwischen Hochs und Tiefs schwankend. Als Richtwert wird der Luftdruck reduziert auf Meereshöhe angegeben. Er beträgt im Mittel etwa 1013 hPa.

Der Luftdruck nimmt mit der Höhe rasch ab – schon 2000 Meter über dem Meeresspiegel sind es nur noch 75 Prozent, in fünf Kilometern Höhe gerade noch 50 Prozent des Wertes, der auf Meereshöhe gemessen wird.

Das Auf und Ab des Luftdrucks

- Steigender Luftdruck bedeutet im Sommer meist mehr Sonnenschein und Wärme, in den Übergangsjahreszeiten dagegen oft mindestens noch einen Tag kühles Schauerwetter und im Winter häufig Nebel oder Hochnebel im Flachland.
- Stark steigender Luftdruck bringt meist nur ein Zwischenhoch mit Sonnenschein für kaum mehr als 36 Stunden. Im Frühjahr sind anfangs in Nord- und Ostseenähe sowie um die Mittelgebirge und an den Nordalpen noch Schauer möglich.
- Langsam fallender Luftdruck kündigt im Sommerhalbjahr einen Umschwung zu Wolken, Regen und kühler Luft innerhalb weniger Tage an. Im Bergland deutet er oft auf zuvor erhöhte Gewitterneigung hin.
- Im Winter beendet fallender Luftdruck dagegen häufig kalte und teils neblig-trübe Wetterlagen durch Tauwetter, Wind und Regen. Bleibt der Luftdruck dann gleich, ist die Regenfront mit Kaltluft nur wenige Stunden entfernt.
- Stark fallender Luftdruck tritt meist nur im Winterhalbjahr auf und deutet dann auf ein sich näherndes Sturmtief hin, das Regen, stürmischen Wind und zunächst noch mildere, dann kältere Luft bringt!

Wechselspiel und Summe der Einflüsse

Wetter, wie wir es tagtäglich erleben, ist nie einfach nur als Kette von aneinander gereihten Phänomenen zu sehen, sondern immer als Wechselspiel und Summe aller Einflüsse.

Die Wissenschaft und der Hobbywetterbeobachter mögen zum Zwecke des Messens, Charakterisierens und statistischen Auswertens isolierte Parameter festlegen, doch das äußerlich sichtbare Ergebnis als aktuelles Wetter hat immer einen weit größeren Vorlauf an physikalischen und chemischen Prozessen. Diese »internen Ringkämpfe der Natur« bekommen wir mit unseren fünf Sinnen kaum mit. So lassen sich die Vorboten des nahenden Wetterverlaufs aus dem Messen der Hauptparameter Temperatur, Feuchtigkeit und Druck noch am ehesten deuten. Nicht umsonst sprechen wir auch im übertragenen Sinne davon, dass »etwas in der Luft liegt«, das sich zwar in kleinen, oft kaum bemerkbaren Details ankündigt, dem unbedarften und nicht mit einem Mindestmaß an einfacher Wetterbeobachtungstechnik ausgestatteten Betrachter aber verborgen bleibt. Uns bleibt dann nichts anderes übrig, als den Wetterverlauf durch Daten zu errechnen oder mit einer Mischung aus Erfahrung und dem berühmten »sechsten Sinn« zu erspüren.

Während wir Temperaturveränderungen selbst spüren können und die Frostgrenze an deutlichen Zeichen zu erkennen ist, so ist das Feststellen der Luftfeuchtigkeit und des Luftdrucks ohne technische Hilfsmittel schon sehr viel schwieriger. Als Indikatoren hierfür können feuchtes Kellermauerwerk, die Krümmung von Tannenzapfen oder beim Luftdruck – zumindest im Sommer – die Flughöhe der Schwalben, die den je nach Druckverhältnissen höher oder tiefer fliegenden Mückenschwärmen nachjagen, gelten.

Die Wetterphänomene

Wenn wir von »Wetter« sprechen, reicht unsere Vorstellungswelt von strahlend blauem Himmel bis zur pechschwarzen Unwetterfront, vom lauen Frühlingslüftchen bis zum winterlichen Schneesturm und vom undurchdringlichen Novembernebel bis zur flimmernden Hochsommerhitze. All das hat seine eigene Entstehungsgeschichte aus Wolken, Wind und Sonnenschein; es lässt sich erklären und wiederkehrenden Vorgängen zuordnen.

Die Grundbausteine der einzelnen Wetterphänomene sind rund um den Globus gleich. Wolken etwa können sich nur durch eine bestimmte Mischung aus Luftfeuchtigkeit und Luftpartikeln bilden – ganz egal, ob sie über dem Polareis oder in der schwülen Hitze über dem italienischen Appeningebirge entstehen. Wind hat immer die Funktion des Ausgleichs von Wärme und Kälte durch Transport von Luftpaketen.

Die Klimazonen und landschaftlichen Vorgaben wie Meeresflächen, Ebenen und Gebirgszüge prägen allerdings Intensität und Dauer der Phänomene. So stehen dem Wind auf großen, flachen Ebenen wie etwa dem Meer wesentlich weniger Hindernisse im Weg, die ihm Energie rauben, als etwa in hügeligem, bewaldetem Gelände.

Der Einfluss des Windes ist also von dritten Faktoren abhängig. Ähnliches gilt für die Sonne. Sie scheint eigentlich immer; doch durch die Drehung der Erde um die eigene schräg liegende Achse, den jeweiligen Standort auf der Erde zwischen Äquator und Nord- oder Südpol sowie den Gang der Jahreszeiten erleben wir hierzulande Sonnenschein als etwas Wechselhaftes, fast Zufälliges, das gerade in unseren Breiten kaum voraussagbar ist.

Wolken

Es gibt Erdteile, in denen sind sie über Monate hinweg nicht zu sehen. Und wenn sie dann endlich auftauchen, werden sie mit ekstatischen Freudentänzen gefeiert. Hierzulande haben wir oft genug zu viel von ihrer Sorte. Doch die häufige Frage ist: Welche Wolke bringt welches Wetter? Wolken entstehen durch die Sonne mit ihrer Wärmestrahlung, die die Feuchtigkeit der großen und kleinen Wasseroberflächen und Pflanzengesellschaften zum Verdunsten bringt, und durch die Gegensätze zwischen warm und kalt, die dynamisch durch die verschiedenen Windsysteme der Erde umgesetzt und ausgeglichen werden.

Jede Wolke hat ihre eigene Entwicklungsgeschichte, ihren Lebensraum und ihr Eigenleben. Sie hat viele Artverwandte und bleibt doch unverwechselbar. Vom Erdboden oder aus großer Höhe vom Flugzeug aus betrachtet wirken Wolken oft wie bauschige, undurchdringliche Himmelsgefährten, wie wohl geordnete und weit gespannte Teppiche oder Respekt einflößende, gigantische Burgen. Je näher wir ihnen jedoch kommen, umso mehr verschwimmen die Konturen, und es bleibt nur noch eines: ein großer, schwebender Batzen aus dichtem Nebel, oft angefüllt mit Tröpfchen oder Eiskristallen.

Klima und vorherrschende Witterung wirken sich stark auf die Lebenswelt des Menschen aus. Die Sonne etwa, bei uns meist hoch willkommen, weil sie Blühen und Gedeihen ermöglicht, dörrt anderswo ganze Landstriche aus und erscheint den dort lebenden Menschen oft zugleich als lebensfeindlich.

Die Wetterphänomene

Die Wolkenfamilien

CUMULUS (Cu, Haufenwolke)
Cumulus humilis (Cu hum, breiter als hoch), Cumulus congestus (Cu cong, höher als breit), Cumulonimbus (Cb, Schauer-/Gewitterwolke) Altocumulus (Ac, Schäfchenwolken), Altocumulus lenticularis (Ac lent, Linsen-/Föhnwolke)

STRATUS (St, Schichtwolke)
Stratocumulus (Sc, Haufenwolkenschicht), Nimbostratus (Ns, Wolkendecke/Hochnebel)

CIRRUS (Ci, Schleierwolke)
Cirrocumulus (Cc, vereiste Schäfchenwolken), Cirrostratus (Cs, dichte Schleierwolken)

Entstehung einer Wolke

Die Geburtsstunde einer Wolke legen Ort, Wasserdampfgehalt der Umgebungsluft, Intensität der Sonneneinstrahlung, Lufttemperatur und oftmals die lokale Windzirkulation fest. Doch selbst, wenn alle Kriterien an zwei Tagen hintereinander identisch erscheinen – es wird nie zur selben Zeit an der selben Stelle auch nur annähernd eine vergleichbare Wolke geben! Wolken sind also extreme Individualisten. Je nach Entstehungsart kann man sie zwar gewissen Gruppen zuordnen und ihre Eigenschaften bestimmen, ihre einzigartige Ausprägung und ihr Bild ist jedoch von Fall zu Fall verschieden und verändert sich stetig.

Wolken entstehen aber meist auf eine ganz bestimmte Art und Weise.

So steigt beispielsweise an einem späteren Sommervormittag über einem mehrere Hektar großen Feld ein erwärmtes Luftpaket auf und kühlt sich dabei ab. Der enthaltene Wasserdampf verwandelt sich durch Kondensation in feinste Wassertröpfchen, den Nebel, der sich zu einer mehr oder weniger dichten und großen Wolke ansammelt. Voraussetzung dafür sind genügend Kondensationskerne wie Staub, Ruß, Säuretröpfchen oder Salzpartikel, die als Wasser anziehende Teilchen für den Wasserdampf in der Luft vorhanden sein müssen.

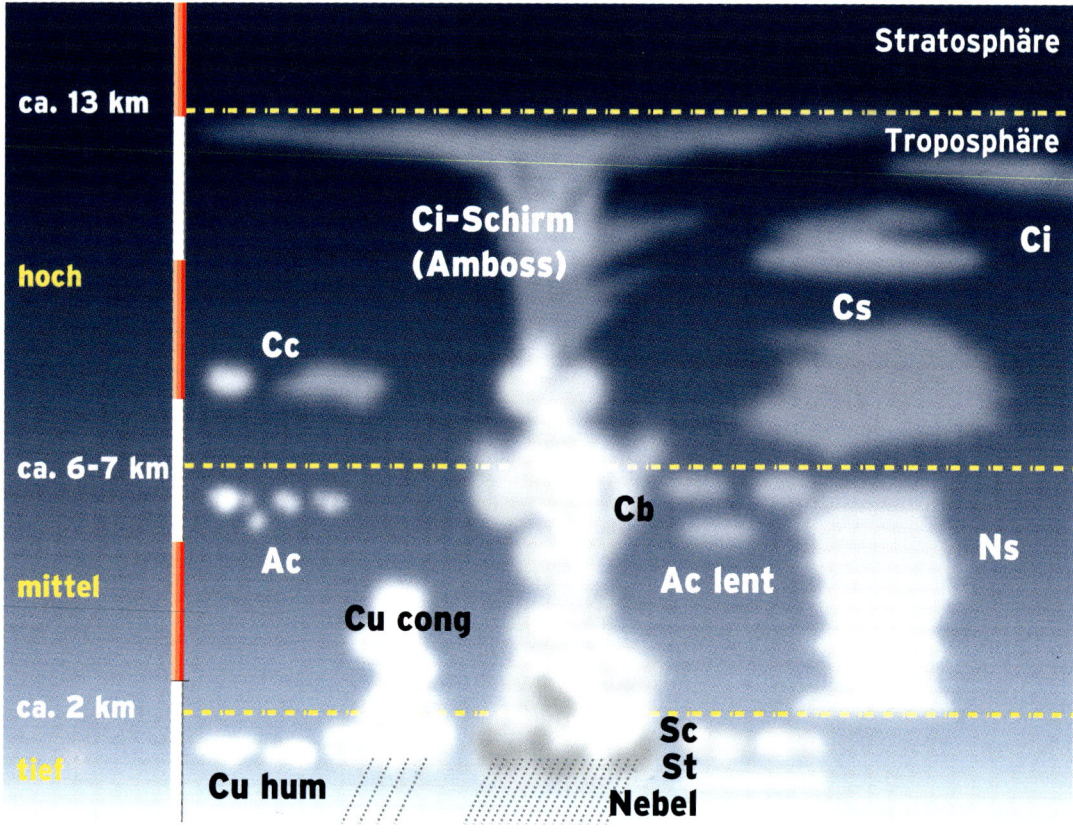

Cumulus, die Quell- oder Haufenwolke

Vom Boden aus sehen wir in der tiefblauen oder leicht diesig-hellen Himmelsfläche bei strahlendem Sonnenschein das erste Dunstpaket. Einige Minuten später verdichtet sich der Dunst zum matten und zerzausten »Wolkenbaby«, der ersten Entstehungsstufe eines schnell wachsenden Wolkenbergs.

Noch erscheint der Himmel harmlos und schön, und doch erkennt das geschulte Auge, wie sich das Wetter weiterentwickelt, wenn die wenigen Dunstpakete und vereinzelten Wolken schnell wachsen.

Etwa eine Viertelstunde später hat sich das Exemplar je nach Verhältnissen entweder mangels Feuchtigkeits- und Auftriebsmangel wieder in Wohlgefallen aufgelöst, oder es gedeiht prächtig weiter. Wenn es an Größe und Umfang zunimmt, wird es zur typischen Schönwetterwolke.

Der Kondensationseffekt lässt sich bei kalter Luft gut am Atemhauch erkennen: Die Feuchtigkeit in der Atemluft kondensiert in der kalten Umgebungsluft zu feinem Nebel.

Viel Feuchtigkeit ist aufgestiegen und hat sich in bauschigen Wolken am Himmel breit gemacht. Werden sie nicht vom Wind verblasen, steigt das Schauerrisiko stark an.

Laufen alle wachstumsfördernden Prozesse weiter auf vollen Touren, dann entsteht als Nächstes eine bauschige Haufenwolke. Ihr typisches Kennzeichen: Die Wolkenbasis ist nach wie vor breiter als die Höhe.

Die Wetterphänomene

Für den Beobachter direkt darunter am Erdboden droht hieraus noch keine Gefahr. Solange die Cumuluswolke noch scharf abgegrenzte Konturen hat, hält sie alles an Tropfen in ihrem Innern. Verfinstert sich die Wolkenbasis ins Dunkelgraue, steigt das lokale Schauerrisiko leicht an, bei gleichzeitig klarer und damit eher trockener Luft behalten aber auch bedrohlich finster aussehende Haufenwolken den Regen noch weitgehend ein.

Eine typische Cumuluswolke in fortgeschrittenem Stadium. Wasserdampf steigt infolge der Sonneneinstrahlung immer weiter nach oben. Im Sommer sind an feuchtheißen Tagen solche mächtigen Gebilde keine Seltenheit, und oft wird auch bald das Stadium erreicht, in dem der Wasserdampf in großer Höhe zu Tropfen kondensiert und als teils heftiger Regen niedergeht.

Wenn die Aufwinde die Feuchtepakete noch rasanter nach oben treiben, verstärkt sich die Kondensation, und die feinen Tröpfchen im Wolkenkern ballen sich zu immer größeren Tropfen zusammen. Steigt ihr Einzelgewicht über die in der Schwebe haltende Kraft des Aufwindes, übernimmt die Erdanziehung das Kommando, und die Tropfen fallen bis zum Erdboden – es beginnt zu regnen!

Bei »labiler Schichtung«, wie es in der meteorologischen Fachsprache heißt, wächst die Wolke oft bis in große Höhen (8 bis 13 km). Dann verwandeln sich die winzigen Tröpfchen in Eiskristalle, allerdings braucht es dazu Temperaturen von unter -12 °C. Starthelfer sind die so genannten »Eiskeime«. Sie geben den entscheidenden Verwandlungskick, den wir auch vom Boden aus gut erkennen können:
- Eine mächtige Haufenwolke mit eben noch klaren Umrissen kann sich binnen weniger Minuten urplötzlich in einen ausfransenden Wolkenamboss verwandeln. Das ist ein endgültiges Alarmzeichen – die Wolke ist reif für Starkregen, Blitz und Donner, im Sommer auch lokal begrenzten Hagelschlag!

Aus der Ferne beobachtet sehen die Cumuluswolken, die sich an manchen Tagen innerhalb kurzer Zeit auftürmen, imposant und bedrohlich aus.
Oft verdunkeln sie aber nur die Sonne, ohne abzuregnen.

Typische Tiefwolken
Die Regen und Schnee bringenden Wolkenfronten von Tiefs funktionieren nach einem ähnlichen Prinzip, nur geht in diesen Fällen das Aufsteigen von Luftpaketen mit einem gleichzeitigen Verlagern der Feuchtluft auf breiter Linie einher. So werden immer neue Wolken mit so viel Feuchtigkeitslast ge-

Besonders in den Übergangsjahreszeiten finden wir ausgedehnte Wolkenteppiche am Himmel. Sie sind in klarer Luft oft bis zum Horizont erkennbar. Ist der Luftdruck stabil, gewinnt in Süddeutschland das alternde Hoch noch einmal gegen nahende Tiefs.

bildet, bis sich entweder ein massives Gebirgshindernis in den Weg stellt oder der Energienachschub des Tiefs samt seiner Windströme nachlässt.
- Vorboten von Wetterumschwüngen oder Zeichen für weiter wechselhaftes Wetter sind oft einige Stunden vorher durchziehende lockere Wolkenteppiche, die wie lauter wollige Knäuel aussehen und daher im Volksmund gerne »Schäfchenwolken« (Altocumulus) genannt werden.

Sonderformen wie die Föhnlinsen (Cumulus lenticularis), Hang- und Gipfelwolken, Türmchenwolken (Cumulus castellanus, Gewitterboten), die klassische Gewitterwolke (Cumulonimbus) oder Wolkenwalzen (Cumulus radiatus/undulatus, bei Sturmlage) werden in den entsprechenden Kapiteln erläutert.

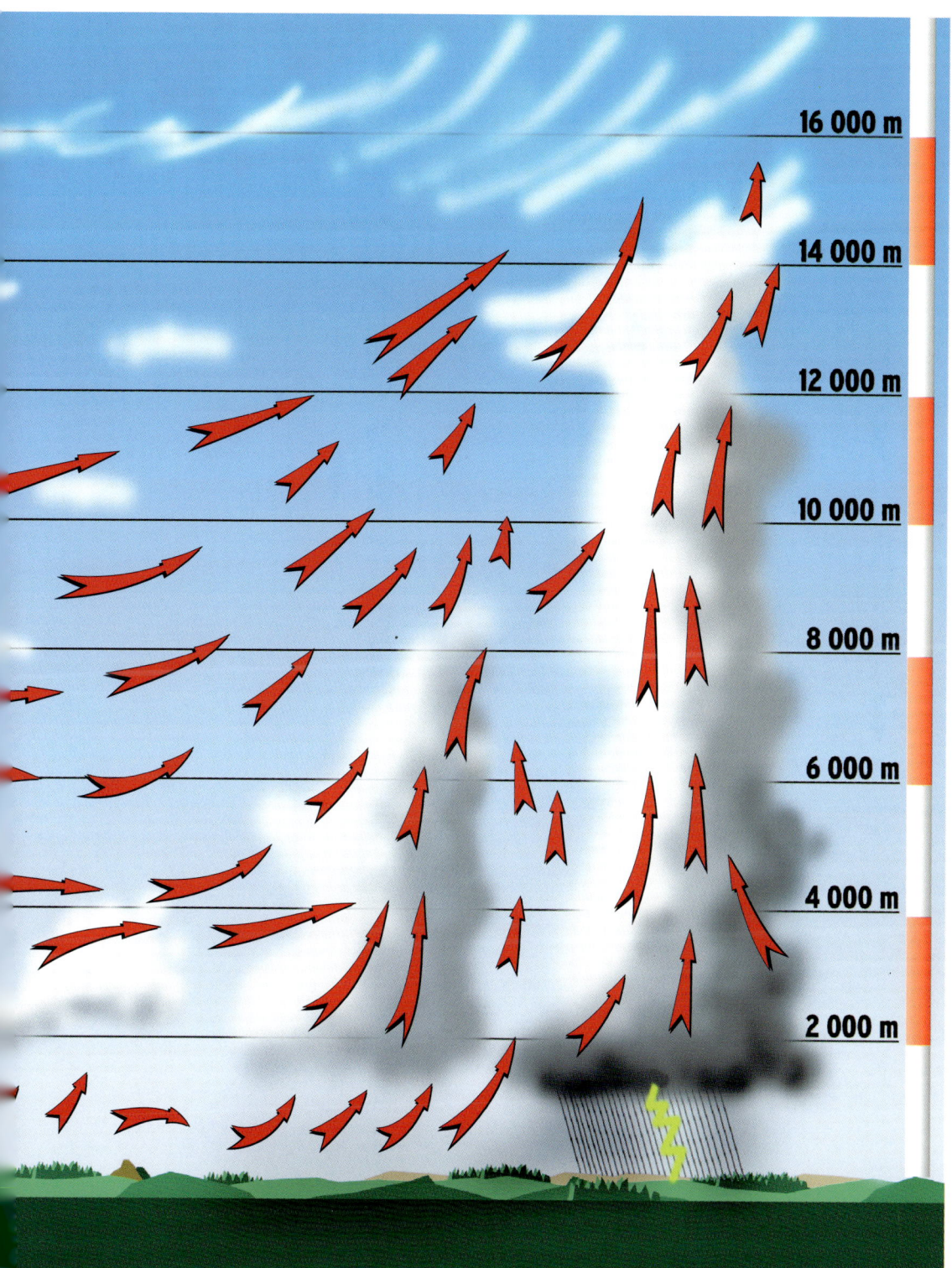

Stratus, die Schichtwolke

Großflächige, oft nur wenig konturierte Wolken erleben wir zu allen Jahreszeiten und in allen Etagen der Wetteratmosphäre. Mitten im Winterhoch kann es der gefürchtete tagelange Hochnebel sein, durch den die tief stehen-

Während im Winter tiefer gelegene Gebiete manchmal tagaus, tagein im Nebel stecken und mit Raureif kämpfen, hat man von höher gelegenen Punkten aus eine überwältigende Sicht auf das Nebelmeer.

de Sonne im Flachland nur mit Mühe dringen kann. Von herausragenden Bergen aus gesehen, sprechen wir dann von Sicht auf das »Nebelmeer«.

Mit ein wenig Phantasie sind in Schichtwolken häufig Wellenstrukturen zu erkennen, die langsam fließen, sich über flachen Hügeln, erwärmenden Städten oder Kraftwerkskühltürmen aufwölben und wieder absinken.

Bei bevorstehendem Landregen oder länger anhaltendem Schneefall ziehen Stratuswolken in den oberen und mittleren Etagen auf. Regen oder Schneefall ist meist nicht mehr fern, wenn tiefe Fetzenwolken (Cumulus fractus) hinzukommen und der Wind auffrischt.

Anfänglich kann noch die Sonne oder der nächtliche Mond durch den vorauseilenden Schleierwolkenschirm (Cirrostratus) schimmern. Nur wenige Stunden später schiebt sich dann die mittelhohe Wolkenschicht mit kompakterem Grau darunter (Altostratus).

Eine mächtige Wolkendecke

Die Stratuswolkenschicht kann bei einem ausgeprägten Regengebiet mehrere Kilometer dick sein und bereits etwa 200 Meter über dem Boden beginnen. Bei solch einer Wetterlage wird selbst im Sommer mitten am Tag das Sonnenlicht so stark geschluckt, dass Lichtverhältnisse wie am frühen Abend herrschen und wir mit Abblendlicht fahren sollten.

Je tiefer die Schneefallgrenze im Winterhalbjahr oder zeitigen Frühjahr sinkt, umso weniger können wir in der Stratuswolkenschicht Konturen ausmachen. Dann fällt es meist schwer zu erkennen, aus welcher Richtung die Regen oder Schnee bringenden Wolkenpakete über uns hinwegziehen.

Gespenstisch mutet es an, wenn die Sonne durch Cirrostratuswolken verzerrt wird und wie ein riesiges, leuchtendes Himmelsauge herableuchtet.

Cirrus, die Schleierwolke

Während Cumulus- und Stratuswolken in nahezu allen Etagen der Wetteratmosphäre vorkommen, finden sich Schleierwolken dagegen nur in großen, extrem kalten Höhen. Es sind Schwaden aus feinstem Eiskristallnebel, der vom Erdboden aus wie Federn, Büschel, Kämme oder eine Milchglasscheibe vor der Sonne aussieht.

Aufziehende Schleierwolken bei fallendem Luftdruck sind oft Anzeichen für ein alterndes Hoch, das in den nächsten ein bis zwei Tagen einem Wetterumschwung hin zu Regen oder Schnee Platz macht.

Auch künstlich durch Flugzeugkerosin entstandene Kondensstreifen, die sich zu Schleiern auflösen, zählen zu den Cirruswolken. Lang verharrende oder schnell ziehende Kondensstreifen deuten ebenfalls auf eine baldige Schlechtwetterfront hin (siehe dazu auch »Was Kondensstreifen ankündigen« auf Seite 171).

Cirruswolken sind an ihrer charakteristischen Erscheinung zu erkennen, die an einen Schleier oder flaumig ausfransende Federn erinnert. Sie stehen in großer Höhe am Himmel und sind aus Eiskristallen aufgebaut.

Cumulonimbus, die klassische Gewitterwolke

Gewitter haben in der Wetterküche der Erde eine wichtige, oft aber falsch eingeschätzte Aufgabe: Sie versorgen unseren Planeten mit Wärme! So trägt ein Liter verdunstetes Wasser von der Erdoberfläche als Wasserdampf etwa

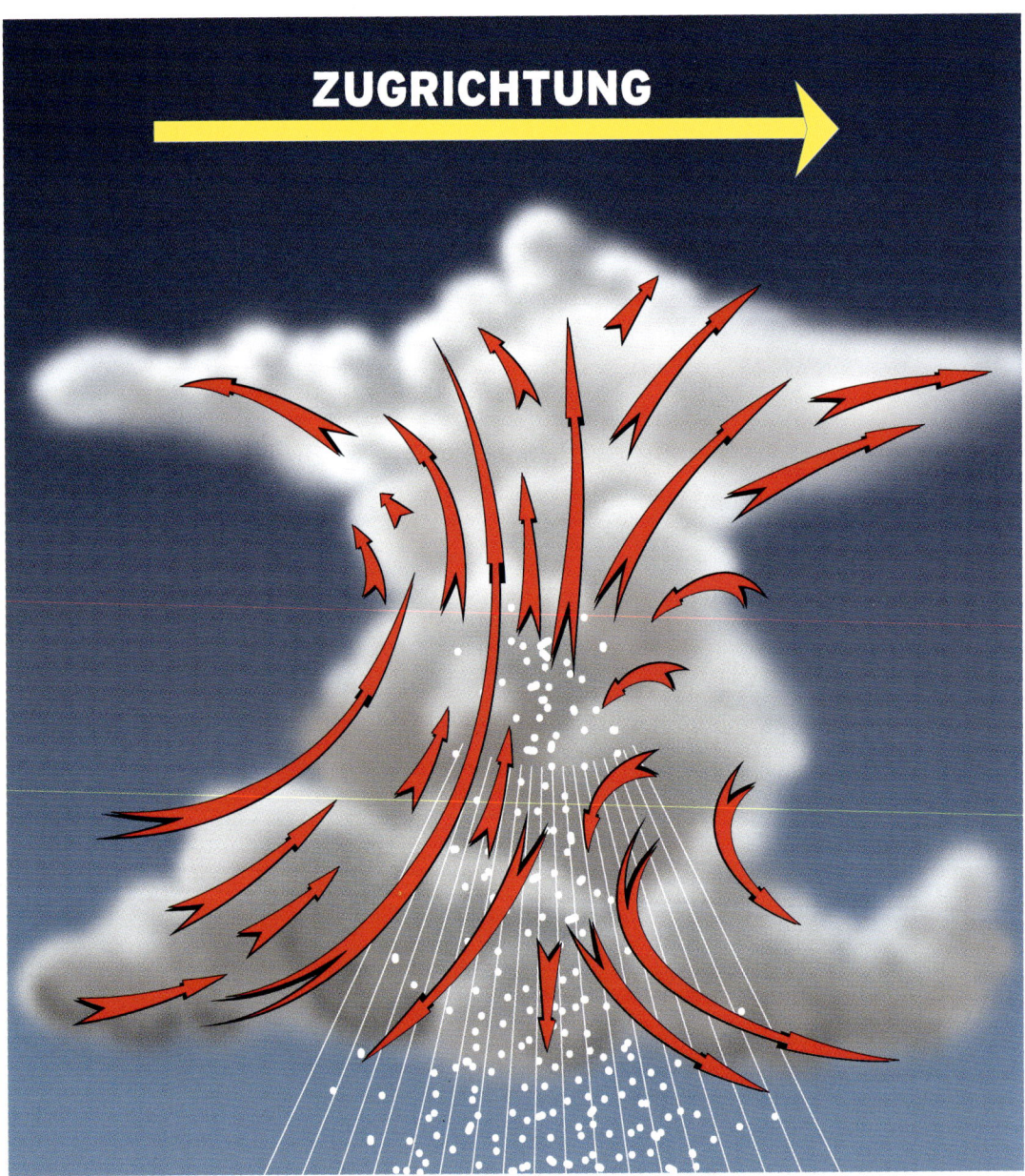

Wind türmt Wasserdampf zu mächtigen Cumulonimbuswolken auf, die sich schließlich unterhalb der Tropopause verbreitern und so den Eindruck eines riesigen Wolkenambosses vermitteln.

500 000 Kalorien aufgespeicherte Wärme in die Atmosphäre. Mit den gewaltigen Aufwinden kondensiert der Wasserdampf in mittleren Etagen zu Tröpfchen, in hohen Schichten nahe der Sperrschicht (Tropopause) zu feinen Eiskristallen.

Diese Schleierwolkenschirme werden oft mit dem Wind seitlich verweht. So entsteht der vertraute Anblick eines Gewitterambosses aus der Ferne. Ohne diesen Wärmetransport über Wasserdampf würde die Erdoberfläche eine um etwa 10 °C höhere Durchschnittstemperatur aufweisen!

Die nach oben getragenen warmen Luftpakete beinhalten also gigantische Mengen an Energie. Zugleich baut sich aber in den Wolken und zwischen Wolken und Erdoberfläche eine elektromagnetische Spannung auf, gekennzeichnet durch Bereiche mit positiv und negativ geladenen Teilchen. Diese Ladungsgegensätze verlangen nach Ausgleich, was in der Gewitterzelle durch Blitze erfolgt.

Diese Blitzentladung geschieht entweder innerhalb der Wolke, oder es kommt zum Ladungsausgleich durch Blitzschlag von Wolke zu Erde oder Erde zu Wolke. Plötzliche und extrem starke Erwärmung der Luft im und um den Blitzkanal verursacht dann den lauten, krachenden Donnerschlag. Der Blitz zerspaltet manchmal Bäume oder setzt sogar Häuser und Scheunen in Brand.

Auf dem Erdboden ist für uns der ungeheure Spannungsaufbau zu spüren, etwa wenn einem in schwül-warmer Luft vor Gewitteraufzug buchstäblich die »Haare zu Berge stehen«. Auch nervös-aggressive Insekten oder das Vieh auf der Weide, gereizte Autofahrer oder schreiende Kleinkinder können ein Anzeichen auf eine geladene Atmosphäre sein.

Wissenswertes zum Thema Blitze

Aus der Forschung ist zum Phänomen Blitz auch Folgendes bekannt: An den Blitzenden herrschen etwa 500 Millionen Volt Spannung und eine Stromstärke von rund 100 000 Ampere! Im Blitz werden ca. 30 000 °C gemessen, das ist mehr als das Fünffache der Sonnentemperatur! Ein Blitz dauert nur eine Millionstel Sekunde, doch für das menschliche Auge erscheint es durch die Blendung länger.

Über Deutschland entstehen pro Jahr etwa eine Million Blitze, die vom Deutschen Wetterdienst und der Stromindustrie mit speziellen Blitzortungssystemen registriert werden. Entgegen der landläufigen Meinung, Blitze schlügen immer auf der Erde ein, kommt der Ladungsausgleich häufiger vom Erdboden (Blitzstamm) zur Wolke (Blitzverästelung) zustande!

Ein Sommergewitter zieht auf

Kaum eine Wettererscheinung beeindruckt den Menschen so tief und nachhaltig wie ein mächtiges Sommergewitter. Und der Gewitteraufzug erscheint uns tatsächlich wie auf einer grandiosen himmlischen Bühne inszeniert.

Es beginnt an einem friedlichen, lauen Morgen mit Sonnenschein und blauem Himmel, über den Niederungen zeigt sich allenfalls etwas Dunst. Am Vormittag bilden sich zuerst über den Bergen und Hügeln erste Quellwolken; manchmal tauchen auch spezielle Gewitterboten, die Türmchenwolken (Cumulus castellanus) auf – dann ist eine Gewitterlage in sechs bis zwölf Stunden ziemlich sicher.

In der Mittagszeit lassen Wärme, Luftfeuchtigkeit und fehlender Wind drückende Schwüle aufkommen. Nachmittags – über dem Flachland oft ab

Blitze, also der Spannungsausgleich zwischen positiven und negativen Teilchen, entladen sich oft innerhalb der Wolken. Nicht selten sucht sich der Blitz aber auch den Weg zur Erde, und dabei nimmt er den kürzesten Weg. So ziehen einzelne Bäume oder hohe Türme den Blitz an. Aber auch unterirdische Metallrohre oder Leitungen sucht sich der Blitz in einer sonst ebenmäßigen Umgebung zielsicher zur Entladung aus.

Die Wetterphänomene

Erste Wolkenformationen ziehen am sommerlich schönen Himmel wie Zinnen auf einer Burgmauer (Cumulus castellanus) auf und zeigen an, dass sich ein Gewitter entwickelt.

etwa 16 Uhr, über höheren Gebirgen schon ab ca. 14 Uhr – formieren sich hoch aufschießende Wolkentürme mit bauschiger Form und noch klaren Umrissen.
Die größten Wolkenformationen bilden eine dunkle Basis und zerfransen im obersten Bereich flächig zur Seite.
Fernes Donnergrollen ist zu hören, die Sonne taucht hinter den Wolkenschirm ab, der Horizont verfinstert sich.
Tiefe Wolkenfetzen steigen vor der blauschwarzen Wolkenwand auf, Blitze zucken, Schwalben fliegen tief und aufgeregt.
Baumwipfel nahe des aufziehenden Gewitters bewegen sich in ersten kühleren Windstößen, und es »riecht nach Regen«. Die Regenwalze bricht mit dicken Tropfen, starken, Staub aufwirbelnden Windböen und immer kürze-

Die Wolkentürme (Cumulonimbus) bedecken oft den ganzen Himmel, und die zunächst noch klar umrissenen Gebilde verlieren an Kontur und geben Niederschlag frei.

ren Abständen zwischen Blitz und lautem Donnern herein. Bei besonders rasch entstandenen Gewittern mischt sich auch Hagel dazu. Die Wolken oder Teile der Wolkenpartien am Himmel zeigen dann oft eine grünlich-gelbliche Färbung.
Der Platzregen geht in kräftige Regenschwaden über, gepeitscht von Windböen und begleitet von Blitz-Donner-Folgen. Es wird deutlich kühler, und der Himmel erscheint in etwas hellerem, gleichförmigem Grau.

Aufzug eines Hagelunwetters mit tief hängendem Wolkenkragen, gefolgt von Sturmböen und Wolkenbruch (rechts).

Regen, Wind und Donnergrollen lassen schließlich nach, der Horizont hellt sich auf, die Luft ist wohltuend frisch und gereinigt.
Bald darauf bricht die Sonne hervor und strahlt in den leichten Regen. Die Tropfen glitzern, und vor dem dunklen Hintergrund des abziehenden Gewitters entsteht manchmal ein leuchtender Regenbogen.

Die Ruhe nach dem Unwetter

Dann klingt der Regen ab, der Himmel zeigt blaue Partien, in der Ferne ist noch leichtes Gegrummel zu vernehmen – alles tropft noch, das abfließende Regenwasser plätschert in die Gullis.
In der klar gewaschenen und frischen Luft zwitschern die Vögel oft lauter als vor dem Gewitter; die Atmosphäre ist spürbar gereinigt und entladen. Von besonnten Dächern, Asphaltstraßen und brachen Äckern steigt Dampf auf. Die hellen Abendstunden nach dem Durchzug eines erfrischenden Gewitters sind im Sommer die beste Zeit zum Rasenmähen im Garten; der Schnitt geht dann besonders gut!
Unter der gewaltigen Energieentladung der Blitze kann bei Gewittern in Bodennähe Ozon (O_3) entstehen. Trotz seiner Bezeichnung (Ozon ist griechisch und bedeutet »das Riechende«) ist es geruchlos und zerfällt bald wieder in den chemisch stabileren Zustand Sauerstoff (O_2).

Die vier Hauptwindrichtungen mit den vier Zwischenstufen genügen vollauf zum Bestimmen der Windrichtung. Vor allem die Segelschiffer benötigten jedoch detailliertere Windrichtungsangaben und unterteilten so die Windrose in noch kleinere Schritte.

Wind

Unterschiedliche Luftdruckverhältnisse auf der Erde, ausgelöst durch warme und kalte Oberflächen, verursachen Luftbewegungen – den Wind. Er wird bestimmt durch Richtung und Geschwindigkeit. Die so genannte »Windrose« gibt neben den Hauptrichtungen Nord, Ost, Süd und West auch die Zwischenrichtungen Nordost, Südost, Südwest und Nordwest an. Für die Seeschifffahrt wird sogar noch mal untergliedert in Nord-Nordost, Ost-Nordost, Ost-Südost, Süd-Südost, Süd-Südwest, West-Südwest, West-Nordwest und Nord-Nordwest.

Aus Wolkenbewegungen und -formationen lassen sich manchmal Windrichtung und Windstärke erkennen. Hier beispielsweise ist sehr schön der Strahlstrom am Wolkenbild zu erkennen.

Windmessgeräte

Als Anzeiger für Windrichtung und -stärke diente lange Zeit die Windfahne. Während die Windrichtung mit Himmelsrichtungen angegeben wird, gibt die Windstärke die Kraftwirkung des Windes auf Gegenstände an. Der britische Admiral Sir Francis Beaufort führte dazu schon im Jahre 1806 die nach ihm benannte dreizehnstufige »Beaufort-Skala« ein. Sie reicht von absoluter Windstille (Skalenwert 0) bis zum Orkan (Skalenwert 12). Die zugehörige Tabelle ist im Kapitel »Die eigene Wetterstation« auf Seite 92 aufgeführt.

Das heutzutage gebräuchlichste Windmessinstrument ist das Schalenkreuz-Anemometer. Es besteht aus einem Stern mit drei bis vier halbkugeligen Schalen, der sich um eine senkrechte Achse dreht. Der Wind treibt diese Schalen an, deren Rotationsgeschwindigkeit auf einer speziellen Anzeige umgerechnet wird. Die Windrichtung gibt immer an, aus welcher Richtung der Wind kommt, nicht wohin er weht!

Der Wind bringt nicht nur neues Wetter mit sich und bestimmt somit die Vegetationszyklen mit, er ist auch ein entscheidender Faktor für die Bestäubung mancher Pflanzenarten und unterstützt den kraftsparenden Gleitflug vieler Vogelarten und damit auch den interkontinentalen Vogelzug.

Je größer die Druckunterschiede zwischen Hoch und Tief sind, desto stärker ist der »Luftfluss« – bis hin zum Sturm oder Orkan. Der Wind transportiert die Luftmassen großräumig immer vom Hoch zum Tief.

Wind-Wetter-Kombinationen

- Schwacher Wind bedeutet meist, dass sich an der herrschenden Wetterlage in den nächsten Stunden wenig ändert.
- Zunehmender Wind aus westlichen Richtungen ist fast immer ein Vorbote für nahende Tiefs mit Regen oder Schnee.
- Zunehmender Wind aus östlichen Richtungen bei wenig Wolken zeigt meist ein stabiles Hoch über dem nördlichen Europa an. Dann muss im Sommer mit Hitze, im Winter mit bitterer Kälte gerechnet werden.
- Böiger Wind tritt häufig zwischen Schlechtwetterfronten bei gleichzeitiger Tiefnähe auf. Dann ist Sonnenschein nur eine trügerische Verschnaufpause vor dem nächsten Regenschub.

Jede Wolke, ob als winziger Fetzen für wenige Minuten oder gewaltiger Gewitterturm nach Stunden, ist im Grunde das Produkt des Windes. Er trägt den Wasserdampf nach oben, der in kühlerer Luft zu Wolken kondensiert, und er trägt die Wolken über nahezu alle Hindernisse innerhalb der Wetteratmosphäre.

Die kleinen und großen Zirkulationssysteme

Bewegt sich die Luft, werden unterschiedlich temperierte Luftpakete und deren Inhaltsstoffe ausgetauscht. Dieses Prinzip können wir in der kalten Jahreszeit zu Hause selbst nachvollziehen. Lüften wir nach dem Duschen, gelangt die dampfig-warme Luft aus dem offenen Badezimmerfenster in die kalte Außenluft, passieren gleich mehrere Vorgänge, die im Großformat auf der Erde genauso ablaufen.

Über dem Fenstersims dringt die kalte und schwere Außenluft ein. Beim Durchwirbeln bilden sich besonders bei großem Temperaturkontrast für kurze Momente regelrechte Miniwolken. Sie entstehen durch plötzliche Kondensation des Wasserdampfs der Duschluft in der einströmenden kalten Luft. Gleichzeitig entweicht im obersten Drittel des Fensters die leichtere feucht-warme Innenraumluft ins Freie und bildet beim Abkühlen und Mischen mit der kalten Außenluft ebenfalls Miniwolken. Mit einem Bindfaden, den Sie einmal knapp über den Fenstersims und dann an den oberen Fensterrahmen halten, können Sie diese Luftströme sichtbar machen.

Der Luftaustausch lässt immer mehr nach, je mehr sich die Innen- und Außenluft durchmischen und in ihren Temperaturen angeglichen haben; deshalb ist kurzes Lüften mit offenem Fenster im Winter schnell und effektiv, im Sommer dagegen bei annähernd gleich temperierter Luft langwierig und ohne zusätzliche Hilfe durch Umgebungswind wenig wirksam.

Regelmäßig wiederkehrende Windphänomene gibt es in großer Zahl, und diese zuverlässig auftretenden Winde haben meist auch Namen.
Bekannt sind zum Beispiel der Nordwind Mistral aus dem Rhônetal und der Nordostwind Bora an der Adria. Aber auch kleinere, lokal begrenzt auftretende Winde wie etwa der Böhmerwind wurden von den Menschen benannt, die ihr regelmäßiges Erscheinen bemerkt haben.

See- und Umlandzirkulation

In den großen Naturräumen finden die Warm-Kalt-Austauschvorgänge nach ähnlichem Prinzip statt. Schon an einem Schönwettertag im Sommer entstehen kleine Windsysteme um größere Wasseroberflächen, etwa dem Bodensee, Ammer- und Starnberger See oder Chiemsee, aber auch der Mecklenburger oder fränkischen Seenplatte. Die umgebenden Wiesen, Felder und Ortschaften heizen sich im Sonnenschein schneller auf. Die Wasseroberfläche dagegen ist träge, schluckt die Wärmestrahlung der Sonne und bleibt in etwa gleich temperiert.

Die Temperaturunterschiede der Luftmassen über dem Land und über größeren Gewässern kommt durch die unterschiedlich starke Wärmeabsorption der Massenzustande. Wasser nimmt Wärme langsamer auf, gibt sie aber auch gleichmäßiger und länger wieder ab.

Die wärmeren und damit leichteren Luftpakete an Land steigen auf und bilden teilweise erste Wölkchen. Dadurch entsteht eine Art lokaler Luftunterdruck, der von den Wasseroberflächen durch Nachziehen der kühleren, schwereren Luftpakete in Bodennähe ausgeglichen wird.

So haben wir an größeren Seen im Sommer manchmal kühlenden Seewind, der zur Erleichterung der überhitzten Badegäste auf die umliegenden Uferbereiche und Liegewiesen strömt. Am Himmel stehen dann in größerer Umgebung des Sees dickere Quellwolken, direkt über der Wasseroberfläche bleibt es dagegen oft wolkenarm. Der Grund: Über dem See sinkt die Luft ab, erwärmt sich, und so verdunsten die Feuchtepakete zu unsichtbarem Wasserdampf. Dieses sensible System bricht zusammen, wenn großräumiger Wind aufkommt, eine kompakte Schauer- oder Gewitterwolke das lokale Wetterkommando übernimmt oder abends der Energienachschub der untergehenden Sonne zur Neige geht.

Der angenehm kühlende Wind am Badesee hat auch seine Tücken. Die Sonneneinstrahlung wird weniger deutlich spürbar, und die Gefahr eines Sonnenbrands steigt. Tipps zu richtigem Verhalten am Badesee erhalten Sie auch auf Seite 140.

Meer- und Festlandzirkulation

Am Meer läuft dieser Prozess im Sommerhalbjahr in viel größerer Dimension ab. Hier gibt es auf- oder ablandigen Wind, der vom kühlen Meer aufs erhitzte Festland oder vom Festland aufs Meer bläst.

Kühlende Winde bei Hitze

Ein interkontinentaler Luftmassenaustausch findet zwischen großen Landmassen statt, die durch Meeresarme oder Meerengen voneinander getrennt sind. Dabei steigt die über dem Festland schneller erwärmte Luft nach oben und kühlt beim Überqueren der Wasserfläche ab.

Der Urlauber genießt dann tagsüber am Strand bei Badewetter die erfrischende Brise, in den Küstenorten bleibt es durchlüfteter und kühler als im Landesinneren, und die Wassersportler nutzen die Zeiten, wenn der Wind hinausdreht aufs Meer, was oft in den Mittagsstunden geschieht. Besonders wohltuend und erwünscht ist diese »Windwende« an den Küsten der Mittelmeerländer. Hier würde man sonst im Sommer unter unerträglich schwüler Hitze leiden. Zusätzlicher Vorteil für die Vegetation im Landesinneren ist

Die tagsüber erhitzte Erdoberfläche gibt ihre Wärme schneller ab als die Wasserfläche, und so fließen warme Luftmassen vom Land her aufs Meer bzw. auf den See.

die hereingetragene Meeresfeuchtigkeit, die zu abkühlenden und Regen spendenden Abendgewittern führen kann.

In der Nacht dreht sich das Spiel dann um, wenn die Landfläche kühler geworden ist als die Meeresoberfläche. So entstehen durch kühle, nach oben getragene Luft manchmal auf dem Meer nächtliche Schauer oder Gewitter.

Die tropischen Regionen erleben durch diese Windsysteme mit den Monsun- und Passatwinden ihre ausgeprägten Trocken- und Regenzeiten. Fallen diese Phänomene aus oder sind sie zu stark ausgeprägt, drohen zum Beispiel in Indien und Afrika schlimme Hungersnöte durch Dürren oder verheerende Überschwemmungen.

Während der Monsunzeit können an der größten Gebirgsbarriere der Welt, dem Himalaya, innerhalb von wenigen Wochen ohne weiteres mehrere Meter Schnee niedergehen!

Berg- und Talwindzirkulation

In tiefer eingeschnittenen Mittelgebirgstälern, richtig ausgeprägt aber in den typischen V-förmigen Alpentälern, bauen sich besonders bei sommerlichem Schönwetter ebenfalls eigene Windströme auf. Das Grundprinzip ist wieder gleich: Sonnenschein heizt vormittags das Tal und vor allem die unbewaldeten sonnseitigen Hangflächen auf. Die erwärmten, leichteren Luftpakete steigen bevorzugt über Kämmen und Graten in den Himmel und bilden dort ortsfeste Haufenwolken. Diese Cumuluswolken wachsen sich nachmittags oft zu Schauern oder Gewitter aus, die nahezu ortsfest bleiben. Zu Füßen der Berge bläst tagsüber hangaufwärts gerichteter Wind, der abends zum Sonnenuntergang wieder einschläft.

In klarer Nacht kühlen die waldfreien Hang- und Talflächen ab, und es bilden sich bodennahe, schwerere Luftpolster, die der Schwerkraft folgend talwärts ziehen. In der Talsohle sammelt sich die kalte Luft in einem so genannten »Kaltluftsee«. Im unteren Hangbereich oder im abwärts gerichteten Talgrund sind dann Kaltluftschübe spürbar.

Die Kaltluftseen sind den Bergbauern seit alters her bekannt. Dort wächst keine frostempfindliche Pflanzenart, da an solchen Stellen häufig Spätfröste im April/Mai und Frühfröste im September/Oktober auftreten.

Städtische Windsysteme

In Straßenschluchten, umsäumt von Hochhausreihen, bekommen wir eine besonders tückische und unangenehme Variante des Windes zu spüren. Vor allem bei Westwetterlagen im Winterhalbjahr wird der Wind in diesen Kanälen wie in einer Düse beschleunigt. In quer dazu verlaufenden Straßenzügen herrscht dagegen ein Wechsel zwischen Windstille und plötzlichen Böen. Diese Böen entstehen durch herabgedrückte Luftpakete an der gegenüberliegenden windzugewandten Hausfront. Je höher die Häuserreihen sind, desto plötzlicher und stärker werden die Böen. Windkanalversuche haben diese unberechenbaren Verwirbelungen nachgewiesen.

Bei Sonnenschein erhitzen sich die oberen Bergregionen besonders schnell, und so bildet sich durch die aufsteigende Warmluft ein Sog aus den Tälern in Richtung Bergspitzen.

Die Luftmassen an den Berghängen kühlen nachts besonders schnell ab, die schwerere kalte Luft fließt in die Täler.

In großräumigen städtischen Häuserschluchten und Hochhausgebirgen entstehen eigene Windsysteme. Größere Windschatten und Windverwirbelungszonen entstehen, Starkwinde werden kanalisiert und abgelenkt, schwächere Winde können durch den so genannten Düseneffekt beschleunigt werden und zu überraschenden Böen führen.

In Miniaturform, aber deswegen nicht minder wirksam, erfolgen diese Windverwirbelungen auch auf der windabgewandten Seite von kompakten, hohen LKWs. Die Tücke von Windstille, Böe von links und dann plötzlichem Winddruck von rechts erleben wir an stürmischen Tagen beim Überholen auf Autobahnen im freien Gelände.

Starkwinde

In Mitteleuropa kommen in allen Jahreszeiten Wettersituationen mit hohen Windgeschwindigkeiten vor. Von schweren Herbst- oder Winterstürmen, wie sie mit großen atlantischen Tiefs einhergehen, über Gewitterböen bis hin zu lokalen und selten vorkommenden Windhosen oder Minitornados ist alles möglich.

Die häufigsten Sturmtage gibt es im Hochgebirge, weil hier die bremsende Reibung der Erdoberfläche bereits deutlich geringer ist als im Flachland. So sind auf der Zugspitze Windgeschwindigkeiten über 150 km/h, ja teilweise sogar über 200 km/h keine Seltenheit.

Winde mit derart großen Geschwindigkeiten treten im besiedelten Flachland glücklicherweise relativ selten auf. Solche Orkane sind nämlich in der Lage, verheerende Schäden anzurichten.

Windausgesetzte Regionen sind außerdem die Nordseeküsten, Hochflächen der Mittelgebirge sowie bei Westwetter das Alpenvorland.

Was sich den Starkwinden in den Weg stellt, wird weggeweht, wenn es nicht fest genug verwurzelt ist. Durch die bremsende Wirkung von Wäldern, aber auch durch Reibung am Erdprofil wird die Kraft der Winde verringert, die im hohen Gebirge oder vom weiten Meer herangebraust kommen.

Starkwindtypen – ihre Herkunft und ihre Auswirkungen				
Starkwindtyp	**Flächensturm**	**Gewittersturm**	**Höhensturm**	**Wirbelwind**
Herkunft	atlantisches/nordeuropäisches Sturm-/Orkantief	Wärme-/Hitze-/Frontgewitter	starke Westdrift in mehr als 3 km Höhe, vor Schlechtwetterfronten	Windhose oder Minitornado (Sommerhitze vor Gewittern)
Charakter	mehrstündig an Küsten und im Flachland	lokal extrem und verheerend	im Flachland kaum spürbar	lokal, unberechenbar, bei uns sehr selten
Windstärken	60 bis über 120 km/h	60 bis über 120 km/h	120 bis über 250 km/h	50 bis 120 km/h
Auswirkungen	flächig Windwurf/-bruch, Gerüste, Dächer zerstört	Einzelbäume, Schneisen, Getreidefelder, Gerüste, Dächer etc. zerstört	Wolken- und Schneefahnen an Gipfelgraten, große Wächten	lokal große Wucht, Verwüstungen
betroffene Hauptregionen	Küsten, Hochebenen, Alpenvorland, Flachland	Berg- und Alpenvorland, mehr Süddeutschland	Hochgebirge	Flachland, Senken im Hügelland
bevorzugte Jahreszeit	Oktober bis März, häufig November bis Januar	Mai bis September, häufig Juni bis August	November bis Februar, häufig November und Dezember	meist Juni bis August

Jetstream, der Lenker aller Hochs und Tiefs

Die großflächigen Westwindbänder für Tiefs, Wolkenfronten und Zwischenhochs in mehr als fünf Kilometer Höhe laufen oft wie lang gezogene Sinuskurven um die Nordhalbkugel. Sie entscheiden, ob wir eine Zeit lang auf der warmen Wetterseite mit milder Luft aus südlicheren Breiten, auf der kalten Wetterseite mit polarer Luft oder in der atlantisch gemäßigten Mischwetterlage sind.

Die Luftfahrt nutzt vor allem für ihre Linienflüge von Europa in die USA die aktuelle Lage dieser Windströme und weicht oftmals über Island und an der Südspitze Grönlands nach Westen aus. Damit lässt sich nicht nur die Strecke durch den geringeren Erdkugelumfang verkürzen, sondern auch Flugbenzin durch weniger Gegenwind sparen.

Die Erdumrundung im Fesselballon wäre – zumindest in dieser kurzen Zeitspanne – nicht ohne die Mithilfe von Jetstreams möglich gewesen. Günstige Höhenwinde trugen die Rekordfahrer mit hoher Geschwindigkeit in die gewünschte Richtung und ermöglichten so ein gelungenes Abenteuer.

Die zweischneidige Macht des Windes

Mehr als wir uns bewusst sind, entscheidet der Wind über Charakter, Intensität und Dauer aller Wetter- und Klimavariationen: Wind gleicht die Wärme- und Kältegegensätze zwischen den Dauersommerzonen um den Äquator und den ewig vereisten Polgebieten aus, er bringt mit Wolken die lebensspendende Feuchtigkeit von den Meeren auf die Kontinente und trägt das gemäßigte und damit angenehme Meeresklima oft über mehrere Hundert Kilometer weit ins Festland hinein. Er sorgt für die ausgewogene Mixtur aus Sonnenschein, Regen oder Schnee und damit in vielen Gebieten der Erde für Lebensraum, und schließlich ist der Wind am Fortbestand und an der

Vielfalt der Pflanzenwelt beteiligt, indem er Blütenstaub, Pollen und Samen transportiert.

Doch die Kraft des Windes kann auch gefährlich oder gar zerstörerisch sein, denken wir etwa an Turbulenzen im Flugzeug und Seitenböen beim Autofahren, an Schneeverwehungen und Gipfelwächten, die schon vielen Skiurlaubern zum Verhängnis wurden, oder an Sturmfluten mit Gischt, meterhohem Wellengang und an umgeknickte oder entwurzelte Bäume. Der Wind ist es auch, durch den Waldbrände oft erst großflächig verheerend und unberechenbar werden.

Die gestaltende Kraft des Windes wird gut sichtbar, wenn im Winter der Pulverschnee bodennah verweht wird.

Wind formt unsere Lebenswelt

Die gestalterische Macht des Windes über längere Zeit hinweg können wir bei genauem Beobachten erkennen.

Häufig aus gleicher Richtung wehender Wind verformt in Küstennähe Buschhecken- und Baumreihen zu windschiefen und bizarren Gestalten. Die Äste weichen dann zur windabgewandten Seite aus. Diese so genannte »Windschur« finden wir auch in kammnahen Bergwäldern.

Indirekt ist es auch der Wind, der ständig an den Klippen von Steilküsten und Inseln nagt. Er sorgt bei Sturmlagen für meterhohe Wellen (Dünung), die zum Beispiel Helgoland alljährlich durch intensive Erosion verkleinern. Bei frostig-windiger Wetterlage im Winter sind nach Schneefall auf brachliegenden Äckern weiße Schneefahnen zu entdecken. Diese Erscheinung treffen wir vor allem in Hochebenen und auf freien Kuppen der Rhön, des Vogtlandes und der Schwäbischen Alb an.

Anhaltender Frost mit Nebel lässt oft regelrechte Eisfahnen an exponierten Gegenständen dem Luftzug entgegenwachsen. Diese bizarren oder klobigen Formen sind als Raureif oder Raufrost bekannt.

Besonders im Gebirge oder am Meer finden sich an windausgesetzten Stellen manchmal seltsam geformte Einzelbäume oder Sträucher, die sich unter dem Wind wegzuducken scheinen. Derartiger »Krüppelwuchs« kommt an exponierten Stellen vor, deren extreme Verhältnisse ein normales Gedeihen der Pflanzen nicht zulassen.

Schutz vor Wind – die »Windbrecher«

In Zeiten vor der großen Flurbereinigung schützte man sich in den besonders windausgesetzten Regionen zwischen Nordsee und Alpenrand durch natürliche Hindernisse gegen unerwünschte Windeinwirkungen. Raffiniert ausgeklügelte Windbrecher waren quer zur Hauptwindrichtung angelegte Hecken, Buschgehölze und Baumreihen. Die Bauern hatten längst durch Beobachtungen herausgefunden, was heutzutage per Windkanal und Computermodelle nachgewiesen ist: Durch ein Hindernis in der weiten Ebene wird der Windfluss um ein Vielfaches in der Höhe von Baum- oder Heckenreihen gebrochen. Grundsätzlich gilt: Je höher der Windschutzstreifen, umso weiter reichen seine bremsenden Wirkungen; sie gehen 20- bis 25-mal so weit wie das Hindernis hoch ist.

Durch diese natürlichen Windbarrieren wird in den Winter- und Frühjahrsmonaten viel weniger wertvolle Ackerkrume verblasen. Im Windschatten der Hecken und Bäume hält sich außerdem verwehter Schnee und dient zusätzlich als Wasserreserve in niederschlagsarmen Wintern zum Aufkeimen

Als einfacher, aber wirkungsvoller Schutz gegen Windschäden im Feld und Verwehungen der Ackerkrume haben sich Heckenstreifen bewährt, die gleichzeitig als Biotop für Vögel dienen. Im modernen Agrarbau wurden viele dieser nützlichen Feldrainbepflanzungen abgeholzt, um mit den großen Bodenbearbeitungs- und Erntemaschinen besser voranzukommen.

Je höher und dichter die Bepflanzung ist, desto effektiveren Windschutz leistet sie. Astreiche Nadelbäume bieten auch im Winter einen besseren Schutz als Laubbäume.

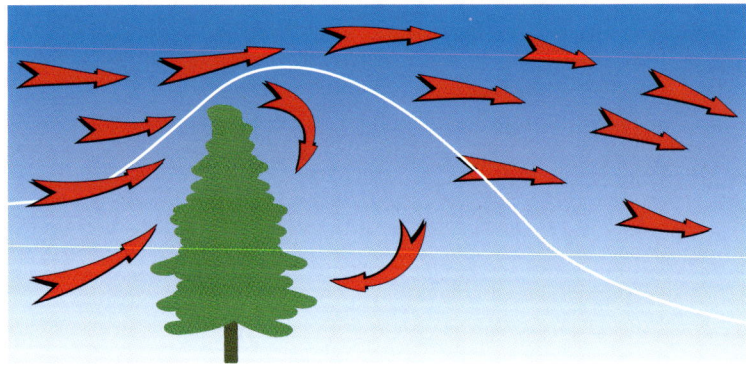

der Saat im Frühjahr. In trockenen Wetterperioden werden die Tauvorräte auf den landwirtschaftlichen Feldern länger geschont und die Verdunstung vermindert. Sommerliche Gewitterstürme oder -böen werden hinter lockeren Windschutzstreifen abgeschwächt und drücken weniger Getreideflächen zu Boden (Lagergetreide). Ist der Windschutzstreifen allerdings zu dicht – etwa, wenn er aus einer engen Fichtenpflanzung oder Mauer besteht –, dann kommt der Wind in vier- bis achtfacher Streifenhöhe verwirbelt am Boden an und sorgt erst recht für »Lagergetreide«.

Der Zauber des Windes

Für aufmerksame Beobachter hinterlässt der Wind seine oft sehr flüchtige Handschrift. Über ausgetrockneten Ackerflächen im zeitigen Frühjahr oder frisch abgeernteten Getreidefeldern im ausklingenden Sommer entdecken wir manchmal für wenige Augenblicke kleine Wirbelwinde. Sie lassen Staub, Blätter oder Pflanzenreste trichterförmig aufsteigen, kreisen und einige Meter weit tanzen, ehe sie sich wie von Geisterhand wieder auflösen. Das

Wetter dazu: Über die Mittagszeit recht böiger Wind aus wechselnder Richtung, warm-trockene Luft mit Sonnenschein und zügig vorüberziehenden Cumuluswolken (Schäfchen- und/oder Haufenwolken).

Ein Träger von Düften und Geräuschen
Wind bringt uns den Duft von Frühlings- und Sommerblumen, den moderig-feuchten Hauch des Herbstlaubs und die unbeschreibliche Frische von Schnee. »Es riecht nach Regen«, sagt man auch, wenn in der Sommerhitze die ersten Tropfen einen eigentümlich humusartigen Geruch erzeugen. Verantwortlich sind dafür vermutlich Partikel von Harzen und Ölen, die ihnen intensiven Duft beigeben. Wind trägt auch den Schall. Schon ein leiser Luftzug bei Inversionswetter bringt uns den Autobahnlärm über Kilometer buchstäblich ins Wohnzimmer.
Von Kindesbeinen an wissen wir intuitiv, welche Geräusche in den Wäldern bedrohlichen Sturm bedeuten: So fauchen Nadelholzwälder unheimlich, während Laubbäume im Sommer rauschen und im Winter mit ihren kahlen Kronen eher dumpf klingen. Eine leichte Brise ist dagegen in den Blättern wie leises Rascheln zu vernehmen.

So unsichtbar Wind ist, so wichtig ist er im täglichen Leben; ob als Gefahrenbote in Form von Sturm, als Witterungsträger bei der Jagd oder als Antriebsmittel bei der See- und Luftfahrt.

Charakteristische Strukturen
Alle winderzeugten Erscheinungen auf größeren Flächen haben eines gemeinsam: die Wellenstruktur. Ob leichte Brise oder Sturm, von der Pfütze bis zum aufgewühlten Ozean finden wir auf der Wasseroberfläche immer Wellenformen.
Bei sehr windiger Wetterlage sind besonders auf der Windschattenseite (Lee) von Gebirgen am Himmel wellen- oder walzenförmige Wolkenformationen zu sehen. Im trockenen Sandstrand an der Nord- und Ostsee ent-

Schon bei einem lauen Lüftchen kräuselt sich die Wasseroberfläche eines Sees. Die Windkraft hinterlässt ihre Spuren in Form von kleinen Wellen.

Durch Windeinwirkung entsteht die eigentümliche Wellenstruktur, die manche Wolken aufweisen. Dieses Wolkengebilde trägt den Namen Cumulus radiatus ondulatus.

decken wir bei starkem Meereswind quer zur Windrichtung verlaufende Rippen, eine Art »Wüstenphänomen«. Wogende Kornfelder und flatternde Fahnen zeigen ebenfalls das Auf und Ab von Winddruckwellen.

Unser Windempfinden

Eine Voraussetzung, Luft überhaupt mit unseren Sinnen wahrzunehmen, ist der Wind. Luftbewegungen beeinflussen den Wärmehaushalt unseres eigenen Körpers über die Haut. Ein »inneres Thermometer« haben wir nicht – es sind Erfahrungswerte, ob wir etwas warm, heiß, kühl oder eiskalt empfinden.

Für den Wetterlaien entscheidet oft der Wind, ob »gutes« oder »schlechtes« Wetter herrscht. So empfinden wir einen windigen, aber wechselhaft-warmen Sommertag mit Sonnenschein und Wolken oft angenehmer, als wenn bei drückender Schwüle Windstille herrscht. Ein windschwacher frostig-sonniger Wintertag kann Genuss pur beim Spaziergang bedeuten. Bläst dagegen ein schneidender Wind, sorgen Gänsehaut, klamme Finger, kalte Füße und schmerzende Gesichtshaut für grimmige Gesichter.

Der Grund ist, dass wir Wetter viel mehr empfinden und subjektiv bewerten, als es die geeichten Messinstrumente anhand von Tabellen, Formeln oder Normen wiedergeben. Wie sich gemessene und empfundene Temperatur je nach Wind unterscheiden können, zeigt eine Tabelle im Kapitel »Wetter und Gesundheit« auf Seite 143.

Ein wichtiger Entscheidungsfaktor

Neben Sonneneinstrahlung, Temperatur, Luftfeuchtigkeit und individueller Wetterempfindlichkeit spielt vor allem der Wind im Gang der Jahreszeiten eine maßgebliche Rolle. Er erfrischt, belebt, kühlt aus, behindert oder tut manchmal regelrecht weh. Der Wind ist somit oft das Zünglein an der Waage, welche Kleiderwahl wir treffen, ob wir spontan ins Freie gehen oder wel-

chem Hobby wir in der Freizeit frönen. Für jeden Menschen gibt es ein individuelles Optimalmaß, ob er sich mit oder ohne Wind draußen behaglich fühlt. Dazu tragen diese grundlegenden Aspekte bei:
- Wind hat immer eine kühlende Wirkung, da er die Verdunstung auf unserer Hautoberfläche erhöht. Hierzu wird Energie in Form von Wärme abgegeben.
- Durch die höhere Verbrennungsrate, also umgewandelte Nahrung in körpereigene Wärmeenergie, sind Männer oft kälte- und damit windunempfindlicher als Frauen.
- Kinder kühlen wegen ihres ungünstigen Verhältnisses von Oberfläche zu Volumen am stärksten aus!

Allerdings: Gegen winderzeugte Kälte kann man sich gut wappnen – gegen Hitze und Schwüle kaum.

Der Niederschlag – Flüssiges und Festes von oben

In unseren gemäßigten Breiten kommen wir in den Luxus, das Element Wasser in all seinen Erscheinungsformen zu erleben. Je nach Höhenlage und Temperaturverhältnissen in den verschiedenen Jahreszeiten erscheint es uns gasförmig (Wasserdampf), flüssig (Regen, Tau, Nebel) oder fest (Schnee, Eis, Reif). Auch die gesamte Bandbreite von zu viel (Hochwasser, Überschwemmungen) bis zu wenig (Trockenheit, Dürre) wird uns geboten, allerdings glücklicherweise nicht allzu oft.

Regen

Verdichten sich die Wolken derart, dass die feinen Tröpfchen des Wasserdampfs sich miteinander verbinden, zu schwer werden und zu Boden fallen, regnet es auf die Erdoberfläche. Regentropfen über acht Millimeter Durchmesser zersplittern unterwegs in der Luft meist wieder und formieren sich zu kleineren Tropfen. Die unterschiedliche Intensität des Regens lässt sich in Regentypen beschreiben.

Dichte, tief hängende Regenwolken behindern die Sicht. Für Fahrzeuglenker gilt: Geschwindigkeit verringern, Licht einschalten und Gesehenwerden mindern das Unfallrisiko.

Regentypen		
Regentyp	**Menge (mm pro Stunde)**	**Tropfendurchmesser (mm)**
Sprüh-/Nieselregen	ca. 0,25	unter 1
leichter Regen	ca. 1,0	ca. 1,2
mäßiger Regen	ca. 2–4	ca. 1,5
starker Regen	ca. 4–15	ca. 2
sehr starker Regen	ca. 15–40	ca. 2,4
Wolkenbruch	bis 100	ca. 4–8

Nicht nur Schnee oder Regen gehören zu den Niederschlägen, auch Tau, Nebel und Reif sind Erscheinungsformen, die relativ häufig auftreten.
Gerade der Tau ist für die Pflanzenwelt sehr wichtig, obwohl wir ihn als Niederschlag nicht wahrnehmen.

Im Hochgebirge müssen die Regenmesser meist mindestens 1,5 Meter über Grund aufgestellt werden, damit bei viel Schnee im Winter das Gefäß noch zu finden ist und kein Schnee hineinweht.

Gemessen wird der Regen in geeichten Regenmessern (Totalisatoren). Die Messeinheit für Regenmengen ist Millimeter oder Liter pro Quadratmeter, und als simple Faustregel gilt: Ein Millimeter Wasserhöhe entspricht einem Liter pro Quadratmeter.

Schnee und Eis

Die Phantasie der Natur kennt beim Bilden von Eiskristallformen in Wolken kaum Grenzen. Nadeln, Säulen, Plättchen, komplizierte Schneesterne – alles ist möglich! Die schönsten Schneeflocken entstehen bei Lufttemperaturen zwischen -12 °C und -16 °C, die größten Flocken dagegen bei knapp über 0 °C in Frühlingsschneeschauern. Hier verkleben sich in dichtem Schneefall die Einzelflocken zu zwei bis vier Zentimeter großen Batzen. So werden bei starkem Nassschneefall oft in wenigen Minuten ganz Landstriche weiß ummantelt.

Eiskristalle und Schneeflocken entstehen in vielen verschiedenen Varianten. Es ist sogar so, dass kein Kristall exakt gleich wie ein anderes ist. Doch es gibt verschiedene Grundformen, auf deren Basis sich die Eiskristalle – und damit auch die Schneeflocken – unter anderem in Abhängigkeit von Temperatur, Luftfeuchtigkeit und Windeinwirkung ausbilden.

Je kälter die Luft ist, desto kleiner sind die Schneeflocken. So gehören auch feine Eisnadeln bei klirrender Winterkälte, die im Sonnenschein glitzern und in der Luft schweben, zur Kategorie der Schneeflocken.

Zur Gruppe des »fallenden, festen Niederschlags« gehören auch die Eiskörner. Es sind oft undurchsichtige Eiskügelchen kleiner als fünf Millimeter, die aus Regentropfen bei Temperaturen um 0 °C gefrieren.

Hagel

In starken Schauern oder Gewittern kommt es von Mai bis Anfang September manchmal zu Hagelschlag. Das sind vereiste Tropfen von 5 bis über 50 Millimetern Durchmesser, oft als taubenei- oder tennisballgroß bezeichnet. Sie entstehen in den vertikalen Windschächten des Wolkenkerns, wo Windgeschwindigkeiten bis über 100 Stundenkilometer herrschen! Hier werden auch schwerere Gewichte mühelos entgegen der Erdanziehungskraft nach oben getragen, seitlich »ausgespuckt« und in der Nähe der Wolkenbasis wie

Schnee- und Eistypen

Schneeflocken	Eiskristalle im Verbund bei Schneefall oder Schneeschauern
Reifgraupel	spröde, leicht zusammendrückbare weiße Kügelchen bis 5 mm, prallen vom Boden zurück
Frostgraupel	halb durchsichtige, oft mit Regen fallende Kügelchen, prallen vom Boden nicht zurück und zerspringen nicht
Griesel	winzige, graupelähnliche Kügelchen, die in geringen Mengen aus Schichtwolken (Hochnebel) fallen
Eiskörner	oft durchsichtige Eiskügelchen unter 5 mm Größe, gefrieren aus Regentropfen bei Temperaturen um 0 °C
Hagelkörner	vereiste Tropfen von 5 bis über 50 mm Größe, teils Klumpen

Die Kombination von kräftigem Aufwind und tiefen Temperaturen innerhalb einer Wolke kann zum Entstehen von manchmal bis zu taubeneigroßen Hagelkörnern führen, die beträchtliche Schäden anrichten können.

von einem riesigen Staubsauger wieder hereingeholt. Auf diese Weise lagern sich in mehreren Kreisläufen immer neue Kondenswasserschichten an, gefrieren und formen regelrechte Eiskugeln oder -brocken. Erst wenn ihr Eigengewicht zu groß wird oder der Sogwind ins Wolkeninnere und nach oben nachlässt, fallen die Hagelkörner zu Boden.

Hilfsmittel Radar

Mit Hilfe des Wetterradars, der Strahlen der Wellenlängen von drei bis zehn Zentimeter aussendet, können auf dem Bildschirm Hagelwolken sichtbar gemacht werden. Die an den flüssigen und festen Niederschlagsteilchen reflektierten Strahlen-»Echos« zeigen Ausmaß, Zugrichtung und Intensität von aufziehenden Unwettern an.

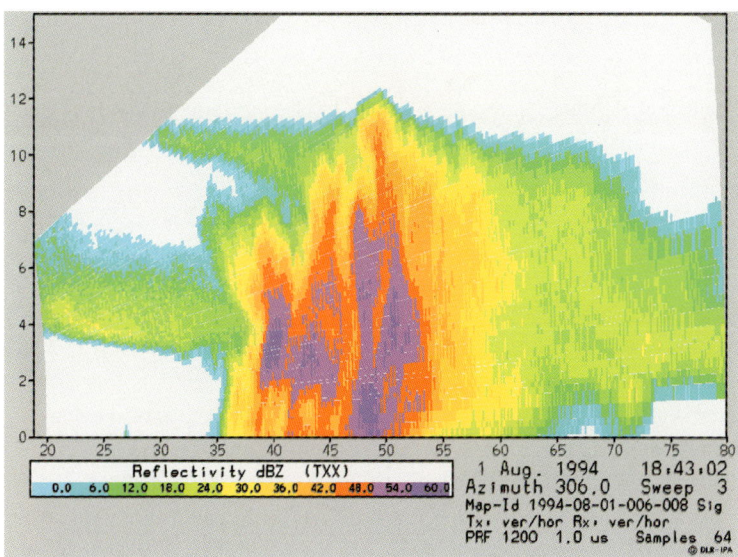

Diese Radaraufnahme zeigt die Struktur einer Hagelwolke. Im lila eingefärbten Teil haben sich die Regentropfen in Hagelkörner verwandelt, die auf die Erdoberfläche niederprasseln.

Eisregen

In den Wintermonaten wird Tauwetter nach einer längeren Frostperiode hin und wieder mit einem Schreckensgespenst für Autofahrer und Fußgänger eingeleitet. So geht der Schneefall in tieferen, milderen Luftschichten in Regen über. Dieser fällt dann durch eine dünne Frostlufthaut in Bodennähe auf noch gefrorenen Boden! Dann entsteht in Sekundenschnelle ein dünner, extrem rutschiger Eisüberzug auf allen betroffenen Oberflächen. Die Medien sprechen dann oft vom so genannten »Blitzeis«, das im Handumdrehen den Straßenverkehr in ganzen Stadtgebieten lahm legt.

Regnet es länger andauernd ohne Wind, bilden sich in Frostluftsenken teils zentimeterdicke Eispanzer. So brechen ganze Waldstücke, vor allem Laubkronen und Äste, unter der Eislast zusammen.

Vorzugsweise bei spätwinterlichen Wetterlagen, die kurzfristig feuchtwarme Meeresluft von Westen in den Frostbereich führen, kann gefährlicher Eisregen entstehen. Die meteorologischen Dienste informieren meist rechtzeitig über diese Konstellation, die vor allem für Autofahrer eine große Gefahr darstellt.

Tief liegende Frostluft und noch gefrorener Boden lassen Regentropfen, die aus darüber liegenden wärmeren Luftschichten fallen, sofort zu Eis gefrieren.

Eine rätselhafte Erscheinung

Der weniger Wetterkundige steht bei dieser außergewöhnlichen Wetterlage oft vor einem Rätsel: Zeigt das Thermometer Minusgrade an, kann es doch eigentlich nur schneien! Hinzu kommt, dass in den wenigen Stunden, während dieses Phänomen auftritt, der bodennahe Wind in der dünnen Frostluftschicht oft entgegen der Zugrichtung der Wolken weht. Doch meist endet die Verwirrung schon bald im dahintauenden Eis und Schnee.

Bevorzugt kommt diese Wettersituation in dafür prädestinierten Kessel- oder Beckenlagen, größeren und kleineren Flusstälern sowie in windabgeschatteten Gebirgstälern vor.

Nebel

Sinkt die Sichtweite unter einen Kilometer, sprechen wir nicht mehr von Dunst, sondern von Nebel. Dann ist die Luft so mit Wasserdampf gesättigt, dass er kondensiert und in feinste, schwebende Wassertröpfchen verwandelt wird. Nebel entsteht meist aufgrund der drei im Infokasten unten genannten Ursachen.

Nach Sonnenuntergang kühlt sich die Luft ab, und die Feuchtigkeit kondensiert in den erdnahen Luftschichten zu tief stehendem Nebel. Die Sonnenstrahlen des folgenden Morgens bringen diese flüchtigen Nebelschwaden schnell wieder zum Verschwinden.

Nebel kann bei den Wetterverhältnissen in Mitteleuropa zu jeder Jahreszeit und nahezu an jedem Standort entstehen. Besonders häufig tritt er in der Nähe von Flüssen, Feuchtgebieten oder in Senken auf. Seine Kennzeichen und Tücken ähneln sich immer.

So entsteht Nebel am häufigsten

- **Ausstrahlung:** Die Luft kühlt nachts über kälterer Boden- oder Wasseroberfläche bei klarer und windstiller Wetterlage stark aus. Das geschieht in den Monaten September bis Februar am häufigsten. Mit Sonnenaufgang oder Wind wird die Nebelschicht angehoben und oft aufgelöst. Vor allem in den Wintermonaten wandelt sich der Bodennebel aber in eine zähe Hochnebeldecke um. Sie verharrt meist 100 bis 300 Meter über Grund und lässt nur zaghafte Sonnenstrahlen hindurch.

- **Mischung:** Feucht-warme/milde Luft trifft auf kältere Luft, zum Beispiel an der Nord- oder Ostsee oder auch über kleineren Seen oder Flüssen. Im Herbst ist es kalte Festlandsluft auf dem warmen Meer, im Frühling milde Festlandsluft auf dem kalten Meer.

- **Aufgleiten:** Bei der so genannten Advektion schieben sich Wolkenfronten mit anderer Lufttemperatur im Gefolge weitgehend horizontal über das Land. Im Trauf von kammnahen Nadelwäldern im Gebirge wird hieraus bis zu einem Drittel des Wassers für den Wurzelboden herausgefiltert.

Nebel ist auch ein Weiser, wie das Wetter am selben Tag in etwa werden wird. Auf Seite 171 sind auch hierzu praktische Wetterregeln zusammengestellt.

Nebelarten				
Nebelart	**wo**	**wann**	**Begleitmerkmale**	**Sichtweite**
Bodennebel	Flachland, Gebirgstäler	abends bis morgens, Herbst bis Frühjahr	plötzlich, im Winter ganztägig	10–20 m
Talnebel	Mulden/Senken, Bergschluchten	abends bis morgens, ganzjährig	aufsteigende Nebelfetzen als Vorboten	10–20 m
Frostnebel	Wiesen, Äcker	im Winter bei starkem Frost	»trockener Nebel« ohne Eisansatz oder Reifglätte	10–20 m
Flussnebel	Wasserläufe	abends bis morgens, Spätsommer bis Frühjahr	sehr dicht von November bis Januar	10–20 m
Binnenseenebel	Wasserflächen	abends bis morgens	teils Reifglätte, Glatteis!	10–20 m
Moornebel	Moore, feuchte Böden	ganzjährig, rund um die Uhr	wenige Meter hohe Bänke	5–10 m
Dampfnebel	überall, speziell Straßen, Dächer	bei Sonne nach Regen	nur wenige Meter hoch	15–20 m
Gewitternebel	Wälder	im Sommer nach Gewitterregen	plötzlich, sehr lokal	15–20 m
Küstennebel	Meer, küstennah	ganzjährig	landeinwärts getragen	5–10 m
Wolkennebel	Mittelgebirge und Alpen	ganzjährig bei windig-kühlem Wetter	oft Nebelnässen, im Winter Glatteis!	5–10 m
Smog	größere Städte	teils ganztägig, im Herbst und Winter	Nebel mit Ruß oder Rauch	1–5 m

Tau

In sternklaren, windschwachen Nächten bei Hochwetterlage kondensiert der Wasserdampf der Luft auch direkt an kalten Oberflächen zu Tröpfchen. Dieses Kondens- oder »Schwitzwasser« finden wir häufig zuerst auf Autodächern oder Grashalmen, da diese die Eigenwärme am schnellsten abgeben. Liegt die relative Luftfeuchtigkeit abends bei wolkenlosem Himmel ohne Wind über 80 Prozent (gemessen in etwa zwei Meter Höhe), gibt es Tau!

Besonders bei Frühfrösten in den Monaten September/Oktober und bei Spätfrösten im April/Mai beginnt die sternklare Nacht in Senken, Tälern und Ebenen mit Tauansatz. Gegen Morgen kann die Temperatur unter 0 °C sinken, und dann gefrieren die Tautropfen zu winzigen Eiskügelchen. Auf den Autoscheiben müssen wir uns in solchen Fällen frühmorgens mit dem Abkratzen einer hauchdünnen, aber kompakten Eisschicht abplagen. Hierzulande ist Tau eher eine willkommene Wasserspende für Insekten, Vögel und Kleintiere am Erdboden.

In trockenen Regionen dieser Welt überleben Pflanzen nur deshalb, weil sie die Fähigkeit besitzen, das Tauwasser direkt aufzunehmen.

Die Temperaturunterschiede zwischen Tag und Nacht lassen überall auf der Welt Tau entstehen, sogar in der Wüste. Dort ist Tau die einzige zuverlässige Feuchtigkeitsquelle das ganze Jahr über.

Reif

Von Oktober bis März/April – in »Frostlöchern« der Alpentäler und Senken von Hochebenen auch noch im Mai – kühlen die Oberflächen oft bis unter 0 °C aus. Dann gefrieren die feinen Kondenswassertröpfchen zu Kristallen und ergeben den weißlichen Reifüberzug. Auf Fenstern oder glatten Metalloberflächen bilden sich bizarre Kristallstrukturen, die wir als »Eisblumen« bezeichnen. Besonders anfällig für Reif sind Gras- und Kleeflächen, da sie stark auskühlen.

Die drei Typen des Reifs

- **Raureif:** Er kommt durch windseitig abgelagerte und festgefrorene Tröpfchen an Gegenständen zustande, besonders bei Wolkengang und unter -8 °C kalter Luft im Gebirge.
- **Raufrost:** Er ist gekennzeichnet durch weißliche Federn, Zapfen oder Kegel mit körniger Struktur. Sie wachsen bei windig-frostigem Wetter an Ästen und Masten dem Wind entgegen.
- **Raueis:** Das sind glatte bis körnige Eismassen im Gebirge, die auf der Windseite bei nur leichtem Frost anwachsen.

In den Kammlagen der Mittelgebirge, vor allem im Harz, Erzgebirge, Bayerischen Wald und Schwarzwald, verwandeln Raufrost und Raueis die freistehenden Nadelbäume im Winter in märchenhafte Gestalten. Dauert die entsprechende Frostwetterlage mit Wolkengang und Wind eine Woche und mehr, erscheinen die Bäume wie in einem kompakten, klobigen Eispanzer. Bildet sich tatsächlich im Lauf der Tage eine schwere Eisschicht, dann wächst die Gefahr des Eisbruchs. Vor allem bei aufkommendem Wind können Bäume dabei ihre Spitzen und große Äste verlieren.

Reif tritt oft regional sehr begrenzt auf, und so lassen sich manchmal scharf abgegrenzte Reifzonen in Senken oder gewissen Höhen beobachten, die wie weiß überpudert daliegen. Tau und Reif machen in Mitteleuropa insgesamt nur zwei bis fünf Prozent des Jahresniederschlags aus.

Nächtlicher Raureif hat die Zweige und dünneren Äste dieses Baums mit einer eiskalten, zuckerig anmutenden Schicht bedeckt.

Die Wetterphänomene

Der Sonnenschein und seine Lichtspiele

Das wichtigste Sinnesorgan des Menschen sind die Augen. Mit ihrer Hilfe findet er sich weitgehend in der Welt zurecht – zumindest, solange mit der Sonne genug Licht vorhanden ist. Für das menschliche Auge ist das Sonnenlicht neutral, obwohl es tatsächlich aus Spektralfarben aufgebaut ist. In bestimmten Fällen jedoch können wir mit bloßem Auge die Zusammensetzung des Lichts erkennen.

Fallende Regentropfen und schräge Sonneneinstrahlung bewirken, dass sich das Licht in seine Spektralfarben bricht und einen prächtigen Regenbogen über die Landschaft spannt.

Regenbogen

Wenn Regen und Sonnenschein zusammenkommen, wird beim Regenbogen weißes Licht wie in einem Glasprisma durch die Regentropfen in seine Spektralfarben Rot, Gelb, Grün, Blau und Violett zerlegt. Der Beobachter muss dabei die Sonne im Rücken und den Regenschleier vor sich haben. Dann entspricht der Mittelpunkt des Regenbogenhalbkreises dem Gegenpunkt der Sonne. Bei kräftigem Sonnenschein nach Frühlingsschauern in klarer Luft können wir manchmal sogar zwei Regenbogen erkennen – einen farbenprächtigen inneren (primärer Regenbogen) und einen matteren äußeren (sekundärer Regenbogen). Wer genau hinsieht, bemerkt, dass beim primären Regenbogen Rot außen und Blauviolett innen, beim sekundären Regenbogen die Farben aber umgekehrt angeordnet sind.

Auch an einem Wasserfall taucht, mit der Sonne im Rücken, ein Segment des Regenbogens vor unseren Augen auf. Das Gleiche gilt bei Autofahrten auf regennasser Straße im Sonnenschein: Fahren wir zufällig mit der Sonne genau hinter uns, erscheint in der vom Fahrzeug vor uns aufgewirbelten Gischt ein Stück Regenbogen. Auch der Mond erzeugt einen »Regenbogen«, zu sehen als weißlich-mattfarbiger Ring vor dem Hintergrund des schwarzen Nachthimmels (Mondhof).

Die Lichtbrechung der Sonnenstrahlen durch Regen ist desto deutlicher, je tiefer stehend die Sonne in den Regen hineinscheint. Bei hoch stehender Sonne um die Mittagsstunden können nur in seltenen Fällen Regenbogen sichtbar werden. Regenbogen treten häufig bei wechselhafter Wetterlage mit Schauern im Frühling oder Herbst und nach Gewittern in den Sommermonaten auf.

Haloerscheinungen

Scheint die Sonne durch hauchdünne, schichtartige Schleierwolken (Cirrostratus), die den Himmel wie eine Milchglasscheibe hell färben, sehen wir des Öfteren hoch über uns einen weiten, matt-weißen Ring. Ein solcher »Halo« entsteht, wenn sich die Sonnenstrahlen an den Kanten und Oberflächen von Eiskristallen brechen. Die Lichtquelle Sonne bildet vom Beobachter aus den Mittelpunkt.

Auf dem weißlichen Ring erscheinen oft zugleich auch so genannte »Nebensonnen« – hellere, teils regenbogenfarbige Bereiche senkrecht über oder waagerecht rechts/links neben der eigentlichen Sonne.

> **Wetterbote Halo**
>
> Halos treten meist beim Eintreffen einer Warmfront auf und sind deshalb Vorboten für einen Wetterumschwung nach Schönwetter hin zu Regen oder Schnee.

Links: Ein typischer Wolkenhalo, bei dem die hoch in der Atmosphäre schwebenden Eiskristalle der Cirruswolken das Sonnenlicht brechen. Unten: Eine irisierende Wolke am Himmel ist eine Augenweide, vor allem, wenn die Stimmung durch eine dunkle Baumsilhouette verstärkt wird.

Irisierende Wolken

In dünnen, durchscheinenden Wolken, zum Beispiel fischchenförmigen Föhnlinsen, tauchen manchmal purpurrote und grünliche Farben ähnlich einer Perlmuttoberfläche oder dem Schillern von Ölflecken auf Wasser auf. Der Grund ist wieder weißes Licht, das an unterschiedlich großen Wassertröpfchen gebrochen wird.

Irisierende Wolken finden wir häufig bei wechselhaftem Wetter zum Ende einer sonnigeren Phase, ehe neue Schauerstaffeln aufziehen oder die nächste Regenfront ansteht.

Gerade diese Erscheinung ist allerdings mit bloßem Auge nur schwer zu erkennen. Meist herrschen sehr grelle Lichtverhältnisse in klarer Luft, so dass wir beim Blick in Richtung Sonne stark geblendet werden. Mit einer guten Sonnenbrille, die einen UV-Filter bietet, können wir derlei Farbschattierungen an Wolken viel besser erkennen. Grundsätzlich ist dringend davon abzuraten, direkt in die Sonne zu schauen – egal, ob mit oder ohne Sonnenbrille! Schäden an der Netzhaut mit teilweiser Sehstörung sind die Folge.

Heiligenschein

Bei tief stehender Morgensonne im Rücken können wir auf tauüberzogenem Gras einen farblosen Lichtschein um den Schattenwurf unseres Kopfes entdecken. Dieser Effekt kommt durch reflektiertes Sonnenlicht auf den Tautropfen zustande. Es wird als Gegenpunkt zur Sonne um den Kopfschatten konzentriert.

Um den Effekt des »Heiligenscheins« in den Frühstunden erleben zu können, braucht es ein Zwischenhoch oder eine herbstlich-kühle und stabile Witterungsperiode.

Die tief stehende Sonne im Rücken, scheint der sonnenbestrahlte Kopf mit einer Art Heiligenschein umgeben zu sein, der durch Lichtbrechung im Tau oder Frühdunst entsteht.

Glorie

Sind wir auf einem Gebirgsgrat unterwegs und fällt unser Schatten in eine Nebelwand vor uns, dann sehen wir um den Schatten unseres Kopfes farbige Ringe. Diese Gebilde ähneln Farbkränzen und entstehen um den oft übergroß erscheinenden Schattenwurf. Man spricht in einem solchen Fall auch vom so genannten »Brockengespenst«. Hierbei ist Lichtbrechung an Nebeltröpfchen die Ursache.

Die beste Zeit für dieses Phänomen ist der frühe Vormittag im frisch gebackenen Herbsthoch, wenn Nebel aus der Feuchtigkeit vorangegangener Regenfälle an den Hängen aufsteigen und die Sonne noch tief steht.

Das Himmelblau

Im Gegensatz zum schwarzen nächtlichen Sternenhimmel bei fehlenden Wolken erscheint uns tagsüber das Firmament hellblau bis tiefblau. Dieser Farbton kommt zustande, weil das Sonnenlicht in der Atmosphäre durch Luftmoleküle und Staubteilchen gestreut wird. Dabei steht das kurzwellige Licht (blau) im Vordergrund.

Besonders in trockener, sauberer Luft zeigt der Himmel eine kräftige blaue Farbe. Die Reflexion des blauen Teils der Spektralfarben an den Luftmolekülen beherrscht dann das Himmelsbild.

Am prächtigsten ist das Himmelblau in klarer Luft nach Regenfronten mit kühler Luft zu bewundern. Eine Garantie für längeres Schönwetter ist es allerdings nur, wenn das Barometer einen hohen Luftdruck anzeigt.

Morgenrot und Abendrot

Je tiefer die Sonne steht, umso länger ist der Weg ihrer Sonnenstrahlen durch die Erdatmosphäre. Dann nimmt die Lichtstreuung zu, und wir sehen am Horizont die Reihe der Spektralfarben: Erst blau, dann grünlich, gelb, rötlich und nach Sonnenuntergang (oder vor Sonnenaufgang) in klarer Luft auch violette Töne.

Auch äußere Einflüsse können den Charakter dieser Erscheinungen beeinflussen. Bei großen Vulkanausbrüchen verteilen sich die Aschepartikel manchmal um den ganzen Erdball und werden nur allmählich aus den hohen Luftschichten ausgewaschen. So erleben wir in den Folgejahren oft besonders intensive Sonnenauf- und untergänge aufgrund der Tatsache, dass sich das Sonnenlicht verstärkt an diesen Schwebepartikeln bricht.

> **Boten für Wetterwechsel**
>
> Intensiv leuchtendes Morgen- oder Abendrot entsteht oft in Verbindung mit beleuchteten Wolken. Es ist immer ein Zeichen von wechselndem Wettercharakter – bei Morgenrot zu Regen, bei Abendrot zu mehr Sonne am Folgetag.

Der spätabendliche Himmel über München erscheint hier dank des klaren Wetters und starker Lichtbrechung in einer postkartenwürdigen Ansicht mit farbenprächtigem Firmament.

Dunkle Strahlen

Hoch aufgestiegene Cumuluswolken werfen manchmal ihre Schatten strahlenförmig in die umgebenden Schleierwolken oder in den Dunst. Dem gleichen Prinzip folgt die Erscheinung, dass ein markanter und vor allem kompakter Kondensstreifen, der allein am Himmel steht, in dunstiger Luft einen dunklen Schattenstrahl zur Erde wirft. Ein beeindruckendes Bild, das allerdings für den Meteorologen nicht relevant ist, denn der Schattenwurf von Wolken oder Kondensstreifen lässt im Allgemeinen keine besonders zuver-

Die Wetterphänomene

Dichte Wolkenmassen geben das Sonnenlicht an ihren Rändern strahlenförmig frei. So werden vor allem durch Cumuluswolkenlücken manchmal scharf abgegrenzte Gebiete wie mit einem Scheinwerfer durch »gebündeltes« Sonnenlicht bestrahlt.

lässigen Schlüsse auf die Wetterentwicklung der kommenden Stunden zu. In den meisten Fällen ist es jedoch ein Zeichen für das Auftreten eines wenig stabilen Zwischenhochs.

Waldsonnenstrahlen

Fällt Sonnenlicht durch Baumkronen in einem leicht nebligen Wald, erleben wir oft ein unwirklich-märchenhaftes Stimmungsbild. Dann wird das Sonnenlicht als Strahlen im Nebel sichtbar, und dazwischen sind die Schattenwürfe der Kronenpartien zu sehen. Dieses stimmungsvolle Schauspiel bekommen wir bevorzugt im Sommer nach ausgiebigen Regenfällen in kühler Luft oder am frühen Vormittag während herbstlich-kühler Schönwetterperioden zu sehen.

Anzeichen für stabiles Wetter
Waldsonnenstrahlen sind häufig ein Zeichen für beginnendes oder anhaltend sonnig-stabiles Wetter.

Alpenglühen bedeutet meist tage-, seltener wochenlange Hochwetterlage ohne jegliches Risiko für Wetterumschwung oder Wettersturz.

Alpenglühen

Die rötlich auf- oder untergehende Sonne beleuchtet besonders verschneite hoch aufragende Felsmassive mit einem großen Rotlichtanteil und bringt sie so zum »Glühen«. Wir finden dieses wildromantische Phänomen bevorzugt im Herbst und Winter bei sehr trockener und klarer Luft. Berühmt für diese immer wieder eindrucksvolle Erscheinung ist der Rosengarten in den Südtiroler Dolomiten.

Nicht zu verwechseln damit ist die manchmal rostrote Verfärbung des Schnees im Hochgebirge. Diese ist unabhängig vom Sonnenstand und wird hervorgerufen durch feine, rötliche Staubpartikel. Sie werden bei bestimmter Wetterlage als feinster Saharastaub mit dem Südwind übers Mittelmeer bis in die Alpen transportiert. Ballen sich dort dichte Wolken zusammen, nehmen die Schneeflocken diese Partikel aus der Luft mit zu Boden und bilden eine schmutzige Schneeauflage im Hochgebirge. In tieferen Lagen erleben wir das Phänomen als hellbräunliche Wassertropfenspuren, die sich zum Beispiel auf dem Autolack zeigen.

Des einen Freud, des anderen Leid. Was für Gebirgswanderer und Badefreunde das ideale Wetter ist, nämlich ein stabiles, windarmes Sommerhoch, verdammt Segler und Surfer zum Verzicht auf ihre Lieblingsfreizeitbeschäftigung.

Luftspiegelungen

Die klassische Fata Morgana, wie wir sie in der Wüste vorfinden, gibt es hierzulande kaum. Doch bei Sonnenschein und heißer, flimmernder Luft über der erhitzten Asphaltfläche einer Straße sieht es am Horizont oft so aus, als ob die Straße nass wäre. An diesen Stellen wird der blaue Himmel gespiegelt; dieses Phänomen wird auch »Mirage« genannt.

In den glühend heißen Ebenen des nordamerikanischen Death Valley oder in weiten Regionen Australiens gehören Luftspiegelungen zu den alltäglichen Erscheinungen.

Eine Fata Morgana ist ein typisches und weit verbreitetes Kennzeichen für Hitzeperioden in den Ebenen südlicher Länder. Schauer oder Gewitter bleiben dann meist über Wochen auf die Bergregionen und die Südalpen beschränkt. Für eine echte Fata Morgana fehlen hierzulande ausgedehnte, vegetationsarme Weiten. Vor allem in den Bergen muss aber trotz dieser Schönwettererscheinung mit lokalen Gewittern gerechnet werden.

Unsere Wetterlagen

Hochs, Tiefs, bestimmte Luftmassen und der Gang der Jahreszeiten machen in Mitteleuropa die bekannte Vielfalt im Wettergeschehen aus. Nach dem Motto »nur der Wechsel ist beständig« gibt es je nach Wetter und Höhenlage auch noch regional unterschiedlich ausgeprägte Eigenschaften selbst bei gleicher Großwetterlage.

Die zehn typischen Wetterlagen über Mitteleuropa

Legen wir die Hauptwindrichtungen zugrunde, sind von Nord- und Ostsee bis in den Alpenraum acht typische Wetterlagen zu unterscheiden. Wesentlich ist dabei, wo die Kernbereiche der steuernden Tiefs oder Hochs in den verschiedenen Etagen der wetterbestimmenden Troposphäre liegen. Prägend für den Witterungsverlauf im zentralen Europa sind übers Jahr betrachtet das bekannte »Azorenhoch« und das »Islandtief«. Beide Druckgebilde sorgen – teils jeweils für sich, teils in Teamarbeit – für über 70 Prozent der westlichen Wetterlagen. Aus diesem Grund ist unser mitteleuropäisches Klima häufig maritim, also durch Atlantik und Nordsee, geprägt. Deshalb bleiben die Winter oft schmuddelig nass-kalt, die Sommer entgegen vieler Freizeithoffnungen durchwachsen und nur selten über Wochen sonnig-heiß. Fröste im Herbst oder Frühling werden durch polare Luftherkünfte vom Nordmeer, aus Skandinavien oder vom Baltikum verursacht.

Kontinentale Klimakostproben bescheren uns Winde aus Ost bis Südost. Entsprechend extrem sind die Auswirkungen: im Sommer trocken und heiß, im Winter grimmig kalt und bei schneidendem Ostwind mit einem Hauch Sibirien. Bleiben noch die südlichen Windströme vom Mittelmeerraum. Sie sorgen im Sommerhalbjahr oft für drückende Wärme oder Hitze mit teils unwetterartigen Gewittern, besonders um die Alpen und Mittelgebirge.

Außer diesen zehn »Grundtypen«, die sich bei uns beobachten lassen, gibt es aber auch eine Reihe besonderer Wetterlagen, die jahreszeitlich oder regional begrenzte Phänomene beschreiben, deren Erscheinen aber unregelmäßig und schwer vorhersagbar ist.

Westwetter

Bei dieser Lage ist es meist von den Küsten bis zu den Alpen äußerst wechselhaft, oft windig mit Sonnenschein, Wolken, Schauern und teils auch mehrstündigem Regen.

Von April bis September ist die Luft eher kühl, von Oktober bis März tageweise oft mild mit Tauwetter, dann aber wieder kälter. Im Hochgebirge können Orkanböen auftreten. Zwischenhochs mit mehr Sonnenschein halten oft nur 12 bis 36 Stunden.

- Wolken und Wind kommen meist einheitlich aus Westen.
- Auf dem Barometer registrieren wir häufig wechselnden Luftdruck.

Ob Graupelschauer im April, schwüle Hitze im Juli oder nervtötender Dauernebel zur Adventszeit – jede dieser wohl vertrauten Witterungsphasen ist auf typische Wetterlagen zurückzuführen. Dabei ist die Lage von Hochs und Tiefs über Europa das Zünglein an der Waage.

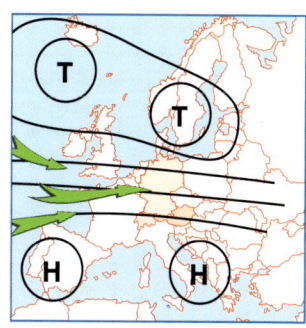

Tiefs im Norden und Hochs im Süden schaufeln Luftmassen vom Atlantik nach Mitteleuropa.

Unsere Wetterlagen

Nordwestwetter

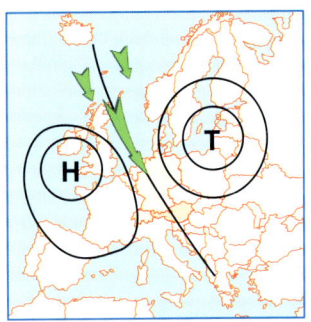

Ein Hoch über dem Süden Englands und ein Tief im Nordosten bringen Luft von den Britischen Inseln aus Nordwesten.

Vom Charakter ähnelt die Lage dem wechselhaften Westwetter, das Nordwestwetter ist aber in allen Jahreszeiten kühl. In Alpennähe und an den Nordhängen der Mittelgebirge sorgt Wolkenstau für Dauerregen bzw. Schneefall, sonst ist »Aprilwetter« mit Sonnenschein, Quellwolken und Schauern angesagt.

Ab Ende Oktober im Herbst und bis Anfang Mai im Frühjahr mischen sich Graupel oder Schnee teils bis ins Flachland dazu. Von Rheinland-Pfalz bis zum Oberrhein treten deutlich weniger Schauer auf als von der Nordsee bis Sachsen und Ostbayern. Bei Sonnenschein erleben wir sehr klare Luft mit guter Fernsicht auf den Bergen, von November bis Februar aber auch nasskalte Witterung mit Hochnebel und Nieseln. An der Nordsee und im Alpenvorland bläst bei nahem Tief teils stürmischer Wind, im Hochgebirge drohen Orkanböen.

- Wolken und Wind kommen einheitlich aus Nordwesten.
- Meist zeigt das Barometer bereits deutlich steigenden Luftdruck, wenn die Schauer erst richtig einsetzen (nach Osten abziehendes Tief).

Nordwetter

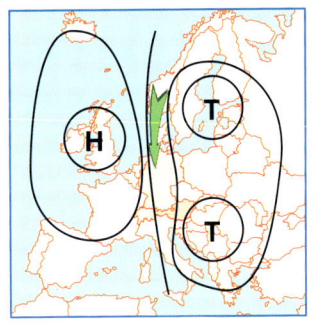

Hoch- und Tiefdruckgebiete verschieben sich. Die Luft fließt aus Skandinavien, dann aus Nordost zu uns.

Bei nahem Hoch im Westen ist es teils sonnig, teils ziehen Quellwolken vorüber. Von Mai bis Oktober empfinden wir die Luft als kühl. Bei noch nahem Tief im Osten ist es vom Erzgebirge bis zum Bayerischen Wald und an den Alpen auch nass-kalt. Im Flachland droht bei klarem Himmel in den Übergangsjahreszeiten spätnachts oder frühmorgens Frost.

Von November bis April sorgt die herangeführte Polarluft für Kälte und nachts verbreitet für Frost, am Alpenrand und in den östlichen Mittelgebirgen für Schneeschauer.

- Wolken und Wind kommen aus nördlichen Richtungen.
- Auf dem Barometer ist fast ausnahmslos hoher Luftdruck abzulesen.

Nordostwetter

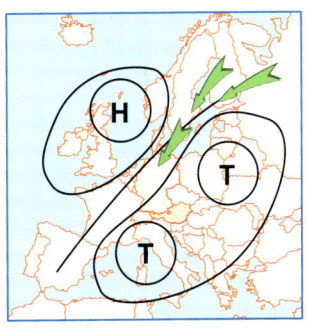

Von Mai bis Oktober ist es kühl. Haben wir dazu ein Hoch mit Sonnenschein, ist morgens verbreitet mit Frost zu rechnen. Von der Lausitz bis Ostbayern und um die Ostalpen hält häufig ein Tief über dem Mittelmeer oder über Osteuropa mit Wolken dagegen. Dann bleibt es nass-kalt, in Alpennähe fällt Dauerregen oder Schnee (November bis April).

In den Wintermonaten liegen die Temperaturen deutlich im kalten bis eisigen Bereich. Auf Hochebenen und in freien Tieflagen bringt der schneidende Wind Schneeverwehungen, an der Ostsee sind Sturm und starker Seegang möglich.

- Wolken und Wind kommen aus Nordosten.
- Auf dem Barometer ist der Luftdruck von Norddeutschland bis an die Ostsee vor allem im Winter hoch, in Bayern besonders im Sommer recht niedrig.

Ostwetter

Von Mai bis Oktober geht das Ostwetter oft mit viel Sonnenschein, guter Fernsicht und im Sommer mit Hitze einher. Nur um die Alpen bilden sich vereinzelte Gewitter. Von Oktober bis März herrschen im Flachland teils Nebel und Hochnebel, und es ist sehr kühl, im Winter frostig.

Besonders von November bis März treten bei Schneedecke in Osteuropa im ganzen Land die strengsten Nachtfröste auf. Bei den Einheimischen im Alpenvorland, Vogtland und in Quertälern des Bayerischen Waldes ist der bei dieser Wetterlage wehende eisige Ostwind berüchtigt. Liegt Pulverschnee, sind massive Schneeverwehungen möglich. Befindet sich gleichzeitig ein Tief über dem Mittelmeer, gehen im Alpengebiet lang anhaltende Schneefälle nieder.

● Vor allem nördlich des Mains ist Ostwetter eine sehr sonnige und im Sommer heiße, im Winter aber grimmig kalte Wetterlage.

● Auf dem Barometer lesen wir besonders im Winterhalbjahr in Nord- und Ostseenähe teils extrem hohe Luftdruckwerte ab (über 1035 hPa).

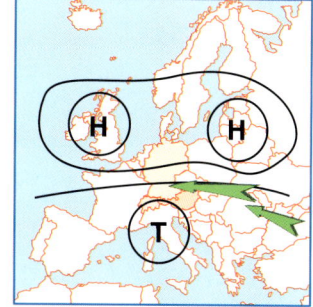

Ortsfeste Hochs im Norden und ein Genuatief im Süden bringen Winde über den Balkan.

Südostwetter

Von April bis Oktober ist es oft sonnig und warm, in Bayern im Sommer teils schwül und gewittrig. Greift ein Mittelmeertief mit seinen Wolken nach Norden aus, versinkt Südostdeutschland je nach Jahreszeit in Regen oder Schnee.

Im Winterhalbjahr liegen die Temperaturen eher im kalten bis frostigen Bereich. Teils scheint die Sonne, im Flachland halten sich aber auch zäher Nebel oder Hochnebel. Um die niederbayerische Donau bläst durch den landschaftlichen Düseneffekt auch zeitweise böiger Südostwind. Diese Wetterlage tritt in manchen Wintern äußerst standhaft auf. Sie blockt alle Anläufe atlantischer Tiefs hartnäckig schon über Ostfrankreich ab.

● Schaffen es Regenwolken mit milderer Luft aus Westen über den Rhein, droht im Flachland bei gefrorenem Boden und dünner, bodennaher Frostluftschicht Glatteis!

● Vor allem im Winterhalbjahr bleibt der Luftdruck auf dem Barometer oft tagelang kaum verändert.

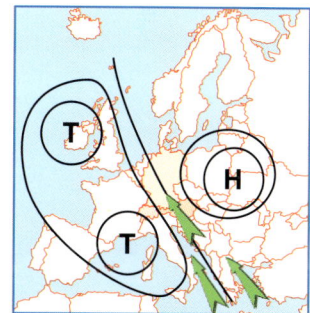

Kettentiefs von der Blumenriviera bis zu den Britischen Inseln und ein Hoch in Osteuropa führen Luft von Südost heran.

Südwetter

Östlich des Rheins ist dies eine zu fast allen Jahreszeiten eher sonnenscheinreiche Wetterlage. Von Mai bis September liegen die Temperaturen deutlich über dem Durchschnitt. Im Sommer herrschen Hitzetemperaturen mit Spitzenwerten von 30 °C bis über 35 °C – wegen des ablandigen Windes selbst in Küstennähe! Meist ziehen nur um die Rheingegend hohe, harmlose Wolken durch; von November bis Februar bringen sie hier aber manchmal Glatteisregen!

Im Alpenvorland tritt von September bis April häufig Föhn mit bester Fernsicht und in einigen Tälern bis zu 20 °C auf. Bei nachfolgendem Wetter-

Unsere Wetterlagen

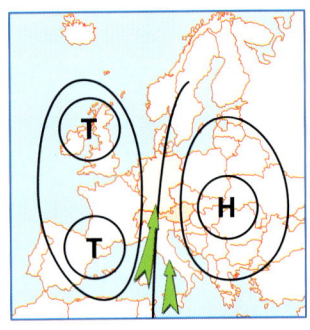

Verstärkt sich das Balkanhoch, drängt es die Tiefs nach Westen. Mittelmeereinfluss beherrscht dann das Wetter bei uns.

umschwung ist auch Saharastaub mit schmutzigem Regen oder rötlichem Schnee möglich.
• Kräftigerer südlicher Wind kommt zwischen Main und Alpen im Flachland selten auf; Ausnahme ist Föhnsturm auf den Bergen und vereinzelt in Nord-Süd-gerichteten Alpenquertälern.
• Östlich des Rheins ziehen meist nur hohe Schleier- oder Schichtwolken aus Süden durch.
• Der Luftdruck ist besonders im Alpenvorland bei Föhnlage sehr niedrig und schwankt oft stundenweise leicht auf und ab (»Leeunruhen«, auf einem Luftdruckschreiber/Barograph sichtbar).

Südwestwetter

Nördlich der Donau bringt diese bei uns recht häufige Wetterlage zu allen Jahreszeiten reichlich Regen. Im Winterhalbjahr sorgt milde Luft oft bis über 1500 Meter hinauf für Tauwetter. Lediglich vom Alpenvorland bis zum Bayerischen Wald haben die Alpen eine wolkenabschottende Wirkung. Hier zeigt sich dann zeitweise die Sonne bei Schleierwolken und guter Fernsicht in leicht föhniger Stimmung. Im Herbst freuen sich die Kinder über typisches »Drachensteigwetter« (milder Wind, kein Regen).

Liegt ein ausgeprägtes Tief über Großbritannien oder Island, wechseln in teils stürmischem Wind Schauer oder Regenfronten mit Sonnenschein ab. Besonders auf den Nordfriesischen Inseln toben dann schwerer Sturm und Seegang.

Manchmal kommt eine schlingernde Regenfront quer über Deutschland kaum nach Süden voran – dann droht besonders um die Mittelgebirge zwischen Elbe, Rhein und Donau Hochwasser.

Von Mai bis September ist es teils schwül-warm. Im Alpenvorland, besonders zwischen Isar und Chiemsee, ist die Hagelabwehr in Alarmbereitschaft: Heftige Gewitter mit Hagelschlag entstehen jetzt am ehesten.

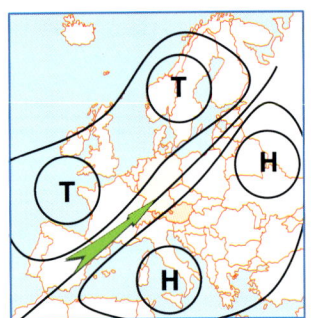

Tiefs von Nordspanien bis Skandinavien und Hochs vom Mittelmeerraum bis nach Osteuropa bringen iberische Luftmassen aus Südwest.

• Bei starkem Südwestwind treten im Winter extrem milde Nächte auf.
• Die größten Sturm- und Orkantiefs beginnen immer mit Südwestwetter.
• Stark erhöhte Wetterfühligkeit und gehäufte Beschwerden sind typische Vorboten einer kurz bevorstehenden Südwestwetterlage.

Hoch über Mitteleuropa

Im Sommerhalbjahr ist diese Konstellation der Garant für bestes Freizeit-, von Juni bis August auch Badewetter! Es ist meist mehrere Tage lang sonnig oder höchstens über den Bergen leicht bewölkt. Die Luft erwärmt sich schnell, 25 °C bis über 30 °C ohne Schwüle sind von Juni bis Ende August keine Seltenheit. Alpine Touren können ohne Gewitterrisiko geplant werden. Im Frühjahr lockt gute Thermik ab dem späten Vormittag die Hobbyflieger in die Lüfte. Anspruchsvolle Segler und Surfer kommen dagegen kaum auf ihre Kosten – der Wind ist schwach, oft herrscht sogar Flaute. Anders sind die Verhältnisse oft von Mitte Oktober bis Mitte Februar. Dann sammelt sich bei mehrtägig windstiller Lage im Flachland feucht-kalte, teils frostige Luft. Nebel und Hochnebel lassen kaum Sonnenstrahlen durch, um Ballungsräume und Industriegebiete droht hohe Luftverschmutzung (Smog). Auf den Bergen scheint dagegen in milder und trockener Luft bei herrlicher Fernsicht die Sonne. Normalerweise ist es in tiefen Lagen wärmer als auf den Bergen. Diese »verkehrte Welt« hat mit ihrer Temperaturumkehr – oberhalb von Nebel und Hochnebel von kalt zu warm – zu der Bezeichnung »Inversionswetterlage« geführt.

Liegt allerdings in den Monaten Dezember bis Februar zu Beginn dieser Wetterlage eine geschlossene Schneedecke mit trocken-kalter Luft, erleben wir Wintertage wie aus dem Märchenbuch: gleißendes Sonnenlicht über funkelndem Pulverschnee, teils bizarren Reifansatz und in den Nächten herrlichen Sternenhimmel mit erkennbarer »Milchstraße« und klirrender Kälte.

- Die wenigen Wolken bewegen sich kaum vom Fleck, der schwache Wind dreht oft stundenweise in wechselnde Richtungen.
- Auf dem Barometer wird über mehrere Tage teils sehr hoher Luftdruck auf gleich bleibendem Niveau angezeigt.
- Es ist für Wetterfühlige die positivste Wetterlage (Ausnahme: große Hitze im Sommer, Nebel und Smog im Winter).

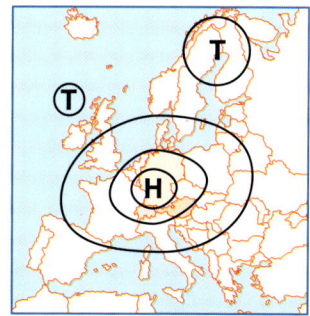

Ein ortsfestes Hoch hat sich direkt über Deutschland eingenistet und setzt sich gegen die kleinen Tiefs über den Britischen Inseln und Skandinavien durch.

Tief über Mitteleuropa

Hat sich erst einmal feucht-kalte Luft bei uns angesammelt, drehen sich manchmal kleinere Tiefs wie im Karussell rund um Deutschland im Kreis. Dann kommen wir im Sommer über zwei bis drei Wochen nicht aus dem Wechsel zwischen Dauerregen und Schauern heraus. Im Hochgebirge fällt selbst im Juli Schnee bis auf die höchstgelegenen Almwiesen, viele Flüsse schwellen an, und die Landwirte klagen über bedrohte Ernten. Oft verharren die Temperaturen deutlich unter der 20-°C-Marke, mehrstündiger Sonnenschein wird zur Ausnahme.

Im Winterhalbjahr, vor allem von Dezember bis März, ist bei dieser Wetterlage viel Schnee in den Bergen, teils aber auch im Flachland zu erwarten.

- Wolken und Wind kommen aus tageweise wechselnden, teils sogar gegensätzlichen Richtungen.
- Der Luftdruck ist vor allem im Winterhalbjahr tagelang sehr niedrig.

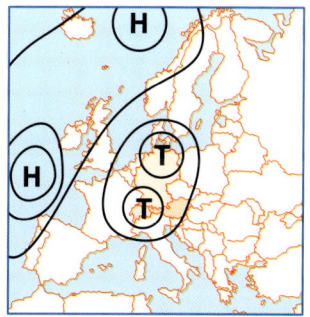

Eine Kette von Tiefdruckgebieten bestimmt das Wetter in Mitteleuropa und hält die ausgedehnte Hochdruckzone über dem Atlantik auf Distanz.

Besondere Wetterlagen

Während bestimmter Jahreszeiten kommen Wetterlagen vor, die besonders kennzeichnend sind. Wer kennt zum Beispiel nicht das typische Wetter im April, das »macht, was es will« – das also sehr abwechslungsreich und unberechenbar ist. Auch lokale, immer wiederkehrende Eigenheiten des Wetters oder Wetterlagen, die unter bestimmten Konstellationen auftreten, sind solche besonderen Wetterlagen.

Gewitterwetterlagen

Über Mitteleuropa gibt es eindeutige Gewitterregionen und andererseits Landstriche, die selten betroffen sind. In Süddeutschland beispielsweise gehen relativ häufig Gewitter nieder; um die Alpen werden die meisten Gewittertage gezählt (oft über 30 pro Jahr), die vor allem in den Monaten Mai bis August auftreten.

Südwestwetterlage mit Wärme-/Hitzegewittern

Für das Alpenvorland hat man regelrechte Gewitterzugstraßen von Südwest nach Nordost herausgefunden. Hier handelt es sich in den Sommermonaten meist um typische Wärme- oder Hitzegewitter. Sie entstehen in schwülwarmer Luft nach Sonnenschein, entladen sich nachmittags und abends regional, verursachen lokal teils schwere Schäden und bringen nur vorübergehende Abkühlung.

West- bis Nordwestwetterlage mit Kaltfrontgewittern

Bei einsetzendem Wetterumschwung durch eine Regenfront mit kälterer Luft aus nördlicheren Breiten gibt es oft über mehrere hundert Kilometer aneinander gereiht kurze Gewitter. Im Hochgebirge droht bei dieser Lage Lebensgefahr durch Wettersturz, teils mit Schnee selbst im Sommer bis unter 2000 Meter herab!
Im Winter und Frühling tritt diese Gewitterform bei Polarlufteinbrüchen von der Nordsee häufiger auch im Norddeutschen Tiefland auf. Manchmal setzen dann lokale Schneestürme ähnlich den nordamerikanischen Blizzards ein, die innerhalb von wenigen Minuten eine geschlossene Schnee- oder Graupeldecke entstehen lassen.

Südwest- bis Westwetterlage mit Warmfrontgewittern

Wenn warme und feuchte Luft mit großer Vehemenz auf kalte Luft trifft, entstehen in gleichförmig erscheinenden Schichtwolken ganz selten auch Gewitterherde und entladen sich. Diese Variante ist vor allem für Bergsteiger äußerst heimtückisch und gefährlich. Bei solch einer Wetterlage ist im Hochgebirge trotz harmlos hellgrauem Firmament höchste Vorsicht geboten, denn in Windeseile kann ein schweres Gewitter aufziehen.

Südwest-/Nordweststurm-Wetterlage

Ein großes Tief bei Island, über der Nordsee (Skagerak/Dänemark), Norddeutschland oder der südlichen Ostsee bringt meist im Herbst oder zeitigen Frühjahr/Spätwinter stürmischen Wind, teils auch Orkanböen. Besonders betroffen sind die weiten Ebenen Nord- und Ostdeutschlands und durch den Düseneffekt der Alpenbarriere das Alpenvorland. Auf der Zugspitze werden Windgeschwindigkeiten bis über 200 Stundenkilometer erreicht!
Rasch wechseln lockere und dichte Wolken einander ab, meist ist es erst mild, mit einsetzendem Regen nehmen Wind und Temperatur ab.

Bei klarem Himmel und strahlendem Sonnenschein lässt sich an manchen Tagen erkennen, wie ein Kaltfrontgewitter aufzieht. Schleierwolken zeigen, dass feuchte Luft in großen Höhen herankommt. Bald darauf schieben sich dichte Regen- oder Schneewolken wie eine Wand näher.

Das »Aprilwetter«

Feucht-kalte Polarluft, begleitet von Quellwolken, Schauern oder Gewittern (teils mit Schnee oder Graupel auch im Flachland) und Böen beschert uns die so genannte »aktive Kaltluft« von der Nordsee. Durch den Staueffekt regnet oder schneit es vor allem an den Nordhängen der Mittelgebirge und in Alpennähe länger anhaltend. Im Winter droht in windgeschützten Senken und Tälern Glättegefahr durch überfrierende Nässe.
Trotz kurzzeitig trügerisch klarer Luft mit Sonnenschein und guter Sicht ist dieses Wetter für Ausflüge ungeeignet.

Das »Genuatief«

Für Sachsen, Bayern und Baden-Württemberg gibt es trotz Nähe eines skandinavischen Hochs manchmal große Regen- oder Schneemengen aus Südosten. Ein Tief über Norditalien schaufelt dann gewaltige Wolkenmassen über die Alpen oder aus Ostösterreich/Ungarn herein.
Diese Wetterlage verursacht im Sommer teils Hochwasser um Oder, Elbe, Donau und Main, im Winter im bayerisch-sächsischen Flachland Schneechaos, im Frühjahr in mittleren Berglagen Schneebruch durch Nassschnee und im Hochgebirge extreme Lawinengefahr.

Die sprichwörtliche Launenhaftigkeit des Aprilwetters zeigt sich Jahr um Jahr aufs Neue. Da in diesem Monat mit teilweise extremen Temperatur- und Wetterkapriolen gerechnet werden muss, ist ein langfristiges Planen von wetterabhängigen Freizeitaktivitäten nur schwer möglich.

Der Föhn

Vor einem Tief über Großbritannien, der Biskaya oder Westfrankreich bläst starker, im Hochgebirge auch stürmischer südlicher Wind vom Mittelmeer über die Alpen. In Alpennähe herrscht häufig herrliche Fernsicht in klarer und sehr milder, in den Übergangsjahreszeiten auch rekordverdächtig warmer Luft. Die Sonne scheint zwischen Schleier- und Linsenwolken, während es weiter nach Norden dichter bewölkt bleibt.

Typische Föhnwolken, wegen ihrer abgerundeten Form manchmal auch Föhnlinsen genannt, stehen oft klar abgegrenzt und wie durch einen Weichzeichner betrachtet am Himmel.

Unmittelbar um den Alpenhauptkamm schaffen es die von Süden aufgestauten und ausgeregneten mächtigen Wolken gerade noch knapp über die höchsten Gipfel, ehe sie im Absinken buchstäblich verdunsten.

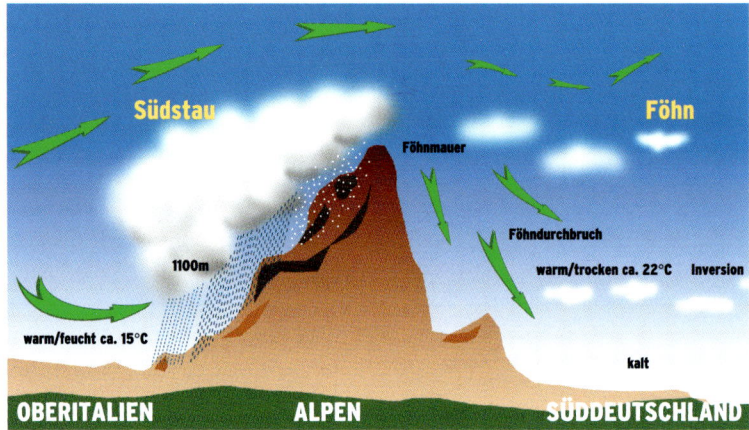

So kommt der Föhnwind nördlich der Alpen zustande: Ein kräftiger Wind treibt die feucht–warmen Luftmassen gegen die Alpensüdseite, an der sie abregnen. Auf der Alpennordseite schießt Warmluft mit zum Teil hoher Geschwindigkeit bis ins Flachland und räumt die Kaltluft weg.

Ist der Föhn stark genug, setzt er sich im Winterhalbjahr auch bis zur bodennahen kühlen und damit schwereren Luftschicht durch. Dann räumt er Dunst, Nebel und Hochnebel manchmal bis zur Donau und dem rund 200 Kilometer weit entfernten Bayerischen Wald weg. Bleibt dieser so genannte »Fallwind« schwächer, reicht seine Kraft oft nur für die klassischen Föhnquertäler um Garmisch-Partenkirchen, Tegernsee, Inntal und Salzburg zu Sonnenschein, guter Sicht und lauem Lüftchen aus. Weiter nördlich bleibt es dann im bayerischen Flachland bedeckt durch hohe Schichtwolken oder neblig-trüb und kalt.

Für Wetterfühlige spielt der launische Geselle eine besondere Rolle. Ihm ist deshalb mehr unter dem Kapitel »Bioklima« auf Seite 155 gewidmet.

Föhn sorgt oft für unglaublich gute Fernsicht. Der schnelle Fallwind beseitigt allen Dunst, und so erscheinen die Berge auch in vielen Kilometern Entfernung wie zum Greifen nah. Doch Achtung: Föhnzusammenbruch = Wettersturz, besonders im Hochgebirge!

Untrügliche Föhnanzeichen

- Neben Schleierwolken typische Föhnlinsen (Cumulus lenticularis).
- Gute Fernsicht auch in Tallagen und im Alpenvorland.
- In Talgebieten, teils im Alpenvorland und selbst im Hochgebirge ungewöhnlich mild oder warm.
- Im Hochgebirge stürmischer südlicher Wind, teils mit Orkanböen.
- Auf der Alpensüdseite (Tessin, Südtirol, Dolomiten) bis zum Alpenhauptkamm Dauerregen, Gewitter, tief hängende Wolken.
- Bozen im Temperaturvergleich bis zu 10 °C kälter als München.
- Vom Schwarzwald über die Schwäbische Alb bis Franken dichter bewölkt, teils Regen.
- Abendlicher oder nächtlicher Wetterumschwung vom Bodensee/Allgäu her quer durch das Alpenvorland, zuletzt im Berchtesgadener und Salzburger Land.

Weitere Fallwindphänomene

Föhnähnliche Windschatten- oder Leeeffekte als Fallwinde finden wir auch an den Ostseiten der Mittelgebirge bei Westwetter, so beispielsweise um Harz, Rhön, Eifel, Sauerland, Böhmerwald. Hier ist es dann kleinräumig sonniger und milder als in der Umgebung oder auf der Stauseite des Gebirgshindernisses.

Bei starkem Nordwestwind entsteht aus gleichen Vorgängen von den Abhängen der südnorwegischen Berge auch teils bis Schleswig-Holstein oder Mecklenburg-Vorpommern in Ostseenähe ein großes »Wolkenfenster«.

Die Inversionswetterlage

Die so genannte »Temperaturumkehr« geschieht besonders von Oktober bis April in jeder wolkenfreien, windschwachen Lage. Bei winddurchmischten Wetterverhältnissen nimmt die Lufttemperatur mit der Höhe um etwa 0,5 °C bis 1 °C pro 100 Meter ab. Durch die nächtliche Wärmeabstrahlung kühlt aber die bodennahe Luft am meisten aus und sammelt sich als dichteres, schwereres Gas in Senken, Mulden und Tälern. Spätfrost im Frühjahr und Frühfrost im Herbst mit Reifüberzug auf den Wiesen sind charakteristisch. Oft messen wir schon in zwei Meter über Grund knapp über 0 °C, während am Boden Minusgrade herrschen. Wird aber diese kalte und teils feucht-trübe Grundschicht dicker und durch Nebel angereichert, gelingt es der tief stehenden Sonne vor allem in den Monaten von Oktober bis Februar im Flachland nur noch selten, diesen Deckel zu durchbrechen. Tagsüber wird der Nebel durch leichte Erwärmung der Luft in Bodennähe häufig zum Hochnebel abgehoben. Teilweise fällt Nieselregen (Nebelnässen), bei Frostluft auch feiner, stumpfer Schnee (Schneegriesel) oder gefrierendes Nieseln mit großer Glättegefahr.

An der Wetterscheide Alpen ist Föhn besonders häufig und ausgeprägt, aber auch an Mittelgebirgen in anderen Gegenden tritt dieses Phänomen mehrmals im Jahr auf.

Eigenheiten der Inversionswetterlage

Typisch für diese Wetterlage ist im Winter bei Frost und Hochnebel der so genannte »Industrie-« oder »Bierschnee«: Er fällt oft nur straßenzugweise um Wasserdampf ausstoßende Kühltürme von Kraftwerken oder Brauereien. Autobahnlärm und lautstarke Open-Air-Veranstaltungen oder Fußballspiele sind manchmal trotz kilometerweiter Entfernung wie nebenan zu hören. Grund: Der Schall wird am Hochnebeldeckel reflektiert.

Mangelnder Luftaustausch trägt auch die Düfte und Gerüche von Brauereien, Bäckereien und Industrien über größere Strecken. Einheimische lesen daraus oft schon die gerade herrschende Windströmung ab.

Wie ein riesiger Deckel lastet die schwere, feuchte Nebelluft auf Senken und in Tälern. Manchmal schafft es die Sonne tagelang nicht, diese »graue Suppe« zu durchdringen.

Smoggefahr

Auf dem Land oder in wenig besiedelten Gebirgstälern ist diese Wetterlage zwar ungemütlich und wegen des Lichtmangels deprimierend, aber harmlos. In verkehrsintensiven Ballungsräumen oder im Umfeld von Industrieanlagen mit hohem Schadstoffausstoß (Emissionen) droht mangels Luftaustausch bei tagelanger Inversion Smoggefahr! Empfindliche Menschen reagieren bei dieser Lage mit gereizten Atemwegen.

Kurioserweise ist nach tage- oder wochenlanger Inversionslage ausgerechnet eine Schlechtwetterfront für das Flachland ein Segen: Sie räumt mit auf-

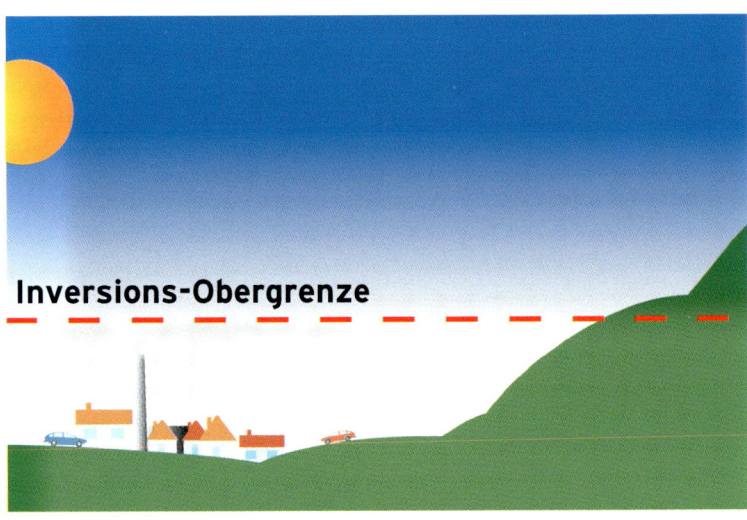

Da der Gasaustausch mit höheren Luftschichten unterbunden ist, kann es bei einer tagelang andauernden Inversionswetterlage zum Smog kommen. Die abgasreiche Luft gelangt nicht über die Inversionsobergrenze hinaus und wird so immer stärker mit Schadstoffen belastet.

frischendem Wind die Hochnebeldecke weg, beschert vergleichsweise mildere Luft, oft auch mehr Sonnenschein und erlöst uns von den Luftschadstoffen in Bodennähe. In Wetterfachkreisen heißt diese Art von Wolkenfront, die nur in den zuvor sonnig-milden Höhen Kälte bringt, »maskierte Kaltfront«.

Hochwasserwetterlagen

Manchmal treten Wettersituationen ein, in denen der Boden die Wassermenge, die niedergeht, nicht mehr aufnehmen kann.

Im Sommerhalbjahr verursachen meist ausgeprägte Gegensätze zwischen feucht-warmer Mittelmeerluft und kühler Atlantik- oder Nordseeluft lang anhaltende und wenig bewegliche Regentiefs verheerende Überschwemmungen. Bevorzugt betroffen sind dabei das südöstliche Bayern, Ostösterreich, Sachsen, Tschechien und Polen.

Fällt im Winterhalbjahr der Niederschlag oft als Regen, so sind die Böden bald mit Feuchtigkeit übersättigt. Folge können regionale oder überregionale Überschwemmungen sein. Auch große Schneemengen im Gebirge, die im Frühjahr schnell wegschmelzen, können die Flüsse über ihre Ufer steigen lassen und eine Hochwasserbedrohung auslösen.

Im Winterhalbjahr sind es mehrtägige regenreiche, windig-milde Westwetterlagen mit Tiefserien vom Atlantik. Wassergesättigter Boden, zusätzlich Regen und Schmelzwasser durch Tauwetter bis in mittlere Alpenlagen füllen dann besonders die Alpenflüsse hin zu Donau und Rhein.

Lokale Überschwemmungen

Lokale Gewitterstarkregen treten vor allem bei schwül-warmer Luft um die Mittelgebirge und in Alpennähe auf und sind zeitlich sehr begrenzt. Im Einzugsgebiet von Bächen und Kanälen werden dann tief gelegene Flächen überflutet.

Gravierender ist die Situation, wenn sich ein schweres, ortsfestes Gewitter in einem Gebirgstal austobt: Hier verwandeln sich kleine Rinnsale innerhalb kurzer Zeit zu reißenden Sturzbächen, die alles mitreißen und teilweise Häuser untergraben. An unzureichend bewaldeten Hängen gibt es manchmal Stein- und Schlammlawinen (Muren) oder kriechende Hangrutsche. Besonders von lehm- oder tonhaltigen schweren Böden fließt bei Wolkenbrüchen wertvolles und fruchtbares Material davon.

Bei Überschwemmungsgefahr gilt für den Hobbygärtner: Unbepflanzten Boden im Sommer lockern, damit er beim nächsten Gewitterguss nicht verschlämmt!

Großes Hochwasser

Hier sind bei tagelangem, ergiebigem Landregen oft Hunderte von Quadratkilometern Bodenoberfläche mit Wasser getränkt und übersättigt. Es entstehen Pfützen und kleine Seen auf Wiesen und Feldern. Meist ist die Regenwetterlage bereits wieder vorüber, bevor die Katastrophe so richtig zum Tragen kommt. Durch das verzögerte Abfließen der Wassermassen im großen Einzugsgebiet der überregionalen Flüsse erleben die Anwohner erst zwei bis drei Tage später das eigentliche Hochwasser, das dann in einer riesigen Überflutungswelle flußabwärts drängt. Regelmäßig eingestellt werden muss dann der Schiffverkehr auf Rhein, Elbe, Oder, Main oder Donau.

Schneechaos- und Lawinenwetterlagen

Vielen in Erinnerung ist in Norddeutschland noch das verheerende Schneechaos zum Jahreswechsel 1978/79. Ganze Zugstrecken wurden damals bei Dauerschneefall, Oststurm, Frost teils unter -15 °C und meterhohen Schneeverwehungen lahm gelegt, Dörfer von der Außenwelt abgeschnitten und aus dem Bayerischen Wald eigens Schneeräumfahrzeuge und Schneefräsen abgeordnet.

Auslöser für eine derart extreme Wetterlage ist in Norddeutschland die markante Grenze zwischen arktischer Kaltluft aus Skandinavien und feuchtmilder Luft aus südlicheren Breiten. Bleibt der Grenzbereich mit Wolken und Schneefall weitgehend stationär, können sich in einer Region über Tage ungeheure Schneemengen entladen. Auf Hochebenen der Mittelgebirge, wie Rhön, Eifel, Harz und auch im Vogtland, auf der Schwäbischen Alb sowie im Alpenvorland sind Schneeverwehungen bei Frostluft schon mit wenigen Zentimetern Schneedecke üblich.

Alpine Lawinengefahren

Von ganz anderem Kaliber sind starke und ergiebige Dauerschneefälle in den Nord- und Südalpen. Bei Nordwestwetterlage fällt durch aufgestaute Schneeschauer in Quertälern viel großflockiger Schnee in kürzester Zeit; große Schneefallgebiete durch Mittelmeertiefs bringen in Lagen oberhalb 1000 bis 1500 Meter oft über Nacht bis zu einem Meter Neuschnee! Damit erhöht sich die Lawinengefahr dramatisch. Meist treffen im Hochgebirge oberhalb der Waldgrenze Schneefall und Wind zusammen.

Im Frühjahr bringen ergiebige Nassschneefälle in mittleren Berglagen zwi-

Die Bedrohung durch Lawinen wird Jahr für Jahr aufs Neue akut. Das Zurückgehen des Bannwaldes und die erhöhte Erosion durch immer intensivere sportliche Nutzung der Gebirgsregionen lässt die Lawinengefahr wachsen. Kommt ein schneereicher Winter, sind selbst jahrzehntelang als sicher geltende Zonen plötzlich von Lawinen bedroht.

Neuschnee + Wind = Lawinengefahr! (nach Angaben des Wasserwirtschaftsamtes)			
Neuschneemenge in 1–3 Tagen ohne Wind	mit Wind	Gefahrenstufe	Lawinengefahr
bis 30 cm	bis 20 cm	1	an Windschatten-/Leehängen
30–50 cm	20–40 cm	2	örtlich, mäßig
50–80 cm	40–60 cm	3	bis Tallagen (Straßen) erheblich
80–120 cm	60–80 cm	4	akut, verbreitet groß
über 120 cm	über 80 cm	5	extrem, Bergdörfer betroffen! Katastrophengefahr

schen 600 und 800 Meter manchmal verheerende Schäden in den Nadelwäldern durch Schneebruch. Aber auch um weit gespannte Starkstromleitungen bilden sich dicke Ummantelungen, deren Last sogar riesige Strommasten zusammenbrechen lässt.

Wetterlagen mit Trockenheit oder Dürre

In Mitteleuropa erleben wir es selten, dass größere Gebiete über lange Zeit kaum oder keinen Regen erhalten. Selbst bei wochenlangen sonnig-warmen Perioden im Sommer sind meist nur karge oder sandige Standorte bedroht. Hier können die Pflanzen dem Boden keine Feuchtigkeit mehr entziehen und welken vorzeitig. Dies war in schlimmerem Ausmaß zuletzt im Sommer 1947 der Fall. Hier konnte man in Deutschland von einer Dürre sprechen. Der trocken-heiße Juli 1983 und in Norddeutschland die Sommer 1990/1992 führten nur zu einer großen Trockenheit über einige Wochen.

Ein eher trockenes Winterhalbjahr verhindert, dass die notwendigen Schnee- und Wasserreserven für Gletscher und Speicherseen aufgefüllt werden. Die Vegetation kann danach in einem trocken-milden Frühjahr weniger Kraft für Blüte und Fruchtwachstum entwickeln. Erwünscht ist Trockenheit im September/Oktober dagegen vor allem von den Landwirten und Winzern zur letzten Reife und Qualitätsverbesserung von Apfel, Weintrauben und anderen Obstsorten.

Waldbrandgefahr

Nur bei ausgeprägten trocken-heißen Wetterlagen mitten im Sommer kommt in einigen Regionen Mitteleuropas Waldbrandgefahr auf. Betroffen sind am ehesten Teile Frankens und Nordostdeutschlands, auf die grundsätzlich weniger Regen niedergeht. Das Risiko zur Selbstentzündung und Brennbarkeit ist in Nadelwäldern wegen des Harzgehalts höher als in Laubhölzern.

Das unmittelbare Erleben einer langen Hitze- oder Trockenperiode lässt uns oft vorschnell glauben, dass wir ein nie oder zumindest seit Jahrzehnten nicht da gewesenes Phänomen durchlaufen. Objektive Vergleiche mit den Zahlen zurückliegender Jahre zeigen aber meist, dass das subjektiv empfundene Wetter kaum außerhalb der normalen Wertegrenzen agiert.

Neben Sonnenschein, Hitze und geringer Luftfeuchtigkeit erhöht Wind die Gefährdung, weil er das Austrocknen beschleunigt.

Verhaltensregeln bei Waldbrandgefahr
Wenn wir im Sommer im Wald bei Sonnenschein und warmem Wind unterwegs sind, gilt grundsätzlich: ● Keine glimmenden Zigaretten oder brennenden Zündhölzer wegwerfen! ● Keine Flaschen oder Gläser liegen lassen! ● Keine Lagerfeuer oder Grillfeste außerhalb dafür vorgesehener Plätze abhalten!

Sommersmogwetterlagen

Ungehinderter Sonnenschein, warme Luft und nur wenig Wind haben uns vor allem in den letzten Jahren im Sommerhalbjahr häufig erhöhte Ozonkonzentrationen gebracht. Schon ab Ende April sind bei einem stabilen Hoch über mehrere Tage die atmosphärischen und chemischen Verhältnisse so beschaffen, dass mit der hochsensiblen Messtechnik um einzelne Siedlungen kurzzeitig erhöhte Ozonkonzentrationen vermeldet werden.

Der Sommersmog, also bodennahes Ozon, entsteht durch die chemische Reaktion von Luftsauerstoff mit Stickoxiden der Autoabgase. Dazu braucht es Wärme und Sonnenlicht, um aus Stickoxid (NO_X) + Sauerstoff (O_2) das Ozon (O_3) werden zu lassen.

Besonders gefährdete Lagen

Ausgerechnet in Grünanlagen nahe verkehrsreicher Strecken (Baggerseen, Parks) ist ausreichend Sauerstoff vorhanden, der zu hohen Ozonkonzentrationen in den Mittags- und Nachmittagsstunden führen kann. Kommt Wind auf, wird das flüchtige Gas Ozon rasch durchmischt und verdünnt. Ziehen Wolken auf oder geht die Sonne unter, fehlt die Komponente Sonnenlicht, und das Ozon reagiert zurück zu Sauerstoff und Stickoxiden.

Erhöhte Ozonkonzentrationen gibt es bei uns schon seit vielen Jahrzehnten. Doch erst seit den 80er Jahren existieren eine ausgefeilte Messtechnik und ein ausreichendes Messnetz für die regelmäßige Datenweitergabe an die Medien. Grenzwertdiskussionen und die selbst bei Experten nach wie vor umstrittenen gesundheitlichen Auswirkungen von »Sommersmog« stiften allerdings nach wie vor Verwirrung.

Trotzdem ist es gerade in den Sommermonaten eine Überlegung wert, ob nicht auch mit einem öffentlichen Verkehrsmittel oder per Fahrrad die Arbeitsstelle erreicht oder der Einkauf getätigt werden kann. Gerade in kleineren Städten sind die Entfernungen leicht mit dem Fahrrad zu bewältigen, und die allermeisten Großstädte verfügen über ein gut ausgestattetes öffentliches Nahverkehrsnetz.

Strahlendes Schönwetter und abgasbelastete Luft lassen den Ozonwert ansteigen. Dieses flüchtige Ozon trägt nur wenig zum Ausgleich des Ozonmangels und damit zum Schutz unserer Haut vor UVB-Strahlung bei.

Die Wetterbeobachtung

Der bewusste Blick zum Himmel mit seinen Wettererscheinungen wie Blitz und Donner, Sturm und Hagelschlag dürfte so alt sein wie die ersten Kulturen der Menschheit in aufrechtem Gang. Wetteraufzeichnungen gab es schon vor fast 3000 Jahren in Keilschrift auf einer Tontafel im babylonischen Reich. In der Antike waren es der Arzt Hippokrates und der Universalgelehrte Aristoteles, die zwischen 460 und 322 v. Chr. systematisch das Wetter beobachteten und aufzeichneten.

Anfänge der systematischen Aufzeichnung

Vorreiter des akribischen Wetterbeobachtens und Aufzeichnens waren hierzulande naturinteressierte Mönche in Klöstern. Durch sie wurde Wetter als ständig wiederkehrendes Schauspiel zwischen Himmel und Erde zunehmend tabellarisch erfasst, in fest definierte Erscheinungsbilder unterteilt und fein säuberlich in den wohl behüteten Klosterbibliotheken archiviert. Der Hang, unbegreifliche himmlische Vorkommnisse auf eine menschlich nachvollziehbare Ebene zu bringen, dürfte dafür ebenso Ausschlag gegeben haben wie ganz praktische Überlegungen. Das Selbstversorgen mit Obst und Gemüse sowie Aussaat, Anpflanzen, Pflege und Ernte in den klostereigenen Gärten waren schon immer entscheidend vom Witterungsverlauf und den lokalen Eigenheiten des Wetters abhängig. Je besser man also darüber Bescheid wusste, umso eher ließ sich die Ernte steigern und manchmal auch Ausfälle durch Frostschutzabdeckungen, rechtzeitiges Ernten und gezielte Standortwahl verringern.

Danach wurden im mitteleuropäischen Raum bäuerliche Erfahrungswerte oft in Versen mündlich von Generation zu Generation weitergegeben. Ab dem Ende des 18. Jahrhunderts wagte sich dann die Naturwissenschaft mit Messinstrumenten an das Wetter.

Das Netz zwischen Himmel und Erde

Längst sind der erfahrene Blick zum Himmel und das einfühlsame Deuten von Zeichen der Natur in der modernen Wettervorhersage und Klimaforschung von elektronischen Messgeräten und Computerdatenverarbeitung abgelöst worden. Ständig funken stationäre oder in weiter Umlaufbahn um die Erde kreisende Wettersatellitenkameras zuverlässig und digital registrierte Informationen zu den weltweiten Empfangsstationen am Boden. Da werden Höhen, Bewegungen und Helligkeiten der Wolken, Temperaturen der Landoberflächen und Meeresströme ebenso gesammelt wie chemische und elektromagnetische Vorgänge in der Lufthülle.

Am Boden überziehen zahllose Wetterstationen den Erdball mit einem Gitternetz von »Argusaugen«, ob vollautomatisch oder von Menschenhand tagtäglich, stündlich oder minütlich penibel überwacht. Auf den Ozeanen be-

Schon vor Urzeiten vermuteten die Menschen auf der Erde göttliche, lenkende Wesen in den Weiten des Himmels. So waren die Planeten und Sterne, aber auch der Wechsel der Jahreszeiten und das Wetter Zeichen göttlichen Wirkens. Doch schon einige Jahrhunderte vor unserer Zeitrechnung beschäftigten sich rationale Geister mit der systematischen Beobachtung der Planetenbahnen und des Wetterwechsels und erkannten Regelmäßigkeiten, die zuverlässig wiederkehrten und so eine Vorhersage des scheinbar Unberechenbaren erlaubten.

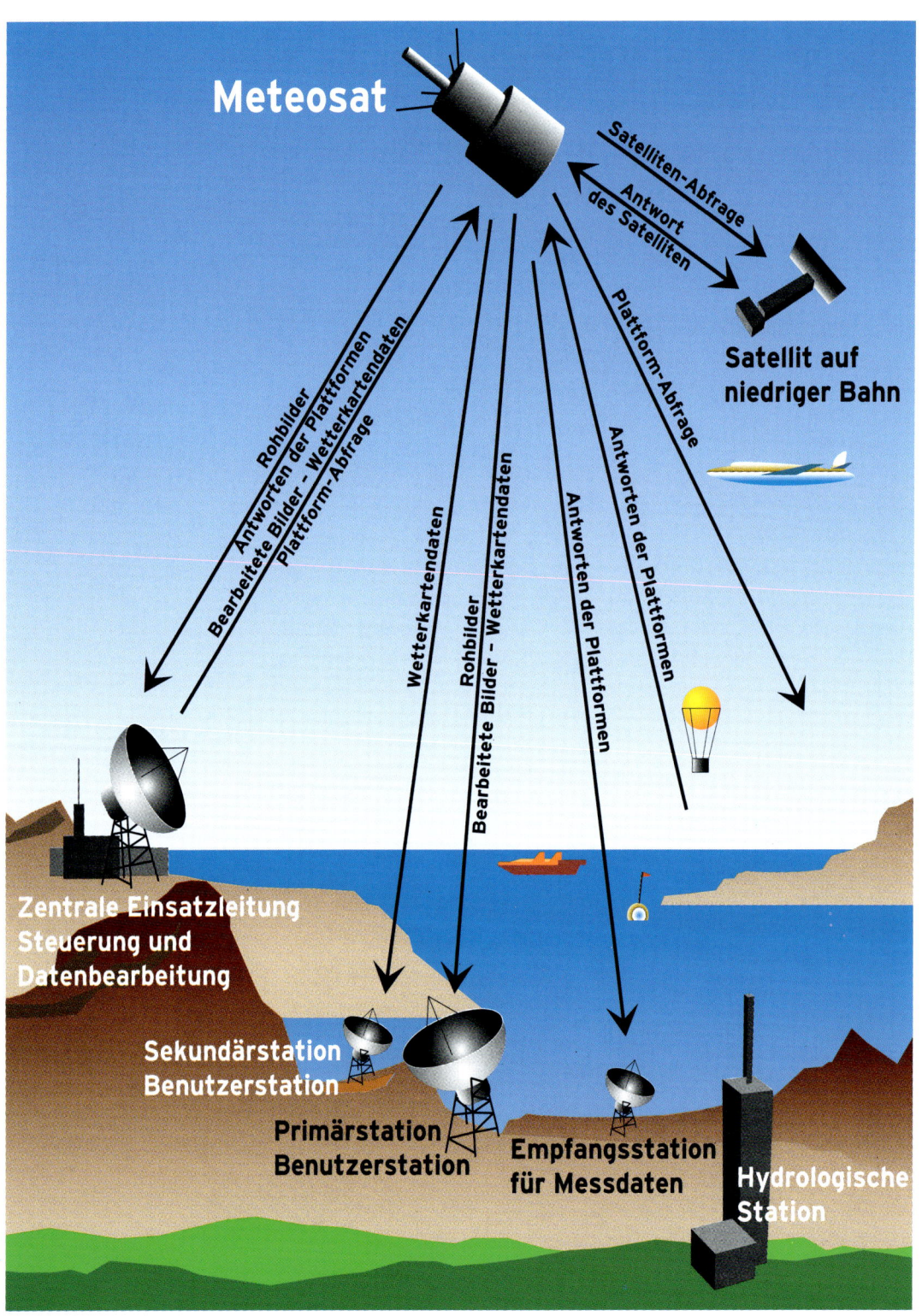

finden sich Wetterschiffe, mit Hilfe von Wetterballons werden die Atmosphärenschichten untersucht, und spezielle Flugzeuge machen Forschungsflüge zum Teil mitten hinein ins Auge des Orkans!

Die eigene Wetterstation

Wetter zu beobachten und zu messen muss nicht hochkompliziert und technisch, sondern kann ganz einfach sein. Jeder von uns ist im Grunde tagtäglich ein Wetterbeobachter, wenn in der Früh der erste Blick aus dem Fenster zum Himmel geht: Ist es bedeckt, klar, neblig? Fällt Regen oder Schnee? Bläst Wind, oder ist es windstill? Wie warm oder kalt ist es? Sind die Straßen nass oder glatt? Dann kommt das Thermometer dran und vielleicht noch das Barometer im Gang oder Wohnzimmer. So haben wir schon eine persönliche Übersicht gewonnen, die der standardisierten Wetteraufzeichnungsliste des Beobachtungsprofis an einer echten Wetterstation erstaunlich nahe kommt.

Hand aufs Herz: Das Wetter ist weit mehr als ein Verlegenheitsgesprächsthema. Oder besser gesagt: Weil sich alle fürs Wetter interessieren, eignet es sich immer als Thema.

Bedeutung des Wetters im Alltag

Auf dem Weg zur oder von der Arbeit sind wir je nach aktueller Tätigkeit und Planung für die nächsten Stunden uns unserer eigenen Sinne bewusst oder unbewusst weiter auf Dauerempfang und »Wetterdatenverarbeitung« eingestellt. Zu Hause verfolgen wir routinemäßig den neuesten Wetterbericht im Fernsehen und picken uns genau die Informationen heraus, die für unseren Standort zutreffen sollten. Herrschen extreme Wetterverhältnisse wie Sturm, Schneefall, Gewitter etc., sind wir oft mit einem Ohr weiter dabei oder kontrollieren nochmals vor dem Schlafengehen die aktuelle Lage. Schließlich können Wetterunbilden gravierende Konsequenzen für den eigenen Ablaufplan der nächsten 24 Stunden nach sich ziehen.

Schnee und Eis rücken dem Autofahrer das Wetterjahr meist am deutlichsten ins Bewusstsein. Nicht nur der Griff zu Schneeschaufel und Eiskratzer sind dann eine Selbstverständlichkeit, sondern auch eine besonders vorsichtige und den Witterungsverhältnissen angepasste Fahrweise ist oberstes Gebot.

- Ist es besser, die Rollläden ganz herunterzulassen oder sie oben zu lassen, damit sie bei Sturmböen nicht zu sehr klappern und den Schlaf stören?
- Sollten wir den Wecker bei bevorstehenden Schneefällen mit Glätte oder zu erwartendem Reifansatz auf den Autoscheiben etwas vorstellen und das nötige Zubehör (Schneebesen, Eiskratzer, Türschlossenteiser) zurechtlegen?
- Sind die Blumen ausreichend gegen den Spätfrost geschützt, ist die Schneeschaufel zum Räumen von Garagenvorplatz und Gehsteig griffbereit?

Solche Überlegungen begleiten uns in den mitteleuropäischen Breiten durchs Wetterjahr. Grund genug, um sich intensiver und fachmännischer mit der eigenen Wetterbeobachtung und -aufzeichnung zu befassen. Denn oft genug finden wir dann ähnliche Wetterlagen besser in der Erinnerung wieder, können aus der Erfahrung rechtzeitig Rückschlüsse und damit praktische Konsequenzen ziehen. Vorbeugen erspart gerade bei kritischen Wettersituationen viel Stress und Hektik, manchmal sogar ganz konkret Schäden und damit unnötige Kosten.

Die Wetterbeobachtung

Messgeräte und ihre Handhabung

Für detaillierte Wetteraufzeichnungen sind eine Grundausrüstung an Messgeräten, das richtige Aufstellen und ein praktisch angelegtes Messprotokoll erforderlich. Die Bandbreite an Qualität und Umfang der Ausrüstung lässt dabei je nach den individuellen Gegebenheiten – von der Mietwohnung im Hochhaus bis zum Eigenheim mit großem Garten – dem persönlichen Engagement einigen Spielraum.

Es muss nicht von Anfang an das perfekte und teuerste Messgerät sein. Wer sich für die Wettermessung interessiert, der kann mit preiswerten Geräten genauso zu brauchbaren Ergebnissen kommen wie mit Profigerät.

Die Messstation im Garten

Wer einen Garten oder Schrebergarten sein Eigen nennen oder nutzen kann, hat beste Möglichkeiten, das Wetter wie ein Profi zu beobachten und zu messen. Ob Alkohol- oder Quecksilberthermometer – als Standort sollte ein Platz mindestens zehn Meter entfernt vom Wärme abstrahlenden Haus, am besten im Halbschatten mit umgebenden Bäumen, gewählt werden. Auch die Nordseite einer Scheune oder eines Geräteschuppens ist günstig. Soll das Thermometer auf freier Fläche installiert werden, reicht eine stabil im Boden verankerte und gegen Regen imprägnierte Holzlatte aus. Daran ist das Instrument etwa 1,5 bis 2 Meter über Grund und mit der Ableseseite nach Norden zu befestigen.

Ansonsten gelten die zuvor beschriebenen Vor- und Nachteile der Messinstrumente.

Die Thermometerhütte

Sind Garten, handwerkliches Talent und Freude am Detail vorhanden, bietet eine selbst gebaute Wetterhütte die komfortabelste Lösung für das Aufstellen von Wettermessinstrumenten.

Bild oben: So oder ähnlich zeigt sich das Ensemble der Messgeräte an Stellen, die zur Wetterbeobachtung und -messung auserkoren wurden. Bild rechts: Wenige Blicke in die Thermometerhütte genügen, um die Daten auf den übersichtlich angeordneten Geräten abzulesen.

> **Das ideale Wetterhäuschen**
>
> - Idealerweise ist die Thermometerhütte ein etwa 50 x 50 x 50 Zentimeter großer Kasten aus weiß gestrichenen Holzlatten (Doppeljalousien, 6 bis 8 Millimeter dick), die gute Durchlüftung garantieren. Dazu kommt auf einer Seite eine Doppeltür oder Öffnungsklappe mit Verschluss.
>
> - Unter dem Hüttendach ist zur Isolation gegen die Wärme von oben am besten noch ein Zwischenboden anzubringen, der mit Ventilationsöffnungen versehen ist.
>
> - Auch der Hüttenboden sollte auf einer dickeren Holzunterlage befestigt sein, damit die vor allem im Sommer wärmende Bodenstrahlung abgehalten wird.
>
> - Die Thermometerhütte wird dann auf einem Gestell mit vier Beinen, die sehr stabil im Boden verankert sein müssen, in etwa 1,5 bis 2 Meter Höhe aufgestellt.
>
> - Die Seite mit der Tür oder Klappe ist nach Norden auszurichten, damit ein Schutz gegen Sonneneinstrahlung beim Öffnen und Ablesen besteht.
>
> - Zum leichteren Ablesen ist vor der Hütte auf der Öffnungsseite ein mehrstufiger Tritt sinnvoll, der aber die Hütte nicht berühren darf. So werden Erschütterungen der Instrumente beim Betreten vermieden.

Als einfache Variante ist auch eine ausreichend große, zusammenklappbare, weiße oder weiß gestrichene Einkaufsbox aus Plastik verwendbar. Sie wird mit dem Boden nach oben auf einem allseitig etwas überstehenden Holzbrett als Untergrund befestigt, mit einem zweiten Brett stabil überdacht und mit der Öffnungsklappe nach Norden aufgestellt.

Für die Temperatur – das Thermometer

Generell entsprechen die Lufttemperaturen in oberen Hausetagen nicht den an offiziellen Wetterstationen gemessenen und vom Wetterbericht prognostizierten Lufttemperaturen. Das hat mehrere Gründe:

- Die Lufttemperaturen sollen in etwa in Höhe des Menschen am Erdboden gelten. Deshalb ist hier der Standard von zwei Meter über Grund als Messhöhe weltweit vereinbart worden.
- Bei gut durchmischter Luft (mindestens leichter Wind) liegen die Temperaturwerte in zwei Meter Höhe und in oberen Stockwerken oft nicht mehr als 1 °C bis 2 °C auseinander. Bei nächtlichem Strahlungsfrost, besonders über einer Schneedecke, treten aber Unterschiede von 5 °C bis 10 °C auf!

Das Alkoholthermometer

Die einfachste und billigste Lösung ist ein Alkoholthermometer, dessen Messsäule eine blaue oder rote Flüssigkeit beinhaltet, die sehr schnell auf Temperaturveränderungen reagiert. Es ist oft schon für ein paar Mark in Kaufhäusern oder Baumärkten zu erhalten und tut seine Dienste schon bei normaler Herstellungsqualität ausreichend.

Die Messinstrumente sollen zwar die herrschenden Verhältnisse widerspiegeln, dürfen aber meist nicht direkt dem Wettergeschehen ausgesetzt werden. So zeigt etwa ein Thermometer, das direkt von der Sonne beschienen und aufgeheizt wird, nicht die richtige Temperatur an. Auch andere Einflüsse wie Erschütterungen oder Nässe, die in die Instrumente gelangt, können das Messergebnis verfälschen.

Die Skalierung sollte von -30 °C bis 50 °C reichen. Für die Abschätzung von halben oder gar Zehntelgraden ist ein größeres Instrument mit einer Länge von mindestens 20 Zentimetern zu wählen. Wenn das Thermometer nur an der Hauswand angebracht werden kann, sollte es mindestens einen Meter weit von der Balkontür entfernt sein. Ist kein anderer Platz als unmittelbar neben dem Fenster möglich, dann sollte es am Fensterrahmen oder auf dem Fensterbrett befestigt werden. Bad- oder Küchenfenster sind zu vermeiden, da hier bei gekippter Stellung ständig warme Luft entweicht und die Anzeige oft um mehrere Grad verfälscht wird. Man sollte unbedingt die Nordseite

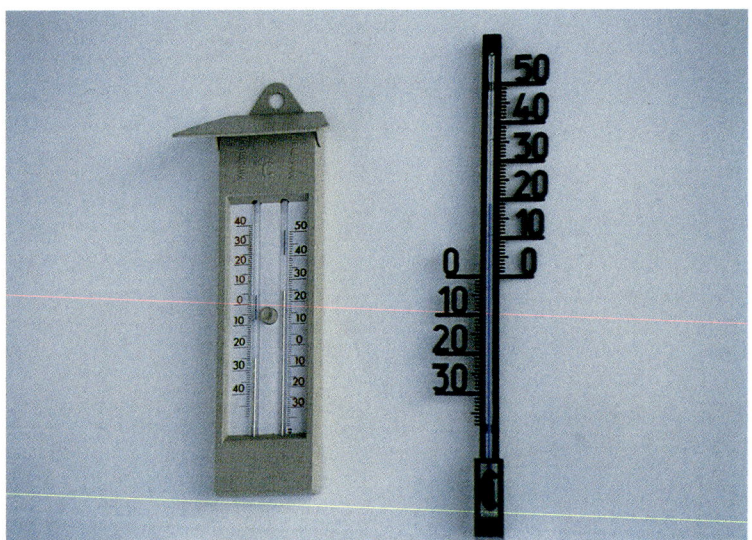

Je weniger Drumherum aus Plastik oder anderem Material am Instrument angebracht ist, umso besser überträgt die Säule des Alkoholthermometers die aktuelle Lufttemperatur. Bei der Vielzahl an Formen und Anbringungsmöglichkeiten empfiehlt es sich, die spartanischste Lösung zu wählen: Säule mit gut ablesbarer Gradeinteilung, oben (und unten) Befestigungsloch oder Schlaufe für einen Nagel oder dünnen Stift.

wählen, da sonst zum Sonnenaufgang (Ostseite), Sonnenuntergang (Westseite) oder während des Tages (Südseite) durch die Sonneneinstrahlung Wand und Messinstrument mehr erwärmt werden als die umgebende Luft.

Das Quecksilberthermometer
Wollen wir die jeweilige Höchst- und Tiefsttemperatur in unserer Abwesenheit oder während des nächtlichen Schlafs »archiviert« haben, brauchen wir ein so genanntes Maximum-Minimum-Thermometer. Es besteht aus einer Quecksilbersäule, die entsprechend geeicht in einer u-förmigen Glasröhre liegt und sich je nach Wärme oder Kälte ausdehnt oder schrumpft. Dieses Thermometer ist meist wetterfest auf ein skaliertes Blech oder Plastikgehäuse mit kleinem Vordach montiert.

Die an beiden Säulenenden anliegenden Nadeln »konservieren« an ihrem dickeren Ende das jeweilige Temperaturmaximum und -minimum seit der letzten Ablesung. Ein regelmäßiges, tägliches Ablesen am Morgen und am Abend ist deshalb für korrekte Werte unablässig. Nach dem Ablesen müssen die Nadeln mit einem Magneten wieder an die Quecksilbersäule gezogen werden.

Das Quecksilber reagiert träger auf rasch veränderte Temperaturen und nimmt durch das Gehäuse mehr Wärme der Umgebung oder der Sonneneinstrahlung auf. Deshalb sind nordseitige Anbringung und Ferne zu warmer Innenraumluft am Fenster besonders wichtig.

Der Nachteil bei diesem Instrument: Die ablesbaren aktuellen Temperaturen und die jeweiligen Maxima und Minima lassen sich wegen der kleinen Skalierung meist nur auf halbe Grad genau angeben.

Der Temperaturmessfühler

Im Zeitalter der Elektronik gibt es auch simple, batteriebetriebene Thermometer mit Digitalanzeige der Temperatur in Zehntelgrad. Der zugehörige Messfühler braucht ein ausreichend langes Kabel, dann kann die Ablesung im Innenraum problemlos vorgenommen werden und der Messfühler dennoch weit genug vom wärmenden Fensterrahmen entfernt angebracht werden. Der Messfühler reagiert besonders stark auf Strahlungswärme durch die Hauswand oder Sonnenschein, deshalb sind Nordseite und möglichst fensterferne Anbringung sehr wichtig.

Das Autoaußenthermometer ist eher eine Spielerei, um unter der Fahrt kritische Werte um oder unter dem Gefrierpunkt verfolgen zu können. Es dient jedoch kaum zur Angabe präziser Temperaturen, da von der Karosserie und vom Motor viel Wärme abstrahlt und bei Stau die Abgase des Vordermanns die tatsächlich herrschende Lufttemperatur deutlich nach oben verfälschen.

Der Thermograph

In der Thermometerhütte können wir neben dem normalen Minimum-Maximum-Thermometer auch einen so genannten Thermographen aufstellen. Dieses allerdings einige hundert Mark teure und nur noch selten käuflich erwerbbare Instrument arbeitet mit einem aufziehbaren Uhrwerkmechanismus und einer sich langsam drehenden Trommel. Die wechselnde Krüm-

Jahrzehntelang war der Thermograph ein unerlässliches Hilfsmittel zur Aufzeichnung der Temperaturverläufe. Heute sind diese halbautomatischen Modelle kaum mehr zu finden.

mung von zwei Metallstreifen wird auf einen Schreibarm übertragen, der auf einem speziell skalierten Papier den Temperaturverlauf aufzeichnet. Dieses Protokollpapier ist meist alle sieben Tage zu wechseln.

Das Bodenthermometer

Vor allem von Oktober bis Mai ist die Temperatur in Bodennähe interessant. Hier treten zuerst und zuletzt Fröste und Reif auf, was gerade für sorgsame Hobbygärtner wichtig ist. Zur Beobachtung der Bodentemperatur reicht es aus, ein Minimum-Maximum-Thermometer in etwa fünf Zentimeter über dem Erdboden auf einer ebenen, kurz geschnittenen Grasfläche einige Meter von Haus, Hecke oder Bäumen entfernt aufzustellen.
Die niedrigste Temperatur in Bodennähe stellen wir bei wolkenlosem Himmel und Windstille jeweils in der Morgendämmerung fest. Das sollte dann der Zeitpunkt zum Ablesen sein.
Alle anderen als die genannten Variationen zur Temperaturermittlung, wie etwa Dosenthermometer, die an die Fensterscheibe geklebt werden können, bieten höchstenfalls eine Orientierung über die aktuelle Außentemperatur, aber keine präzisen Daten, wie es der motivierte Wetterbeobachter möchte.

Temperatureinschätzung ohne Thermometer

Ganz ohne Messinstrument lässt sich im Winter die Temperatur auch wie folgt mit einer Art »Schneethermometer« abschätzen:
- Ist der Schnee pulvrig, locker, trocken: unter -10 °C.
- Ist der Schnee weich und quietscht/knirscht er unter den Schuhen: unter -5 °C bis -7 °C.
- Ist der Schnee pappig für Schneebälle: um 0 °C.
- Ist der Schnee klebrig für Walzen: 2 °C bis 5 °C.

Aber auch ein »Pflanzenthermometer« gibt schon Hinweise, ob die Lufttemperatur über oder unter dem Gefrierpunkt liegt: Rhododendronblätter hängen bei leichtem Frost und stehen ab bei Plusgraden.

Für den Luftdruck – das Barometer

Wetterumschwünge kündigen sich oft für uns unmerklich durch Veränderungen des Luftdrucks an. Die typischen Wetterlagen bei Hochdruck- und Tiefdruckeinfluss lassen sich besser abschätzen, wenn man mit Hilfe eines Barometers über die Höhe des Luftdrucks und die Tendenz Bescheid weiß.

Das Dosenbarometer

Am gebräuchlichsten und fast in jedem Haus zu finden ist das Dosenbarometer. Es funktioniert nach dem Mechanismus, dass mehr oder weniger (Luft-)Druck eine nahezu luftleere, elastische Metalldose mit welliger Oberfläche zusammendrückt oder sich ausdehnen lässt. Dieses Auf und Ab wird auf eine normierte Skala mit Hilfe eines Zeigers übertragen. Für unsere Wetteraufzeichnungen ist ein Dosenbarometer völlig ausreichend. Wir können es bequem in der Wohnung an einer Wand aufhängen oder in einem Regal oder Wandschrank postieren. Die Lufttemperatur im Vergleich zu draußen verändert den Luftdruck für unsere Zwecke nur unwesentlich.

Eine einfache Vorrichtung stellt sicher, dass die Temperatur immer im gleichen festgelegten Abstand zur Erdoberfläche gemessen wird.

Gerade bei im Freien aufgestellten Messinstrumenten ist regelmäßiges Warten die halbe Miete für korrekte Daten. So müssen wir vor allem nach Sturm, Eis und Schnee, strenger Kälte, starkem Regen oder Gewittern die Funktion der Geräte überprüfen und eventuellen Schmutz entfernen.

Korrektes Ein- und Nachjustieren des Barometerstands ist über das Schräubchen auf der Geräterückseite mit dem Schraubenzieher möglich. Den jeweils aktuellen Luftdruck erhalten wir für den nächsten größeren Ort zum Beispiel durch Medienwetterberichte oder einen kurzen Anruf beim Deutschen Wetterdienst.
Den Luftdruck entnehmen wir dem Zeigerstand und der Veränderung zur letzten Ablesung vom Barometer. Ein leichtes Klopfen zeigt den aktuellen Trend und überwindet die Reibung des befestigten Zeigers.

Das Dosenbarometer sollte neben dem Messzeiger über einen von Hand einstellbaren Kontrollzeiger verfügen, den wir auf den jeweils aktuellen Stand drehen, nachdem die Veränderung zum letzten Zeigerstand abgelesen ist.

Der Barograph

Um Luftdruckveränderungen ohne spezielle Computersoftware sichtbar zu machen, braucht man einen Barographen. Dessen flache, übereinander angeordnete »Dosen« drücken sich je nach Luftdruck unterschiedlich zusammen. Diese Bewegung überträgt sich auf einen Schreibarm, der auf einer uhrwerkgesteuerten Schreibtrommel die entsprechenden Daten einzeichnet.
Als Richtwert wird der Luftdruck reduziert auf Meereshöhe angegeben. Er beträgt im Mittel etwa 1013 hPa (Hektopascal), was früher und auf vielen älteren Barometern noch als mb (Millibar) bezeichnet wurde.

Die Bastellösung – das Manometer

Die wechselnde Druckkraft der auf uns lastenden Lufthülle können wir auch durch eine einfache selbst gemachte Konstruktion sichtbar machen. Dazu brauchen wir ein kleines Glasrohr oder ein durchsichtiges Plastikrohr in Hufeisenform, das zum Beispiel bei einem chemischen Laborversand bestellt werden kann. Wir füllen es mit Wasser, das wir mit ein paar Tropfen Tinte eingefärbt haben, so weit, bis an den beiden Rohrenden noch ca. fünf Zentimeter frei sind. Nun bringen wir dieses so genannte Manometer so an,

Der Barograph zeichnet ähnlich wie der Thermograph die Luftdruckveränderungen über einen gewissen Zeitraum hinweg auf. Auch dieses Gerät ist im Handel kaum mehr zu finden, da sich die professionellen Meteorologen inzwischen modernerer, elektronischer Messverfahren bedienen.

Die Wetterbeobachtung

dass beide Flüssigkeitspegel auf gleicher Höhe stehen. Diese Pegel werden an beiden Rohren markiert. Danach wird eine Öffnung zum Beispiel mit einem Korken dicht verschlossen.

Wenn nun der Luftdruck steigt, drückt er die Wassersäule auf der geschlossenen Seite über die markierte Stelle. Wenn der Luftdruck fällt, kann sich die Wassersäule auf der geöffneten Seite ausdehnen und sinkt deshalb auf der verkorkten Seite unter die Markierung.

Nach dem gleichen Prinzip ist bereits Johann Wolfgang von Goethe als großer Naturbeobachter dem Luftdruck auf die Schliche gekommen und hat das nach ihm benannte »Goethe-Barometer« benutzt.

Barometer selbst gemacht

Aus einfachen Gegenständen können wir auch ein simples »Hausbarometer« basteln: Wir spannen über ein hohes Kompott- oder Marmeladeglas ein Luftballonstück und befestigen darauf einen Strohhalm, der am Rand weit übersteht. Das Glas wird in einem Raum abgestellt, der gleichmäßig temperiert ist.

Hoher Luftdruck drückt in der Folge die Ballonhaut nach innen, und der Strohhalm steigt. Bei tiefem Luftdruck hebt sich die Ballonhaut, und der Strohhalm sinkt.

Für den Niederschlag – Regenmesser und Meterstab

In unserer Klimazone spielt der Niederschlag in Form von Regen oder Schnee eine große Rolle bei der Wetterbeobachtung. Regenmesser sollten in etwa einem Meter Höhe an einem möglichst windgeschützten Standort aufgestellt werden. Auf diese Weise wird vermieden, dass zum Beispiel bei Schneesturm im Winter zusätzlich Schnee in das Messgefäß geweht wird. Damit die Niederschlagsmenge nicht durch Abschattung oder Trauf verringert wird, muss der Regenmesser etwa so weit von einem Hindernis oder Gebäude entfernt aufgestellt werden wie dieses hoch ist.

Gemessen wird der Niederschlag üblicherweise in Litern pro Quadratmeter oder Millimetern. Dabei ist ein Liter auf einem Quadratmeter Fläche exakt einen Millimeter hoch.

Vorgefertigte Regenmesser mit aufgetragener Skala sind mittlerweile sehr preiswert in jedem Gartencenter zu finden. Sie sind dann im Garten oder auf einem nicht überdachten Balkon auf eine Stange aufsteckbar. Da diese Instrumente jedoch meist aus Plastik sind, muss bei zu erwartendem stärkeren Frost nach Regen unbedingt darauf geachtet werden, die Flüssigkeit zu entleeren. Friert das Wasser zu Eis, dehnt es sich aus und kann die Gefäßwandung sprengen.

Regenmesser sollten möglichst täglich am Morgen – beispielsweise um sieben Uhr oder zu einer anderen festen Uhrzeit – abgelesen, geleert und bei Bedarf gereinigt werden.

Regenmesser selbst gemacht

Regenmesser sind recht einfach selbst zu machen. Wir nehmen ein Gefäß oder einen Topf mit senkrechten Wänden. Eine sich zum Gefäßboden verengende Seitenwand würde eine höhere Regenmenge vortäuschen. Die mit einem Lineal oder Meterstab gemessene Höhe des Regenwassers in Millimetern entspricht also in etwa der Anzahl an Litern pro Quadratmeter.

Durch Verwirbelungen kommt der Schnee neben Bäumen, Hecken und Sträuchern unterschiedlich gleichmäßig zu liegen. Ein korrektes Messen der Schneehöhe muss also in gebührendem Abstand zu diesen »Störfaktoren« stattfinden.

Schneehöhenmessung

Die Schneehöhe lässt sich auf ebenerdiger Fläche in mindestens zehn Meter Entfernung von Wärme abstrahlenden Gebäuden mit einem Meterstab messen. Für die korrekte Schneehöhe ist ein ausreichender Abstand von Gebäuden, Mauern, Hecken oder Bäumen außerdem deswegen entscheidend, da sonst durch Verwehungen zu viel oder zu wenig gemessen wird.

Die im Schnee enthaltene Wassermenge in Litern pro Quadratmeter kann auf folgende Art und Weise bestimmt werden:

- Wir befestigen auf einem ebenerdigen, windgeschützten Platz fernab von Haus, Gebüsch oder Bäumen die abgetrennte Hälfte einer weißen Plastiktüte.
- Nach Schneefall oder spätestens zum morgendlichen Ablesetermin wird ein größerer, zylindrischer Topf in den Schnee gestülpt und der Schnee um das Gefäß weggeräumt.
- Dann wenden wir das Gefäß vorsichtig und befördern zum Beispiel mit einem Esslöffel den restlichen Schnee, der auf der ausgestochenen Kreisfläche verblieben ist, in das Gefäß.
- Nun wird das schneegefüllte Gefäß in die warme Wohnung und der Schnee zum Tauen gebracht. Nicht erhitzen, da sonst durch Verdampfen die Wassermenge geringer wird!
- Schließlich messen wir die Oberfläche des Schneewassers mit einem Lineal oder Meterstab auf den Millimeter genau und erhalten so wiederum die Angabe in Litern pro Quadratmeter.

Die Jahresniederschlagsmenge für ein Gebiet errechnet sich auch aus der Schneemenge, die gefallen ist. Um diese Menge objektiv messen zu können, muss der Schnee in geschmolzenem Zustand auf die Grundeinheit »Liter pro Quadratmeter« umgerechnet werden.

Für die Luftfeuchtigkeit – das Hygrometer

Beim häufig verwendeten Instrumentenset für Temperatur, Luftdruck und Luftfeuchtigkeit wird zur Bestimmung der Luftfeuchtigkeit meist ein so genanntes »Haarhygrometer« installiert. Seine Funktion beruht auf der Eigen-

Die Wetterbeobachtung

Vor allem fein strukturierte Frauenhaare eignen sich besonders gut zur Messung der Luftfeuchtigkeit im Hygrometer. Diese Methode war jahrhundertelang gebräuchlich und wurde erst in neuester Zeit durch elektronische Messgeräte abgelöst.

schaft des menschlichen Haares, bei erhöhter Feuchtigkeit zu quellen und sich auszudehnen, bei trockener Luft sich dagegen zusammenzuziehen und zu verkürzen. So sind als Messfühler im Hygrometer entfettete Haare als Haarbündel angebracht.

Die jeweils veränderte Länge wird durch ein Hebelwerk über einen Zeiger auf eine spezielle Skala übertragen und so ablesbar gemacht. Die Aussagen in Prozent sind allerdings begrenzt genau, da als Fehlerquellen Lufttemperatur, Staub oder Dämpfe wirken.

Das »Doppelthermometer« als Alternative

Wir können allerdings mit Hilfe von zwei in der Thermometerhütte nebeneinander aufgestellten Alkoholthermometern die Luftfeuchtigkeit auch selbst bestimmen.

Das eine Thermometer misst die normale Lufttemperatur. Beim anderen Instrument wird an der Basis um die Verdickung zum Beispiel ein Stück nasser Mullbinde (aus dem Erste-Hilfe-Kasten) gewickelt. Sinn und Zweck dieser Prozedur ist, dass für die Verdunstung Wärme gebraucht und damit abgegeben wird. Nach einigen Minuten kühlt also die Mullbinde ab, was auf dem umwickelten Thermometer ablesbar ist.

Die Profiwetterbeobachter können dann mit Hilfe von speziellen Umrechnungstabellen anhand der Messwerte auf die relative Luftfeuchtigkeit rückschließen.

Und hier noch der Feuchtemesser zum Selberbasteln: Ein frischer Fichtenzweig wird an einem regensicheren Platz mit dem dickeren Ende nach oben befestigt. Je nach Feuchtigkeit biegt sich das dünnere Ende zur einen oder anderen Seite. Symbole zum beobachteten Wetter markieren auf der jeweiligen Seite die Tendenz.

Für den Wind – ein gutes Auge oder komplizierte Instrumente

Um den Wind messen zu können, brauchen wir Angaben über seine Richtung und seine Stärke. Als Messfühler für die Richtung benutzt man seit alters her die Windfahne, die noch heute auf vielen Türmen, Burgen und Einzelhöfen, teils zusammen mit einem stilisierten Wetterhahn zu sehen ist. Es ist im einfachsten Fall eine einzelne oder doppelte, um eine vertikale Achse frei bewegliche Blechfahne. Sie wird von der heranströmenden Luft auf die windabgewandte Seite gedreht.

Bestimmen der Windrichtung

Eine eigene Windfahne auf dem Hausdach zu installieren ist aufwändig und oft gefährlich. Dieses Instrument muss aber in größeren Höhen aufgestellt werden, denn Gebäude, Mauern, Hecken oder Bäume in Bodennähe verursachen zu starke Verwirbelungen und verändern damit die allgemein herrschende Windrichtung. Eine gute Orientierung für die herrschende Windrichtung geben Wetterhähne auf Kirchturmspitzen.

Nicht nur zur Zierde, auch zum ganz praktischen Nutzen als Anzeige der Hauptwindrichtung dienen die Wetterhähne oder -figuren, die wir mancherorts auf hohen Dächern oder sogar Kirchturmspitzen entdecken.

Mit Hilfe einer so genannten »Windrose« können wir neben den Hauptrichtungen Nord, Ost, Süd und West auch die Zwischenrichtungen Nordost, Südost, Südwest und Nordwest festlegen. Für ganz präzise Beobachter dient die Seeschifffahrt als Vorbild: Hier wird sogar noch mal untergliedert in Nord-Nordost, Ost-Nordost, Ost-Südost, Süd-Südost, Süd-Südwest, West-Südwest, West-Nordwest und Nord-Nordwest.

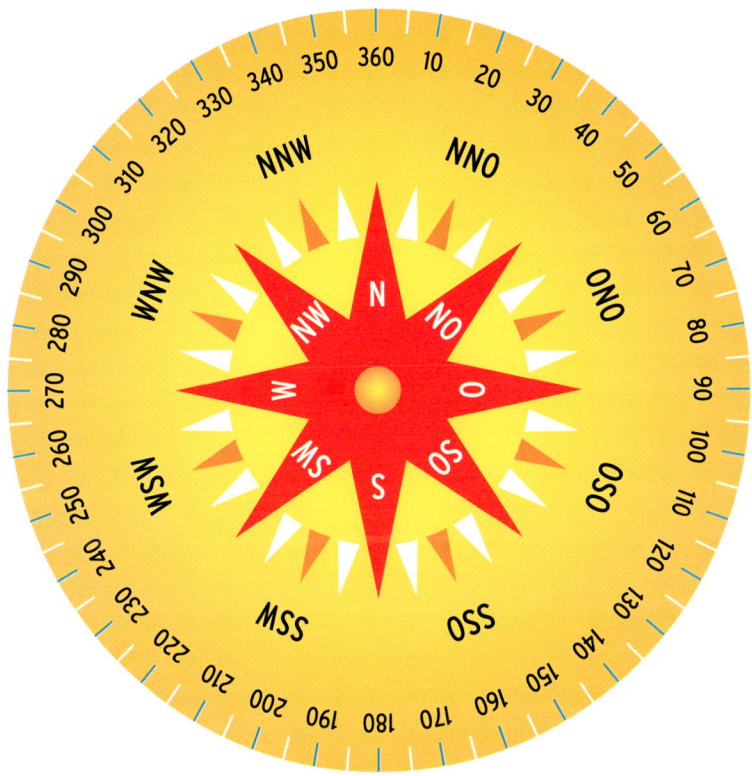

Neben den vier Haupthimmelsrichtungen ist auf den meisten Windrosen eine feinere Unterteilung in Achtel- bzw. Sechzehntelschritten angegeben. Außerdem findet sich am äußersten Rand der Windrosenscheibe die Gradeinteilung in Zehnerstufen.

Aber auch ohne Messinstrumente lässt sich mit einiger Übung die Windrichtung ziemlich genau schätzen. Der Wind ruft im menschlichen Ohr ein ganz leichtes Rauschen hervor. Wenn wir uns so stellen, dass dieses Geräusch in beiden Ohren gleich laut ist, dann zeigt unser Gesicht in die Windrichtung!

Eine andere einfache Methode ist, auf eine große Freifläche zu gehen und dort mit einem Bindfaden und einem Kompass die Windrichtung auszumachen. Scheint die Sonne, können wir am Schattenwurf je nach Uhrzeit in etwa die Himmelsrichtungen abschätzen. Zur Orientierung: Um 12 Uhr mittags (13 Uhr bei Sommerzeit) fällt der Schatten genau nach Norden.

Vor allem bei schwachem, kaum spürbarem Wind hilft oft die Methode, einen nassen Finger in die Luft zu strecken. Durch die Kälterezeptoren unter der Haut fühlt sich die Seite, auf die der Wind trifft, deutlich kälter an.

Bestimmen der Windstärke

Die technisch ausgefeilteste Lösung zum Bestimmen der Windstärke ist, sich ein so genanntes Schalenkreuz-Anemometer zuzulegen. Es besteht aus

Unterschiedliche Windstärken und ihre sichtbaren Wirkungen sind in der Beaufortskala zusammengefasst.

einem drei- oder vierarmigen Kreuz, an dem Halbkugeln angebracht sind. In diesen Höhlungen fängt sich der Wind und versetzt das Kreuz in eine mehr oder weniger schnelle Drehung, die (allein schon optisch) auf die Windgeschwindigkeit rückschließen lässt.

Beaufortskala für Land, See und Gebirge					
Wind-stärke	Bezeichnung	Geschwindigkeit m/sec	km/h	Auswirkungen des Windes im flachen/ leicht hügeligen Land und im Gebirge	Auswirkungen des Windes auf dem Meer
0	windstill	0–0,2	0–1	Rauch steigt gerade auf	spiegelglatte See
1	leichter Zug	0,3–1,5	1–5	kaum bemerkbar, Rauch zieht in Windrichtung	kleine, schuppenförmige Kräuselwellen ohne Schaum
2	leichter Wind	1,6–3,3	6–11	bewegt leichte Blätter oder Wimpel	kurze, ausgeprägte Wellen, glasige Kämme, die nicht brechen
3	schwacher Wind	3,4–5,4	12–19	Bäume und dünne Zweige dauernd in Bewegung	Wellenkämme beginnen zu brechen, Schaum meist glasig
4	mäßiger Wind	5,5–7,9	20–28	Zweige und dünne Äste bewegen sich, Staub, Papier und lockerer Schnee wird aufgewirbelt	kleine, aber längere Wellen, viele weiße Schaumköpfe
5	frischer Wind	8,0–10,7	29–38	kleinere Laubbäume schwanken, Äste bewegen sich	ausgeprägte Schaumkronen auch auf Binnenseen; mäßige, lange Wellen, viele weiße Schaumköpfe
6	starker Wind	10,8–13,6	39–49	bewegt große Baumäste, pfeift/heult in Freilandleitungen, an Hütten und in Bäumen ohne Laub	Wellenkämme brechen, größere Schaumflecken bleiben zurück
7	steifer Wind	13,7–17,1	50–61	Bäume schwanken, Gehen gegen den Wind ist behindert	See türmt sich, Schaumstreifen in Windrichtung
8	stürmischer Wind	17,2–20,7	62–74	bricht Zweige von Bäumen, beschwerliches Gehen im Wind	Gischt beginnt von den Kämmen abzuwehen, ausgeprägte Schaumstreifen
9	Sturm	20,8–24,4	75–88	Äste brechen, kleinere Schäden an Häusern und Berghütten, Rauchkappen und Dachziegel werden abgeweht	hohe Wellen, dichte Schaumstreifen, »Rollen« der See beginnt
10	schwerer Sturm	24,5–28,4	89–102	schwächere Bäume werden entwurzelt, größere Schäden an Häusern	See weiß durch Schaum, Sicht durch Gischt herabgesetzt, stoßartiges Rollen der See
11	orkanartiger Sturm	28,5–32,6	103–117	gesunde Bäume werden entwurzelt, verbreitet Sturmschäden in Wäldern, Berghütten werden zerstört	sehr hohe Wellenberge, Wellenkämme werden zu Gischt zerblasen, schlechte Sicht
12	Orkan	32,7–36,9	118–133	selten im Binnenland, Verwüstungen möglich, größte Gefahren im Hochgebirge	See völlig weiß, Luft voller Gischt und Schaum, kaum Sicht
13–17		teils über 200		kommt meist nur im Hochgebirge und in tropischen Wirbelstürmen vor	

Die Windstärke zeigt sich aber auch mehr oder weniger deutlich in der Krafteinwirkung des Windes auf Gegenstände. Wir können hierzu unser Auge schulen und anhand der dreizehnteiligen »Beaufortskala« im Binnenland, am Meer oder auch im Gebirge recht gut feststellen, mit welcher Geschwindigkeit der Wind bläst. Die angegebene Maßeinheit von 0 bis 12 Beaufort lässt sich dann grob in m/sec oder km/h umrechnen.

Zur Windstärkenmessung hat sich weltweit die Beaufortskala durchgesetzt, mit der überall die Windrichtungen beobachtet und nachvollzogen werden können.

Für den Wetterzustand – Wolkenspiegel und Niederschlagsmesser

Mit dem Blick zum Firmament stellen wir zum jeweiligen Beobachtungstermin – bei besonderer Wettersituation auch außerturnusmäßig – zunächst fest, welche Wolkenarten vorüberziehen. Die wichtigsten Unterteilungen innerhalb der Cumulus-, Stratus- und Cirruswolken finden Sie im Kapitel »Wolken« ab Seite 27.

Die Zugrichtung der Wolken können wir bei ruhiger Haltung mit stillgehaltenem Kopf anhand eines fixen Orientierungspunktes, zum Beispiel einer Dachecke oder eines Strommastes, feststellen. Achtung: Oft ziehen die Wolken in den verschiedenen Höhen in unterschiedliche Richtungen. Ein langsam ziehender Wolkenteppich mit darunter »stehenden« Einzelwolken kann eine optische Täuschung erzeugen, deshalb sind Fixpunkte wichtig.

Der Wolkenspiegel

Früher viel verwendet und zur Wolkenbeobachtung bestens geeignet ist der »Wolkenspiegel«. Er lässt sich relativ einfach anfertigen:

● Wir nehmen einen kleinen Spiegel mit Seitenlängen von ca. zehn Zentimeter und malen mit dunkler Ölfarbe eine Windrose mit den acht Hauptwindrichtungen so darauf, dass sich die Linien im Mittelpunkt des Spiegels schneiden. Um den Schnittpunkt dieser Linien ziehen wir zwei konzentrische Kreise, deren Radius zwei bzw. vier Zentimeter ist. Dieser Spiegel dient für eher trübes Wetter.

● Bei Sonnenschein nehmen wir eine gleichermaßen bemalte Glasplatte, die auf der Unterseite schwarz lackiert wird.

● Zur Benutzung nehmen wir den Spiegel über einem Gelände mit wenig seitlicher Horizonteinengung (Häuser, Bäume) schräg in die Hand und richten ihn mit dem Kompass in Nord-Süd-Richtung aus. Dann sehen wir die Wolken über den Spiegel ziehen und können ihre Zugrichtung ablesen.

Der Bedeckungsgrad

Wie viele Himmelsanteile bewölkt bzw. wolkenfrei sind, schätzen wir anhand des so genannten »Bedeckungsgrades«. Hierbei wird der Himmel wie eine große »Kuchenscheibe« auf einer weitläufigen Freifläche von Horizont bis Horizont betrachtet und in acht gleiche Stücke unterteilt. Je nachdem, wie viel Achtel bedeckt sind, spricht man von: wolkenlos/sonnig (0/8), leicht bewölkt (1–2/8), wolkig (3–5/8), stark bewölkt (6–7/8) und bedeckt oder neblig-trüb (8/8).

Eine raffinierte und bequeme Art, den Zug der Wolken festzustellen, ohne Genickstarre zu riskieren, ist der Wolkenspiegel. Eine einfache Windrose auf ein Stück Spiegel gezeichnet und mit dem Kompass ausgerichtet, und schon kann die Wolkenbeobachtung stattfinden.

Um Wettererscheinungen vergleichen zu können, ist ein Netz mit einheitlichen Beobachtungskriterien und -begriffen notwendig. Regen, Schneefall und andere Wetterphänomene lassen sich so nachvollziehen und in Beziehung zueinander setzen.

Was vom Himmel kommt

Eine der wichtigsten Angaben bei der Wetterbeobachtung ist, ob es regnet, nieselt, schneit, grieselt oder Sonderformen wie Hagel, Graupel, Eiskörner oder Eisregen auftreten. Die Intensität eines Niederschlags wird mit leicht, mäßig und stark angegeben.

Auch morgendlicher Tau oder Reifansatz sind interessante Informationen über die lokalen Wetterverhältnisse. Zusätzliches Vermerken von besonderen Wetterereignissen zu anderen Tages- oder Nachtzeiten erhöht die Genauigkeit der Wetteraufzeichnungen.

Eine weitere besondere Wettererscheinung sind Gewitter und ihre Aufzeichnung mit Angabe des Zeitraums, aus welcher Richtung es kommt oder ob es nur entfernt vorüberzieht (Wetterleuchten), Blitzschläge, die Regenmenge pro Ereignis, mögliche Schäden durch Sturm, Hagel- oder Blitzschlag.

Entdeckte Folgen oder Bestandteile bei Niederschlägen, wie etwa Schneeverwehungen, Hochwasser oder Saharastaub, zeichnen den besonders engagierten Wetterbeobachter aus.

Für die Verdunstung – ein Gefäß und eine Waage

Um die Menge verdunsteten Wassers pro Quadratmeter zu schätzen, können wir ein leichtes Gefäß oder eine kleine, flache Box mit geraden Seitenwänden und einer Grundfläche von etwa zehn auf zehn Zentimeter verwenden. Es wird flach mit Wasser gefüllt, zum Beispiel auf einer Briefwaage gewogen und im Freien aufgestellt. Die Differenz zwischen den an zwei aufeinander folgenden Tagen gemessenen Gesamtgewichten entspricht der verdunsteten Wassermenge. Diese ist dann mit dem Faktor 100 auf die Einheit Liter oder Millimeter pro Quadratmeter hochzurechnen.

Eine Schwierigkeit hierbei ist, das Gefäß im Freien vor Vögeln, Insekten oder Pflanzenteilen, die bei Wind hineinfallen könnten, geschützt zu halten. Im Winter friert die Wasseroberfläche außerdem bei Frost zu, so dass keine Angaben mehr möglich sind.

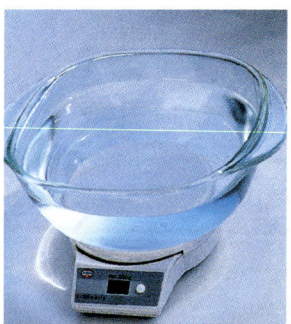

Ein beliebiges Haushaltsgefäß und eine fein skalierte Küchenwaage genügen als Grundausrüstung, um unter Berücksichtigung einfacher Regeln einen recht genauen Anhaltspunkt über die Verdunstung zu erhalten.

Für den Sonnenschein – Schätzen oder teures Gerät

Die Sonnenscheindauer ist ein wichtiges Wetterelement, ihre präzise Aufzeichnung ist jedoch äußerst tückisch und kompliziert.

Gerade bei wechselhaftem und windigem Wetter treten oft mehrere Dutzend Male nur minutenlange sonnige Abschnitte über den Tag verteilt auf. Bei aufziehenden Schleierwolken (Cirrus) oder vormittäglich noch leichtem Nebel, durch den diffus die Sonne scheint, sind die Grenzen kaum festzulegen, ab welchem Zeitpunkt es als sonnig oder schattig zu bezeichnen ist.

Hier hilft nur grobes Schätzen, wie viele Stunden Sonnenschein es etwa gab. Die Alternative ist die Anschaffung eines interessanten, aber komplizierten und vor allem sehr kostspieligen Messinstruments – eines Sonnenschein-Autographen. Seine als Brennglas dienende Glaskugel erzeugt eine Brennspur in einem Papierstreifen, deren Länge ermittelt wird. Damit lässt sich auf die insgesamte Dauer des Sonnenscheins an einem Tag schließen.

Bei Nebel können Landmarken wie etwa deutlich sichtbare Türme oder Bäume, die in regelmäßigen Abständen stehen, als Orientierungspunkte für die Sichtweite dienen.

Für die Sichtweite – Entfernungsmarken

Die Sichtweite lässt sich relativ einfach anhand von vertrauten Entfernungsmarken in der Umgebung feststellen, die in ihrer Distanz abgeschätzt oder im Stadtplan abgemessen wurden.

Die Untergrenze von Hochnebel können wir an hohen Bäumen, Hochhäusern, Türmen, Masten oder Bergen abschätzen.

Sichtweiten bei Dunst und Nebel

- Bei Dunst liegt die Sichtweite zwischen einem und acht Kilometern, noch mal unterteilbar in leichter/mäßiger/starker Dunst.
- Nebel beginnt bei einer Sichtweite unter einem Kilometer bis weniger als zehn Meter, ebenfalls unterteilbar in leichter/mäßiger und starker Nebel.
- Außerdem ist bei Bodennebel die Angabe von Himmelssicht ja/nein möglich.

Für die optischen Erscheinungen – Augen auf!

Oft sind wir so beschäftigt oder über lange Zeiträume in Gebäuden tätig, dass wir die kleinen, flüchtigen Höhepunkte des Wettergeschehens verpasseb. Doch wenn wir alle Facetten des Wetters in unserer Umgebung erfassen möchten, sollten uns Himmelsschauspiele wie Regenbogen, Halo, Morgenrot und Abendrot, Mondhof etc. nicht entgehen. Manchmal weist uns ja auch der Nachbar oder Kollege darauf hin oder berichtet davon. Ein kleiner Fotoapparat mit Reserve-Diafilm leistet wertvolle Dienste, um besondere

Nicht nur Dunst oder Nebel können die Sicht behindern, auch während eines Wolkenbruchs kann die Sicht schlagartig unter 200 Meter sinken. Dann gilt für die Autofahrer: Fuß vom Gas! Nebelschlussleuchten sind bei Starkregen jedoch ausgeschaltet zu lassen, denn die Wassertropfen reflektieren das helle Rücklicht und blenden so nachfolgende Autofahrer.

Die Wetterbeobachtung

Ereignisse festzuhalten und später nachvollziehen zu können. Ungewöhnliche Wolkenformationen oder farbenprächtige Lichtspiele in der Atmosphäre sind nicht nur eine Augenweide, sondern lassen über die Zeit eine schöne Sammlung rund ums Wetter entstehen.

Die Komplettlösung

Für Wetterbeobachter, die mit dem Zeitgeist gehen und die modernen Möglichkeiten der Elektronik, Computerisierung und Datenübertragung nutzen wollen, gibt es mittlerweile recht preiswerte elektronische Komplett-Wetterstationen.

Im einschlägigen Fachhandel können zum Beispiel für etwa 800 DM per Infrarotsignal wichtige draußen gemessene Wetterdaten zum PC in der Wohnung gefunkt werden. Sogar PC-Zusatz und Wettersatelliten-Empfangsanlage sind heutzutage einigermaßen erschwinglich. Wer es ganz fachgerecht und exakt liebt, kann sich die Anleitungen zum Aufbau einer Wetterstation samt Thermometerhütte, normiert nach weltweit gültigen Vorgaben, direkt beim Deutschen Wetterdienst in Offenbach bestellen.

Ob Hobbywetterbeobachter oder Profi – eine Regel gilt für alle: Billige Instrumente sind schlechter geeicht, messen weniger genau und halten selten lange – also lieber etwas mehr investieren und dafür besser messen!

Die Wetteraufzeichnungen mit Hilfe des Wetterhäuschens sind die altbewährte Methode, doch im Zeitalter der Elektronik, des Computers und des rasch steigenden Datenflusses ist die PC-gestützte Wetterstation längst Wirklichkeit. Mit relativ wenig Zusatzaufwand kann man so seinen Computer zur Datensammel- und Datenauswertungsstation aufrüsten.

Das eigene Wetterprotokoll

Wetteraufzeichnungen bringen umso mehr Erfahrung, je genauer und regelmäßiger wir sie durchführen. Der optimale Beobachtungsplan liegt bei täglich drei Terminen zu festen Uhrzeiten mitteleuropäischer Zeit (MEZ): Um 7 Uhr morgens, 14 Uhr nachmittags und 21 Uhr abends. Wenn keine besonderen statistischen Ansprüche erhoben werden, reichen der Früh- und Spättermin völlig aus.

Der Phantasie für Symbole und Abkürzungen sind beim Erstellen eigener Wetteraufzeichnungen im Grunde keine Grenzen gesetzt. Das Musterformular dient als beispielhafte Vorlage für ein Wettertagebuch.

Ein Projekt mit Engagement

Aber auch das Erfassen der aktuellen Wettersituation, Wetterwerte und besonderen Vorkommnissen kann zum Familienprojekt werden. Beim Urlaub übernehmen oft naturinteressierte Nachbarn oder Freunde so manchen Zusatzdienst nebst Blumengießen gerne. Zusätzlich lassen sich zumindest Lufttemperatur und Wetterzustand für viele Orte aus den regionalen Zeitungen nachträglich ergänzen. Für Hobbyfotografen bietet Wetter sowieso einen ständigen Anreiz, Stimmungsbilder, Wolkenformationen oder gravierende Wetterfronten mit Schäden oder ungewöhnlichen Schneemengen zu dokumentieren. Ab zehn Jahren täglicher Aufzeichnungen am selben Ort darf der Beobachter bereits von einer eigenen »Klima-Messreihe« sprechen!

Einen Beispielbogen eines Wetterprotokolls finden Sie auf Seite 192 im hinteren Teil dieses Buchs. Sie können ihn – eventuell vergrößert – kopieren oder einen eigenen Protokollbogen entwerfen.

Gebräuchliche Wetterkurzschrift

Die internationalen Wettersymbole

WETTERKARTEN-SYMBOLE

Symbol	Bedeutung	Symbol	Bedeutung
○	wolkenlos/klar	✳	Schneefall
◔	leicht bewölkt (1/4 bedeckt)	✳	Regen mit Schnee
◑	wolkig (1/2 bedeckt)	↔	Eisnadeln
◕	stark bewölkt (3/4 bedeckt)	▽	Schauer
●	bedeckt/Hochnebel	△	Graupeln
∞	Dunst	▲	Hagel
=	starker Dunst	⌐⎮	Gewitter
=−	Bodennebel	(⌐⎮)	Ferngewitter
≡	Nebel (Sicht unter 1km)	<	Wetterleuchten
⇝	Staub- oder Sandsturm	·]	nach Regen
+↑	Schneetreiben	⌐⎮	nach Gewitter
•	Regen	⌢⌢	Warmfront
⸴	Nieseln (Sprühregen)	▲▲▲	Kaltfront
(•)	Regen in der Umgebung	⌢▲⌢▲	Okklusion

Windgeschwindigkeiten

Symbol	Bedeutung	Symbol	Bedeutung
◎	still oder sehr schwach	○⎯\	15 Kn (ca. 28 km/h)
○⎯	2 Kn (ca. 4 km/h)	○⎯\\	20 Kn (ca. 37 km/h)
○⎯	5 Kn (ca. 9 km/h)	○⎯\\\\	45 Kn (ca. 83 km/h)
○⎯	10 Kn (ca. 19 km/h)	○⎯▲	50 Kn (ca. 93 km/h) usw.

Wolkenzeichen

Symbol	Bedeutung	Symbol	Bedeutung
⌒	Cirrus (Eiswolken, federförmig)	∪	Altocumulus (dicke »Schäfchenwolken« aus Wasser)
⌒⌒	Cirrostratus (Eiswolken, schleierförmig)	⌣	Stratocumulus (Quellwolkenbänke aus Wasser)
⌒⌒⌒	Cirrocumulus (Eiswolken, »Schäfchenwolken«)	—	Stratus (hochnebelartige, geschlossene Wolkenschicht)
∠	Altostratus (dünne Schichtwolken aus Eis und Wasser)	⌒	Cumulus (Quellwolken)
⫽	Nimbostratus (dichte Schichtwolken aus Eis und Wasser)	⌒	Cumulonumibus (Regen- und Schauerwolken)
⎜	Altocumulus lenticularis (linsenförmige Wolken aus unterkühltem Wasser »Föhnwolken«)		

In der nebenstehenden Tabelle finden Sie die international gebräuchlichen Symbole, mit denen die beobachteten Wetterverhältnisse notiert werden. Diese Zeichen wurden 1873 international vereinbart. So kann jeder Wetterkundige, egal welcher sprachlichen Herkunft, mit wenigen Blicken einen Protokollbogen interpretieren.
Bestimmt werden auch Ihnen die Symbole bald in Fleisch und Blut übergegangen sein, und Sie werden Ihre Beobachtungen innerhalb weniger Minuten verschlüsselt notiert haben.

Unser Wetter im Jahreslauf

Auch wenn mancher am liebsten das ganze Jahr hindurch nur Sonnenschein und Sommerwärme hätte, liegt doch gerade in der Vielfalt unserer Jahreszeiten der große Reiz. Vor allem die Naturräume von den Alpen bis an die Nord- und Ostsee bieten allein schon durch die Umgebungseinflüsse von Meer, Ebenen, Hügelland und hoch reichendem Gebirge in jedem Monat eine große Bandbreite an Wetterverhältnissen. Wie bei allen Naturgesetzmäßigkeiten gibt es auch hier Zyklen und Rhythmen, die in unseren Breiten alljährlich mit vielen Zeichen in der Natur und beim Wetter symbolhaft den Kreislauf von Werden und Vergehen beschreiben. Keine noch so trostlos nebelgraue und eisig kalte Winterperiode kann es verhindern: Der nächste Frühling kommt bestimmt! Voraussetzung dafür ist die eigentümliche Schräglage der Erdachse und die Umlaufbahn unseres Blauen Planeten um die Sonne.

Die Jahreszeiten

Würden wir in Äquatornähe leben, bliebe es in der Tat immer Sommer, wären Tag und Nacht jeweils zwölf Stunden lang: Es gäbe keinen ersten Schnee, keine Frühlingsblumen, keinen farbenfrohen Laubwald, keine glitzernde Winterlandschaft … Das andere Extrem sind die Polargebiete mit ewigem Eis, im Sommer drei Monaten ohne finstere Nacht, dafür aber im Winter zwölf Wochen Dunkelheit. Doch in den mittleren Breiten der Nordhalbkugel sorgen die astronomischen Spielregeln zwischen Erde und Sonne für vier ausgeprägte Perioden im Jahresablauf.

Tagundnachtgleiche/Frühlingsbeginn

Ab 20. (im Schaltjahr 21.) März ist der Zeitabschnitt von Sonnenaufgang bis Sonnenuntergang zunehmend länger als die Phase zwischen Abend- und Morgendämmerung. Beim Wetter spüren wir diese Lichtzunahme erst verzögert als Wärmegewinn. Trotz kräftiger Sonneneinstrahlung machen uns Polarlufteinbrüche mit Aprilwetter und Spätfrösten oft genug zu schaffen. Besonders unangenehm sind diese Wetterlagen mit kalten Windböen, teils kräftigen Schneeschauern und morgens glatten Straßen in den Berglandregionen um Harz, Sauerland, Eifel, Rhön, Vogtland, Erzgebirge, Oberlausitz, Fichtelgebirge, Schwäbische Alb, Schwarzwald, Bayerischer Wald und nahe der Nordalpen.

Aber auch vom Norddeutschen Tiefland bis hinaus auf die Nordseeinseln geht es an diesen Tagen mit kurzen Regengüssen, wenig Sonnenschein und vereinzelt sogar Graupelgewittern eher schmuddelig zu. Geschützter mit öfter Sonnenschein und ein paar Grad mehr Wärme bleiben dagegen das Breisgau am Oberrhein und die Regionen rund um den Bodensee. Der Grund für den zögerlichen Einzug des Frühlings liegt vor allem in den noch unterkühlten

Dem Lauf der Jahreszeiten haben sich alle angepasst: die Vögel mit ihren Brutzeiten und dem Zug nach Süden, die Pflanzen mit ihrem Wechsel von Keimen, Blühen, Früchtetragen und Vergehen und selbst der Mensch, der mit einer witterungsbedingten Orientierung seiner Tätigkeiten den Jahreszeiten seine Achtung schenkt. Die Jahreszeiten mit ihren Wettererscheinungen prägen und strukturieren unser Leben stärker, als wir zu glauben bereit sind. Das ganze Jahr über Sommer? Undenkbar, genauso wie das ganze Jahr draußen frieren und drinnen heizen zu müssen.

Unser Wetter im Jahreslauf

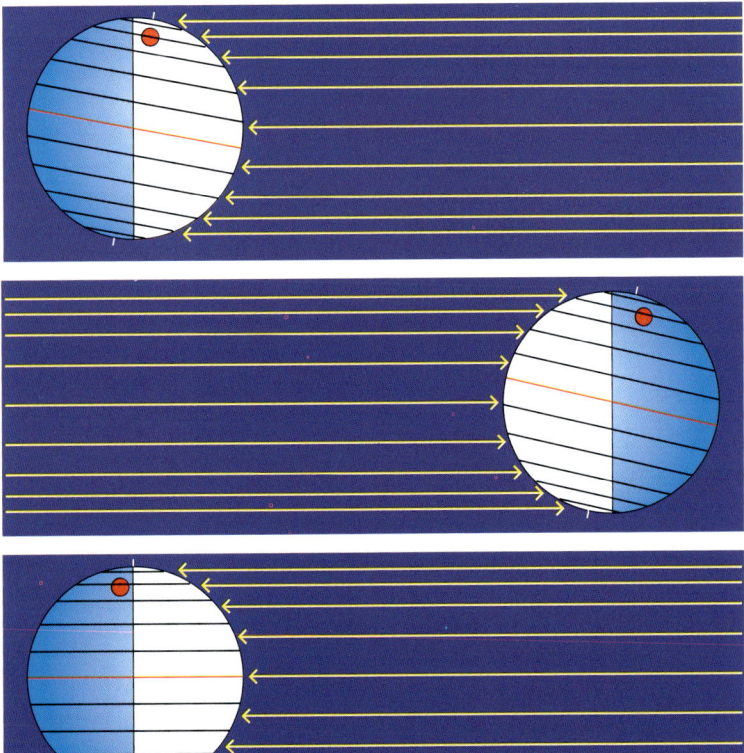

Ist die Erdachse im Norden zur Sonne geneigt, haben wir Sommer (Standort dunkler Punkt, oberes Bild). Bleibt die Sonne mittags recht tief über dem südlichen Horizont, herrscht Winter (mittleres Bild). Sind Tag und Nacht vom Nord- bis zum Südpol etwa gleich lang, befinden wir uns in den Übergangsjahreszeiten (unteres Bild).

nördlicheren Landoberflächen. Häufig wird dann auch erst im März das Minimum der Wassertemperaturen von Nord- und Ostsee erreicht. Damit ist die mitteleuropäische Wetterdrehscheibe von März bis Mai oft eher kältelastig.

Teils extreme Kalt-warm-Sprünge

Andererseits gewinnt nun das Wärmereservoir rund um das Mittelmeer immer mehr an Macht. So erleben wir besonders in der Südhälfte Deutschlands zwischen Alpenvorland und Maingegend bei Südwest- oder Südwetterlagen schon im März manchmal bis 25 °C, Anfang Mai vereinzelt sogar 30 °C. Aber nachts wird es noch kühl, so dass die Temperaturspanne teils über 20 °C betragen kann. Derartige Wärmeschübe schaffen es meist erst ab Mitte Mai nachhaltiger bis jenseits der Mittelgebirge ins nord- und ostdeutsche Tiefland.

Wehe aber, wenn ein Tief mit Regen und kaltem Nordwestwind aufzieht – dann ist der Wettersturz gerade um die Nordalpen extrem. Kurzärmeliges Sonnenbaden zwischen Lindau und Salzburg kann innerhalb von weniger als 24 Stunden Schneefall und Glätte weichen. Die Zugspitze meldet dann nach Sonnenschein, guter Fernsicht, kaum Windzug und knapp über 0 °C über Nacht wieder Winter mit Schneesturm und unter -10 °C!

Je stärker das Frühjahr auf die Sommermonate zugeht, desto kräftiger heizt die Sonne. Ab Ende Mai spüren wir in ganz Deutschland, dass die frostigen Nächte nun endgültig vorüber sind.

Eindeutige Frühlingsboten

Doch wenn sich der Frühling schon nicht so recht am Wetter oder dem theoretischen Sonnenstand festmachen lässt, wie dann?

Findige Naturbeobachter und Wissenschaftler haben typische Standardmerkmale bei der Pflanzenwelt definiert. So wird im »phänologischen Kalender« der Frühlingseinzug in Mitteleuropa am Beginn der Apfelblüte abgelesen. Danach braucht die Natur an der Ostseeküste rund einen Monat länger, um wie am Oberrheingraben und Bodensee richtig in Fahrt zu kommen.

Daran ist nicht nur das beschriebene Wärmegefälle zwischen Mittelmeer und Ostsee schuld. Gerade im März/April hinkt die Sonnenscheindauer an Nord- und Ostsee jener zwischen Freiburg und Passau tagtäglich um rund eine Viertelstunde hinterher. Erst Anfang Mai entsteht ein Vorsprung für den Norden. Außerdem sind Kaltluftvorstöße aus Skandinavien allein geografisch schneller und häufiger im Nordosten Deutschlands als im Südwesten aktiv. Umgekehrt muss ein Warmluftschub vom Mittelmeer viel mehr

Die Jahreszeitenuhr der Pflanzen hat sich als die zuverlässigste Messeinteilung erwiesen. So beginnt der Frühling in unseren Breiten nicht mit einem starren Datum, sondern mit dem Ereignis der Apfelblüte.

Krokusse gehören zu den ersten farbenprächtigen Frühlingsboten. Für die meisten Blumenzwiebeln ist der Boden noch zu kalt, und so nützt die Krokuspflanze den Vorteil ihrer Robustheit, um sich ungestört von lästiger Pflanzenkonkurrenz entfalten und die ersten Bienen anlocken zu können.

Wegstrecke bis Mecklenburg-Vorpommern zurücklegen, kühlt sich unterwegs in den Nächten ab und wird oft vorzeitig von einem Nordsee- oder Atlantiktief abgefangen.

Erstes Erwachen

Treten im Januar und Februar über mehrere Tage hinweg sonnig-milde Wetterverhältnisse auf, nutzen oft robuste Pionierpflanzen den Vorsprung gegenüber der Konkurrenz. An Haselsträuchern und Erlen blühen die Kätzchen, Pollenstaub tritt aus; im Garten und in geschützten Fluren blinzeln erste Schneeglöckchen und Krokusse aus dem Boden. Die Knospen einiger Buscharten schwellen an, oder es platzen sogar vorzeitig grüne Blätter heraus. Da jedoch der Wurzelboden noch deutlich unter 8 °C temperiert ist, ruhen die meisten Pflanzen in einer Art Winterschlaf und bleiben vor spätwinterlichen Frostschäden verschont.

Sommersonnenwende/Sommeranfang

Am 20. (im Schaltjahr 21.) Juni wird bei uns der astronomische Sommer eingeläutet. 16 Stunden theoretisch möglichen Sonnenscheins stehen acht Stunden Nacht und Dämmerung gegenüber. Doch gerade in diesen Tagen sind die Unterschiede im Nord-Süd-Vergleich besonders groß. So scheint auf Sylt über 17,5 Stunden die Sonne, und die Dämmerungsphasen ziehen sich lange hin. In Nordskandinavien ist es die viel gefeierte Zeit der »Mittsommernacht«, in der die Sonne dort nicht mehr unter den Horizont sinkt. Die Quittung für diesen Lichtluxus folgt im Winter mit fast drei Monaten Nacht oder Dämmerung.

Phänologisch nimmt man den Zeitpunkt der Winterweizenernte als Richtschnur für den Spätsommerbeginn, der im Alpenvorland rund 3,5 Wochen (Mitte Juli) früher als im norddeutschen Tiefland (erste Augustdekade) einzieht.

Trotz erheblich mehr theoretischer Sonnenscheindauer ist der Norden auch diesmal im Hintertreffen. Pro Jahr 30 »Sommertage« mit Temperaturen über 25 °C und allenfalls zwei bis vier »heiße Tage« mit über 30 °C in Bayern stehen oft gerade mal einer Hand voll Sommertagen zwischen Hamburg und Rostock sowie auf den Nord- und Ostseeinseln gegenüber. Wieder sind Meereskühle, Tiefs, aber auch Wind verantwortlich für diese Defizite.

Spätsommerliche Wettergefechte

Im Spätsommer werden nun nicht nur die Tage im Norden schneller kürzer, auch die Sonnenschein und Wärme bringenden Wetterlagen schaffen es von Süden her seltener über die Mittelgebirge. Ein Hoch um die Alpen, Südwestwinde, Wolken auflösender Föhn/Leeeffekt südlich der Donau und im Bayerischen Wald sorgen vom Rhein-Main-Gebiet bis an die untere Donau

Im Temperaturverlauf eines durchschnittlichen Sommers wird das Süd-Nord-Gefälle innerhalb Deutschlands sichtbar. Der Süden weist in der Regel deutlich mehr Sommertage – definiert durch eine Tageshöchsttemperatur von mindestens 25 °C – auf als der Norden.

Das Reifestadium von Beeren zeigt an, dass sich der Sommer seinem Ende zuneigt und die frühherbstliche Erntesaison vor der Tür steht.

Ein spätsommerlich-frühherbstlicher Tag in den Bergen mit stabilem Wetter und mäßiger Wärme lädt zur Wanderung ein. Die Luft ist auch über Mittag klar und wohl temperiert, die Wege und Klettersteige sind trocken und sicher begehbar, und der erste Schnee ist noch nicht gefallen.

und den Oberrhein für häufigere und ausgeprägtere Sommerzugaben. Dagegen rauschen atlantische Regenfronten mit unangenehmem Westwind bereits ab Mitte August vom Sauerland bis in die Uckermark. Baut sich aber im Juni/Juli ein mächtiges Hoch über Skandinavien auf, erleben die Badegäste an Nord- und Ostsee stabilere, wärmere und sonnigere Sommerabschnitte, als es im Süden möglich ist.

Generell bleiben die Temperaturschwankungen im Juni, Juni und August umso geringer, je weiter es über die Mainlinie nach Norden geht. Ende August sorgt manchmal ein erstes Mittelmeertief zusammen mit kalter Luft für Schnee bis am Alpenhauptkamm, teils bis auf die Höhe des Brennerpasses in etwa 1500 Meter herab.

Tagundnachtgleiche/Herbstbeginn

Am 20. (im Schaltjahr 21.) September, wenn die Stunden ohne Sonnenschein wieder die Oberhand gewinnen, ist auf dem Kalender Herbst angesagt. Auch jetzt gibt es in der Natur wieder eine deutliche Zeitverzögerung quer durch Deutschland, deutlich manifestiert am Termin der Winterweizenaussaat.

Demnach beginnt der »Vollherbst« an der Oder bereits Ende September, während es um den Rhein erst etwa zweieinhalb Wochen später so weit ist. Sonnigere und wärmere Wetterperioden sind hierfür mitverantwortlich, aber auch weniger starke nächtliche Abkühlung in der Rheingegend. Vom norddeutschen Tiefland bis Berlin-Brandenburg kommen außerdem mehr windige Tage hinzu.

Vor allem ab Mitte September erlaubt der »Altweibersommer« vom Allgäu bis zum schwäbisch-fränkischen Jura in manchen Jahren über ein, zwei Wochen, den lauen Feierabend im Biergarten zu verbringen. Es sind die schönsten Wochen für Bergsteiger und Wanderer.

Im Herbst sind die Regionen in der Nähe von Seen und mächtigen Flussläufen meist begünstigt. Kühle Winde greifen nicht so stark in den Wärmehaushalt ein, die Wassermassen haben die Sommerwärme gespeichert und geben sie vor allem in den schon deutlich kühler werdenden Nächten an die Umgebung ab.

Weitere Herbstzeichen

Für Hobbywetterbeobachter deuten noch andere Phänomene auf den unaufhaltsamen Herbstbeginn hin. Es gibt gehäufter windig-kühle und verregnete Witterungsperioden oder kühle und sternklare Nächte mit Taubildung. Dichtere und bis in den Vormittag hinein beständige Nebelbänke über Wie-

Am frühen Morgen und oft noch bis in den Mittag hinein halten sich Nebelschwaden, denn die Sonne hat nicht mehr ihre sommerliche Kraft, die Feuchtigkeit wegzutrocknen bzw. aufsteigen zu lassen.

sen, Feldern und Moorgebieten nehmen der Sonne ihre wärmende Kraft. Die abnehmende Luftfeuchtigkeit führt bei dauerhaftem Hochs zu guter Fernsicht in den Bergregionen. Schwüle und Gewitterneigung lassen deutlich nach.

In der Natur erleben wir andere typische Herbstboten. Oft setzt in ländlichen Wohngebieten eine nächtliche Mückenplage ein, Rosskastanien und Linden beginnen sich zu verfärben und teils bereits Laub abzustoßen. Im Wald sind verstärkt Spinnweben zu finden, Zugvogelschwärme sammeln sich über Maisfeldern, auf Bäumen und Strommasten. Auf den Feldern läuft die Kartoffelernte an, der Mais steht hoch, und die brachen Ackerflächen werden immer größer.

An den Hängen des Rheins und seiner Seitenzuflüsse beginnt die Weinlese. Von den Allgäuer und oberbayerischen Almen findet der traditionelle Almabtrieb – die so genannte »Viehscheid« – statt. Oft riecht es in diesen Zeiten nach Zwetschgenkuchen, und die Wespen machen einem das Essen im Freien zur Plage. Sonnenbaden auf der Wiese ist höchstens noch in der warmen Mittagssonne mit Unterlage zum Schutz vor dem feucht-kühlen Boden möglich. Der Oktober bietet uns von Jahr zu Jahr sehr gegensätzliche Witterungsabläufe. Manchmal hält sich ein stabiles Hoch über Wochen, lässt kaum Regen zu und sorgt in Flusstälern für zähen Nebel. Wer dann Zeit und Muße hat, auf die Berge zu steigen, erlebt dort noch laue Nachmittage mit exzellenter Fernsicht.

Im September reifen die letzten Früchte aus, und das Laub auf den Bäumen beginnt sich zu verfärben. Die Zugvögel versammeln sich zu ihrem gemeinsamen Flug in wärmere Gefilde, und hoch am Himmel ziehen die Gänse aus nördlichen Gebieten in keilförmiger Formation über uns hinweg.

Herbsttiefs als Jahreszeitenkünder

Die andere Seite sind ausgeprägte Westwetterlagen mit serienweise auftretenden Tiefs, häufig Regen und stürmischen Tagen. Dann wird die Nordseeküste von Sturmfluten bedroht, Flüsse schwellen bis zur Hochwassergefahr an, und im Hochgebirge werden Orkanböen vermeldet. Oft mischt sich zum Monatsende der erste Schnee bis in Lagen unter 500 Meter.

Spätestens im November muss mit verbreiteten Frösten, Reif und Glätte durch überfrierende Nässe gerechnet werden. Mit der Kälte frieren auch in tiefen Lagen die meisten Blätter von den Bäumen. So wird die triste Stimmung des »Totenmonats« noch verstärkt. Treten mehrtägige Hochs auf, bleiben vor allem die weiten Ebenen Mittel- und Süddeutschlands unter Nebel oder Hochnebel. Wird frostige Polarluft im hohen Norden angezapft, kann sich von der Lausitz bis ins Alpenvorland schon die erste geschlossene Schneedecke in den Niederungen bilden.

Mit der Adventszeit erleben wir häufig mehrtägige Winterperioden mit Schnee und Dauerfrost, dazwischen aber auch mildes Tauwetter. Dazu braucht es um diese Jahreszeit kräftige Atlantiktiefs, die mit starkem Wind möglichst schnell atlantisch erwärmte Luft über das westeuropäische Festland zu uns schaffen.

Dann sind Kapriolen wie der berüchtigte Eisregen möglich. Er legt vor Eintreffen der milden Luft am Boden vor allem in den Frostluftsenken Thüringens, Sachsens und Niederbayerns binnen Minuten den Verkehr in ganzen Landkreisen lahm.

Der November gilt zwar allgemein als Monat mit trüben, grauen, klamm-feuchten Tagen, in denen vor allem Nebel und Hochnebel vorherrschen, aber manchmal überrascht er uns schon mit einem richtigen Wintereinbruch. Die Wahrscheinlichkeit für richtig kalte Tage steigt im Dezember, doch oft verhindern Atlantiktiefs mit Tauwetter zumindest im Flachland ein weißes Weihnachtsfest.

Wintersonnenwende/Winteranfang

Wenn die Tage am kürzesten und die Nächte am längsten sind, beginnt am 20. (im Schaltjahr am 21.) Dezember die vierte Jahreszeit auf dem Kalender. Frost, Schnee und Eis gab es meist schon Wochen zuvor zum ersten Mal.

Oft zeigt sich der Winteranfang noch nicht oder nicht mehr im Schneekleid, oder es sind wie hier als Indikatoren für die kalte Jahreszeit nur Raureifansätze an Ästen und Zweigen zu sehen.

Tiefe Temperaturen und hohe Luftfeuchtigkeit haben diesen Zweig mit einem dicken, bizarr geformten Raureifmantel verziert, bei dem die Eiskristalle locker aufeinander haften.

Die Adventszeit hat meist nur neblig-trübe oder windig-nasse Wetterlagen zu bieten; Abwechslung tut Not. In manchen Jahren lassen sich gerade in den Niederungen die Sonnenscheinstunden in dieser Zeit fast an einer Hand abzählen. Die Felder liegen brach, die Wälder sind düster oder ohne Laub wie abgestorben, es zwitschern kaum noch Vögel, stattdessen krächzen Krähen von den Baumwipfeln. Häufig fehlt das erhellende Weiß frisch verschneiter Landschaften. So ist es für viele die schwerste Zeit, ein aktives und positives Gemüt aus sich selbst heraus zu bewahren. Manche Tierarten pflegen ihre Winterruhe, ob im unterirdischen Bau im Winterschlaf oder in Kaltstarre in Gewässern, wenn sie nicht längst über alle Berge in den südlichen Winterquartieren weilen.

In den Wochen der Besinnlichkeit verwischen sich die regionalen Klimaunterschiede vor allem, wenn »Schmuddelwetter« mit feucht-kühler Luft und zahlreichen Tiefs samt ihren Regenfronten gerade über Mitteleuropa kein Ende zu finden scheinen. In den letzten Tagen des Jahres gilt der Großwetterlage gesteigertes Interesse. Der Grund ist, dass um den Jahreswechsel oftmals die atlantisch-kontinentale Wetterküche darüber entscheidet, ob es einen milden, wechselhaften oder grimmig kalten Hochwinter geben wird.

Wechselhafte Hochwinterphasen

Schon bald im Januar zeigt die biologische Uhr wieder steigenden Lebenswillen an. Wir fassen mehr Mut und Zuversicht, finden allmählich zu mehr Antrieb und Tatendrang zurück, sei es durch Wetterphasen mit Sonnenschein, klirrender Kälte und gleißenden Schnee oder durch das Erspüren der ganz zaghaft wachsenden Tageslänge.

Dennoch ist der Januar ein Monat voller Kontraste. Weht Ostwind von den verschneiten Weiten des Kontinents, bleibt selbst an den Küsten der Schnee liegen. Dann bilden bei tagelangem Dauerfrost und nächtlichen Tiefstwerten teils unter -20 °C selbst größere Flüsse wie Oder, Elbe, Main und Donau Treibeis oder frieren gar zu, so dass die Schifffahrt eingestellt werden muss. In manchen strengen Wintern entsteht auch auf der Ostsee eine große zusammenhängende Eisfläche von den Buchten bis weit hinaus aufs offene Meer.

Frühe Wärme und später Frost

Haben wir dagegen klassisches Westwetter, toben in abwechselnd milder und kalter Luft Stürme, viele Flüsse fassen das Regen- und Schmelzwasser nicht mehr und treten über die Ufer. Bei südlichen Winden kann das Alpenvorland im Sonnenschein bei bis zu 20 °C liegen und Unverdrossene zu einer winterlichen Freiluftmass in die verwaisten Biergärten locken.

Aber auch wochenlange Hochwetterlagen mit schier endlosem Nebelgrau, kaum Temperaturschwankungen zwischen Tag und Nacht und in größeren Städten erhöhter Smoggefahr treten in Deutschland hin und wieder auf. Im Februar werden oftmals die kältesten Nächte registriert. Obwohl die Sonne

Der Winterbeginn ist zugleich der kürzeste Tag im Jahr. In die Tristesse über die Kälte mischt sich so die hoffnungsfrohe Einsicht, dass mit zuerst langsam, dann immer schneller länger werdenden Tagen mehr Licht ins Leben und schließlich auch wieder der Frühling kommt.

bereits wieder mehr als eine Stunde länger als noch Ende Dezember scheint, bringen Schneedecke, russische Arktikluft, sternklarer Himmel und Windstille diese sibirisch anmutenden Wintertage zustande. Spätestens zum März hin ist aber bei längeren sonnig-milden Tauwetterperioden zur Morgendämmerung das untrügliche Zeichen des baldigen Frühlings zu vernehmen: Vogelstimmen erlösen die Stille der winterstarren Natur.

Wetterabläufe und Vegetationszeiten

Das Wetter im Jahreslauf hat einen sehr starken Einfluss auf die Lebensbedingungen von Pflanze, Mensch und Tier. Während Menschen und Tiere für Wärme in ihren Behausungen und für Nahrungsvorräte sorgen und so ein »normales« Leben auch im Winter führen können, sind die Pflanzen ungeschützt den Unbilden des natürlichen Wettergeschehens ausgesetzt und müssen ihre Vegetationszyklen dem Klima anpassen.

An der Baumscheibe eines gefällten Baums ist der Einfluss der Jahreszeiten deutlich abzulesen. Die dicken, hellen Ringe zeigen die Wachstumsphasen, die dunklen die herbstlichen Abschlussphasen an. So kommen im Verlauf eines Jahres immer zwei Ringe hinzu, an denen sich das Alter eines Baums erkennen lässt.

Jahresringe

Den Zyklus der wiederkehrenden Jahreszeiten sehen wir deutlich am Wechsel von breiten hellen und schmalen dunklen Streifen auf den Baumscheiben gefällter Bäume, den Jahresringen. So sind je nach Baumart gute Jahre mit ausreichender Wärme und Wasserversorgung vom Frühlingsbeginn bis zum Mittsommer ebenso ablesbar wie lange trocken-heiße oder nass-kalte Perioden bis in den Herbst hinein. Wissenschaftler machen sich diese »Jahresringchronologie« zunutze. Ein alter Baum ist Zeitzeuge und Weiser für die Jahreswitterungen. So kann man anhand der Ausprägung der Jahresringe in Stärke und Gleichmäßigkeit beispielsweise ersehen, ob Hildegard von Bingen Mitte des 12. Jahrhunderts schöne Sommer für ihre Klostergärten hatte.

Manche Bäume haben auch unmittelbare Wetterereignisse wie etwa einen Blitzschlag konserviert. In den Jahresringen ist dann an der entsprechenden Stelle die verkohlte Narbe des beschädigten Stamms zu sehen.

Unser Wetter im Jahreslauf

Die Wärmemenge ist wohl der wichtigste, aber nicht der einzige begrenzende Faktor für das Pflanzenwachstum. In höheren Bergregionen fehlt auch oft eine genügende Humusschicht, in Wüstengegenden mangelt es an Regen, so dass sich dort Pflanzen nicht zu ihrer sonstigen Größe entwickeln können bzw. spezielle Pflanzenarten Nischen finden.

Laub- und Reifezyklus

Die Vegetationszeit von Bäumen dokumentiert sich je nach Ansprüchen der Baumart und Standortverhältnissen der betrachteten Exemplare vom ersten grünen Blatt bis zur ausgiebigen Laubverfärbung der Krone. Je früher es im Februar/März warm und sonnig wird, oder je mehr sommerliche Hitzeblöcke mit über 30 °C und wenig Regen stattfinden, umso zeitiger entdecken wir gelb und braun gefärbte Blätter. Dann haben manche Baumarten bereits Ende August ihr Pensum erfüllt und stoßen mit ihren Blättern und Früchten die Organe zur Verdunstung, Fotosynthese oder Fortpflanzung ab. Diese Mechanismen sind seit Jahrmillionen im Pflanzenzellkern genetisch gespeichert. Deshalb ist es kaum verwunderlich, wenn der Wald durch abrupte – und wie wir befürchten müssen, größtenteils menschenverursachte – Klimaschwankungen aus seinem biologischen Konzept gerät und kränkelt.

Kritische Wärmesumme

Die Wettereinwirkung ist es auch, die den Pflanzen sowohl in den Polarregionen als auch im Hochgebirge Grenzen zur Verbreitung setzt. Nicht die Sonnenscheinstunden oder Regen-, Schnee- und Grundwassermengen bestimmen die Waldgrenze, sondern das alljährliche Wärmeangebot. Reicht es für einen Wachstums- und Fortpflanzungszyklus, die so genannte Vegetationszeit, nicht aus, keimt der Same nicht. Dann bleibt es beim Krüppelwuchs, oder der Baum/Strauch geht frühzeitig ein. In den Nordalpen ist dieser kritische Bereich um 1900 Meter, auf der milderen Alpensüdseite etwa um 2200 Meter Höhe.

Wetter und Klima in Deutschland – eine Fieberkurve

»In Deutschland herrscht sechs Monate Winter, und sechs Monate ist es zu kalt« – so klingt es aus dem Munde vieler vom Wetter Frustrierter. Doch bei allen Vorurteilen lohnt sich das genauere Betrachten, und es stellt sich her-

Wenn auch die einzelnen Tage kapriolenhaft von einem Extrem ins andere schwanken, so ergibt der langjährige Durchschnitt meist doch wieder das Gesamtbild eines gemäßigten Witterungsablaufs.

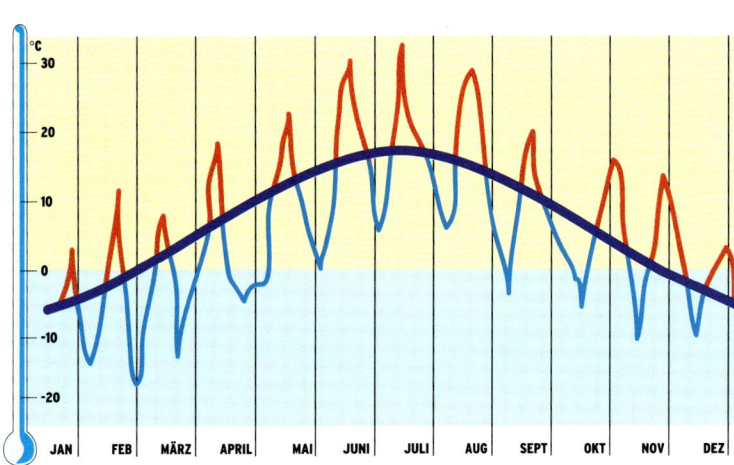

aus: So »schlecht« ist unser Wetter gar nicht! Wir befinden uns nur in der umkämpften Zone zwischen maritim beeinflussten Wetterlagen vom Atlantik und von der Nordsee sowie eher kontinentalem Witterungsgepräge von Osten und Süden. Heraus kommt ein wechselhaftes Vier-Jahreszeiten-Wetter, das im weltweiten Vergleich als »warm-gemäßigtes Klima mit ausreichenden Niederschlägen« bezeichnet wird.

Über das Jahr gesehen verläuft die Temperaturkurve im langjährigen Durchschnitt wie eine Sinuskurve: das Maximum liegt im Juli, das Minimum im Januar. Jedes Jahr einzeln betrachtet ergibt dagegen eine chaotisch anmutende Zackenkurve, mit teils zaghaften, teils eindeutigen Ausschlägen ins Plus oder Minus.

Die regionalen Unterschiede

Die verschiedenen Einflussgrößen lassen das Deutschlandwetter in Regionen zerfallen, die untereinander deutliche Unterschiede zeigen, in sich aber eine – über Jahre betrachtet – große Wetterkonstanz haben.

- Bodenseeregion und Breisgau: sommerwarm und wintermild.
- Nordwestdeutschland bis Unterelbe: mäßig warm und wintermild.
- Um Rhein/Main, Donau und ostsächsische Oder: in der Regel extremere Sommerhitze.
- Um Niederrhein und Emsland: ca. 50 bis 60 Frosttage (Minimum unter 0 °C), an der niederbayerischen Donau: 100 bis 120 Frosttage, im Vogtland und in Westalbsenken oft in allen Monaten Frost möglich!
- An den Küsten selten Winterfröste unter -10 °C, dagegen in Südbayern, Oberfranken und Ostsachsen strenger Frost üblich.
- Im Flachland im Mittel 600 bis 800 Liter pro Quadratmeter Niederschlag im Jahr, in den Mittelgebirgen um 1200 Liter, in den Nordalpen 1500 bis 2000 Liter.
- Meist Juli regenreichster Monat, an den Küsten bei Westwetter aber auch die Wintermonate.
- Nahe der Nordseeküste übers Jahr gleichmäßigere Regenmengen, in Süddeutschland mehr trockene, im Sommer aber auch eher Starkregentage durch Gewitter.
- Trockenste Gebiete: Mainzer Becken, Kölner Bucht, nordhessische und thüringische Beckenlandschaften, teils Unter- und Mittelfranken sowie östlich des Harzes (Regenschatten, kaum 600 Liter pro Quadratmeter/Jahr).
- Vor allem im Alpenvorland tagelang Dauerregen oder Schneefall, teils auch über drei Wochen Dauerhochnebel möglich.
- Niederrhein/Emsland: unter 20 Schneedeckentage pro Jahr (über ein Zentimeter Schnee), Alpenvorland (München) dagegen ca. 40 bis 50 Tage.
- Nordwestdeutschland geringere Sonnenscheinstunden pro Jahr (ca. 1500) als Süddeutschland (ca. 1800).
- Küsteninseln, Vogtland, Ober-Lausitz, Albhochfläche und Alpenvorland bevorzugt windig.

Schon im Kapitel »Unsere Wetterlagen« ab Seite 64 war die Rede davon, welche über Mitteleuropa am häufigsten auftreten und wie sie sich auf Deutschland auswirken. Die Nähe von Alpen, Rheingraben, Nord- und Ostsee führen aber in den jeweiligen Regionen oft zu unterschiedlichen Auswirkungen ein und derselben Großwetterlage. Wetter ist äußerst dynamisch, und so können sich unter dem Einfluss regionaler Besonderheiten jeweils typische Ausprägungen ergeben – ganz abgesehen davon, dass sich die Druck- und Regengebiete beim Überqueren der Landmasse verändern und entwickeln.

Ein weit gespannter Klimarahmen
Nördlich der Mittelgebirge braucht das Heu häufig ein bis zwei Tage länger zum Trocknen als in Bayern oder Baden-Württemberg. Dagegen kann im Süden wegen Frost oder Schnee im Dezember kein Winterweizen gesät werden.

Wetterrekorde in Deutschland seit 1880 (Quelle: Deutscher Wetterdienst)		
Wetterparameter	**Rekordwert in Deutschland**	**Weltrekord**
höchste Lufttemperatur	40,2 °C in Gärmersdorf bei Amberg, in der Oberpfalz am 27.07.1983	57,3 °C in El Asisija, Lybien, im August 1923
tiefste Lufttemperatur	-37,8 °C in Hüll/Wolnzach in Niederbayern am 12.02.1929	-89,2 °C in Wostock/Antarktis am 21.07.1983
größte Niederschlagsmenge in 24 Stunden	260 l/m² in Zeithain in Sachsen und bei Rosenheim/Obb.	1870 l/m² in Cilaos/La Reunion, Ind. Ozean
größte Niederschlagsmenge pro Jahr	3499 l/m² 1944 am Purtschellerhaus bei Berchtesgaden/Obb.	26461 l/m² in Cherrapunji/Indien 1860/61
geringste Niederschlagsmenge pro Jahr	242 l/m² 1911 in Staßfurt, Thüringen	nichts: regelmäßig um die Oase Dachla in Ägypten
höchste Schneedecke	830 cm am 02.04.1944 auf der Zugspitze	
längste Sonnenscheindauer	2329 Stunden im Jahr 1959 auf dem Klippeneck, Südrand der schwäbischen Alb	
höchste Windgeschwindigkeit	335 km/h am 12.06.1985 auf der Zugspitze	

Für eine gemäßigte Klimazone liegen die Extremwerte ganz schön weit auseinander, so möchte man denken. Das stimmt zwar, doch rückt der Vergleich mit dem jeweiligen Weltrekord an Temperatur oder Niederschlagsmenge die Optik schon wieder ein wenig zurecht: Diese Werte liegen meist um ein Vielfaches höher. Außerdem darf nicht vergessen werden, dass solche extremen »Ausreißer« nur sehr selten bei uns vorkommen.

Ob nun »Klein-Venedig« wie am Bodensee oder »Klein-Sibirien« im Vogtland oder in der Nieder-Lausitz – mal kriegen wir nur zehn Prozent vom Soll, dann wieder 200 bis 300 Prozent! Deshalb sind Hochwasser, Hagelunwetter und klirrende Winterkälte bis -30 °C ebenso noch in unserem Klimarahmen wie Tropenhitze bis 40 °C, Waldbrandgefahr oder Schneemangel.

Normal oder unnormal – Sinn und Unsinn der Statistik

Gerade unter den Wetterbeobachtern finden sich häufig besonders eifrige Statistiker. Nahezu alles, was das Wetter bietet, lässt sich als Daten in irgendeiner Weise auswerten und interpretieren. Da fallen Rekordregenmengen, tritt Jahrhunderthitze ein, ist es »zu warm« oder »zu nass«. Je nach Ereignis geistern schnell beunruhigende Schlagzeilen durch die Medien: Kommt eine neue Eiszeit? Deutschland bald eine Wüste? Das Ende des Wintersports? Ein Problem dabei ist, dass unsere Beobachtungsreihen, mögen sie auch noch so lang sein – bei den Temperaturen reichen sie teils über 200 Jahre zurück –, gegenüber der Geschichte des Erdklimas und seiner Schwankungen wie ein Atemzug erscheinen. So betrachtet, gab es »vor kurzem« die letzte Eiszeit mit Gletschern aus Nordeuropa bis nach Norddeutschland und aus den Alpen teils 50 Kilometer weit ins Flachland. Im Mittelalter wurde dagegen in kleinen Warmzeiten selbst noch in 1500 Meter Höhe Korn angebaut! Das alles wissen wir aus Pollenanalysen, Eiskernbohrungen, Sedimentforschung etc.

Die Messwerte relativieren

Nun stehen wir vor dem nächsten Jahrtausend und haben es mit neuen, teils menschengemachten Wetterstörungen zu tun. Doch schon bei der simpelsten Statistikzahl stehen wir vor der Frage: Was sagt dieser Wert letztendlich aus? So weiß jeder Mathematiker, dass der ausgerechnete langjährige Mittelwert – zum Beispiel die Monatsmitteltemperatur – nur selten genau erreicht wird. Unser Wechselwetter bringt alle möglichen Abweichungen nach unten oder oben, doch der »Normalwert« ist meist der unnormalste! Heißt es also wieder einmal, es wäre »zu warm, zu kalt, zu trocken oder zu nass« gewesen, dann sollten wir immer nachfragen:

- Für welche Region?
- Für welchen Zeitraum?
- Für welche Pflanzenarten?
- War es die Monate zuvor nicht gerade umgekehrt?

Die Natur, und dazu zählen die Wettervorgänge allemal, hat uns Menschen eins voraus: Sie kalkuliert und wägt nicht ab und macht es unterm Strich doch meist so passend, dass es sich auf unserem Planeten doch vielerorts gut leben lässt.

Es ist nun einmal so: Schnelle Wetterumschwünge vermitteln uns oft das Gefühl, dass wir es mit Extremwetterlagen zu tun haben. Auch nach zwei, drei Wochen Regenwetter oder einer langen Zeit mit trüben Tagen sind wir manchmal überzeugt: Das muss ein Rekord sein, oder: So wenig Sonnenschein gab's schon lange nicht mehr. Die Statistik holt uns dann meist auf den Boden der Tatsachen, sprich der objektiven Messwerte zurück. Meist stellt sich heraus, dass in der Jahresbilanz die Niederschlagsmenge keineswegs zu wenig und die Sonnenscheindauer keineswegs zu kurz waren.

Starke Regenfälle führen in manchen Gebieten regelmäßig zu Überschwemmungen. Ursache davon sind meist zu stark verbaute Flussbetten, besiedelte Auen und zu knapp bemessene Überschwemmungsgebiete.

Stadtwetter und Landwetter

Eine Kindheit fernab von großen Siedlungen und künstlicher Umwelt prägt Naturerlebnisse und damit auch die unterschiedlichen Wettererscheinungen viel hautnaher, intensiver und nachhaltiger. Hier spielt das Wetter mit all seinen Facetten eine größere Rolle, es schafft prägnantere Erinnerungsbilder und entscheidet so auch darüber, wie wir als Erwachsene mit den jeweils herrschenden Wetterverhältnissen umgehen, sei es im Beruf, im täglichen Leben, in der Freizeit oder im Urlaub.

Wolkenzug, Licht und Schatten, Windgeräusche und -spiele, Regenguss und Schneegestöber – jedes Wetter erzeugt in einer Stadt oft ganz andere Stimmungsbilder und Befindlichkeiten als auf dem Lande. Je größer die Siedlung, desto stärker entwickelt sie ihr eigenes »Miniklima« mit allerlei veränderten Wettereffekten.

Das Stadtwetter

Den wenigsten Städtern wird es bewusst sein, dass sie in einem Mikroklima leben, das sich teilweise deutlich von den Verhältnissen im Umland unterscheidet. Große Städte liegen oft an Flüssen oder in Senken. Schon von daher sind ganz natürliche Einflussgrößen auf das lokale Wetter gegeben.

Regen

Das Regenwasser fließt von den versiegelten Flächen (Plätze, Straßen, Gehwege, Höfe) rasch ab, und es trocknet schneller ab. So wird es bei nachfolgendem Sonnenschein im Winter milder, im Sommer besonders warm, aber meist nicht so schwül wie auf dem Land.

Schnee

In größeren Stadtgebieten fällt oft Schneeregen oder Nassschnee, während im Umland Schnee pur oder Pulverschnee rieselt. Auf den Gehwegen und Straßen ist dann bei Schmuddelwetter um 0 °C oder nach nächtlichem Schneefall im Frühjahr viel eher Matsch anzutreffen. Auch erleben wir durch die Kontraste zwischen ganztägig abgeschatteten West-Ost-Straßenzügen und besonnten Querstraßen oder Plätzen viel extremer. So wechselt es dann von einem Meter auf den anderen von besonnt-mild und schneefrei auf schattig-kalt mit Wind und Schneebelag!

Sonnenschein

Beton-, Stein- und Asphaltflächen heizen sich rascher auf als Wiesen, Felder, Parks oder Wälder. Die Temperaturen erreichen höhere Spitzenwerte am Nachmittag. Abends bleibt es dank der gespeicherten Gebäudewärme länger lau. Das ist oft schon einen Straßenzug weiter im Stadtparkbereich deutlich zu spüren. Tau und Reif sind dort auch viel häufiger anzutreffen.

Eine wichtige klimatische und ökologische Funktion haben die städtischen Grünflächen. Nicht nur, dass sie Vögeln, Insekten und anderem Kleingetier artgerechte Rückzugsmöglichkeiten in einer »Betonwüste« bieten, auch die Luftqualität profitiert ganz entscheidend von den »grünen Lungen«, die ein großer Baumbestand bildet. Trotzdem überwiegen meist die versiegelten Flächen, denn Bäume müssen gepflegt, geschnitten und gewässert werden. Vor allem einzelne Bäume oder kleine Gruppen haben einen schweren Stand und gehen früher zugrunde als ihre Artgenossen auf dem Land.

Stadtwetter und Landwetter

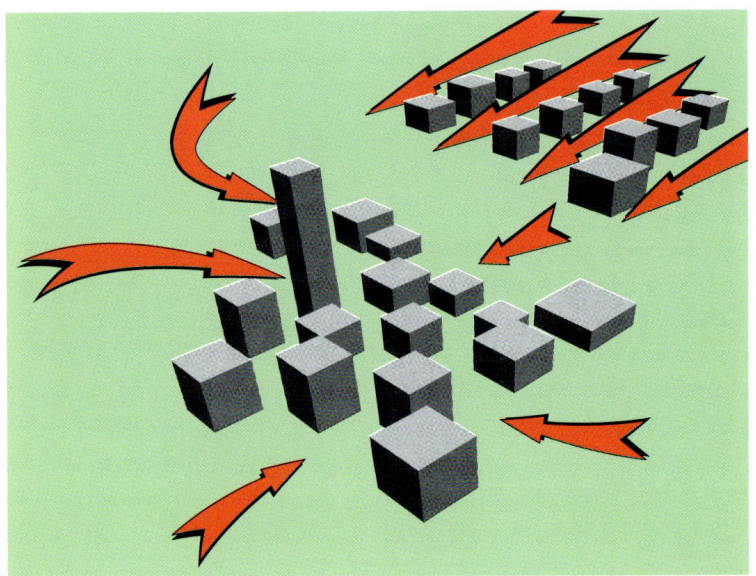

Je nach Stadtarchitektur und Windrichtung zieht die Luft entweder ungebremst durch die Straßenschluchten oder wird im Gewirr der Gebäudekomplexe zu unberechenbaren Böen verfälscht.

Wind

Je stärker die Böen und je höher die Windgeschwindigkeit, umso unberechenbarer bläst der Wind zwischen Häuserzeilen in Straßenschluchten. Hochhäuser werden zu regelrechten Windblockern und können Laub oder leichten Unrat genau entgegen der im Wetterbericht angekündigten Windrichtung verwirbeln. Derartige Verzerrungen erleben wir »in freier Natur« allenfalls in einigen Tälern oder hinter dicht gepflanzten Windschutzhecken. Scheinbare Windstille trotz Sturmlage kann nach Verlassen des Windschattens einer Häuserschlucht auf freier Fläche, etwa einer Brücke, zu heimtückischen Seitenböen umschlagen!

Objektiv richtige Windmessungen für die eigene Wetterbeobachtung sind also in der Stadt beinahe unmöglich. Professionell betriebene Wetterstationen brauchen aus diesem Grund ein breites Umfeld ohne Häuser und Bäume.

Durch häufig weniger Wind in Städten verharren auch Dunstschwaden und vor allem Abgasbestandteile, die schwerer sind als Luft, hartnäckiger in den Straßen. Besonders problematisch sind unterirdisch gelegene Zonen wie U-Bahnhöfe und Unterführungen, in denen sich bei ungenügender Lüftung die schadstoffreiche Luft ansammelt.

Nebel und Dunst

Je großflächiger eine Stadt ist, desto mehr ist natürliche Bodenoberfläche mit Straßen, Gebäuden oder Plätzen versiegelt. Die dadurch bedingte geringere Verdunstung bedeutet trockenere Luft. Dennoch erscheint es uns bei sommerlichen Schönwetterlagen häufig schwüler und dunstiger als »draußen« auf dem Land. Mehr Wärme und von den hellen Flächen reflektiertes Sonnenlicht, zugleich aber weniger Luftzug als außerhalb der Stadt erzeugen diesen Eindruck.

Im Winterhalbjahr bildet und hält sich durch die Kondensationskerne (Abgase, Ruß- und Staubpartikel in der Luft) mehr Nebel. Durch die erwärmte Stadtoberfläche hebt die bodennahe Luft oft etwas ab und erzeugt dann in 50 bis 300 Meter Höhe Hochnebel.

Luftschadstoffe

Die wesentlich höhere Luftverschmutzung in verkehrsreichen Städten nimmt der Sonne Kraft und UV-Wirkung. Von Mitte Oktober bis Ende Februar droht bei stabilen Hochs mangelnder Luftaustausch. Wie ein Deckel lagert dann oft nur wenige hundert Meter über dem Boden trockene und milde Luft auf der schweren, feucht-kalten und schadstoffangereicherten Luft. Die allmähliche Abnahme der Lufttemperatur mit der Höhe um etwa 0,5 °C pro hundert Meter wird hier auf den Kopf gestellt. Diese so genannte Inversion kann tage-, manchmal sogar über zwei Wochen lang dauern. Dann haben sich so viel Abgase, Ruß- und Staubteilchen angesammelt, dass kritische Konzentrationswerte überschritten werden können.

In ländlichen Regionen ohne Fabrikschlote und große Verkehrsdichte kann dieselbe Wetterlage herrschen; aber dort ist die Belastung durch Luftverschmutzung wesentlich geringer. Auch wenn mittlerweile bei zu viel Ozon im Sommer oder Schadstoffinversion im Winter Smogalarm ausgerufen wird – richtig gereinigt wird die Atmosphäre in Ballungsräumen erst, wenn ein Tief mit viel Wind die Luftschichten kräftig durchmischt.

Tückischer Ausgleich

Im Sommer hat der Wind bei Schönwetterhochs für Zonen mit hoher Verkehrsdichte gleich neben Grünanlagen oder Naherholungsgebieten eine zweischneidige Funktion. Einerseits bringt er kühlere und sauerstoffreichere Luft aus den »grünen Lungen« in die unmittelbare Umgebung. Zum anderen transportiert er Autoabgase und daraus entstehendes bodennahes Ozon ins Freizeitgelände. Genau diese Bereiche werden aber besonders intensiv von Kindern aufgesucht, und diese sind grundsätzlich am ehesten ozonempfindlich.

In vielen großen Städten geben Informationstafeln mit ständig aktualisierter Digitalanzeige Auskunft über die Luftbelastung im Stadtgebiet. Die Messstationen liegen an ausgewählten Punkten. Achten Sie auf diese angezeigten aktuellen Werte, vor allem auf die Ozonbelastung. Wenn sie an heißen Sommertagen deutlich Richtung Grenzwert steigt, sollten Sie große Anstrengungen meiden!

Inversionswetterlage über einer Großstadt. Die Dunst- und Abgaswolken hängen wie unter einer großen Glocke über dem Stadtgebiet, der Frischlufteintrag aus höheren Schichten ist beinahe ganz unterbunden.

Wetterunterschiede zwischen Stadt und Land	
Phänomen	Unterschied Stadtgebiet – ländliche Region
Sonnenschein	bis zu 20 % weniger Sonnenscheinintensität, bis zu 15 % weniger Sonnenscheindauer pro Jahr, wenig UV-Anteil im Winter
Regen und Schnee	bis zu 10 % mehr Niederschlag pro Jahr, weniger Tage mit Schneefall und Schneedecke (dafür »Industrieschnee« bei Hochnebel), bei Sommerschwüle mehr Schauer oder Gewitter
Temperatur	abends länger warm/mild, höhere Tiefstwerte am Morgen, mehr Hitzeextrema
Wind	etwa 20–30 % weniger Wind- und Böenstärke, bis zu 20 % mehr Windstille, um Hochhausviertel aber mehr Böen
Vegetationszeit	1–3 Wochen früher grüne Knospen, Erblühen (dafür mehr Spätfrostschäden!), nach trocken-heißen Sommern frühere Laubverfärbung der Bäume

Unsere automobile Gesellschaft legt ein besonderes Augenmerk auf die Befahrbarkeit der Straßen und somit auch auf die Besonderheiten des Wetters, die sich auf die Mobilität auswirken. Tatsächlich spielen im Jahreslauf einige Wetterlagen eine wichtige Rolle. Während etwa die Sommerhitze meist höchstens als lästig und unangenehm empfunden wird, können sich Starkregen, Schneefall und Eisregen gefährlich auf das Autofahren auswirken.

Nützliches Grün im Stadtbild

Grünflächen, Wiesen, Parks, Baumreihen und Büsche sind nicht nur optisch wohltuend und eine in vielen Städten notwendige Zuflucht für Insekten und Vögel, auch ihre Trümpfe für den städtischen Klimakomfort liegen auf der Hand. Sie sind Hitzebremser, Frischluftoasen, Feuchtegeber, Sturm- und Böenblocker, Staub- und Abgasfilter und gleichzeitig Lärmschlucker.

Das Straßenwetter

Schneechaos, Massenkarambolagen, Hitzestaus – all diese Begriffe zeigen, dass wir gerade mit unserer modernen Mobilität oft mehr denn je den Launen des Wetters ausgeliefert sind. Das reicht von lokalen Unwettern bis zu flächendeckenden Extremwetterlagen, die alle Transportmittel lahm legen.

Besonderheiten der warmen Jahreszeit

Gerade mit dem eigenen Auto erleben wir die Vor- und Nachteile im alltäglichen Umgang mit den vielen Gesichtern des Wetters. So lässt praller Sonnenschein selbst noch im Frühjahr oder Herbst trotz nur mäßiger Außentemperatur (20 °C im Schatten) im geschlossenen, in der Sonne geparkten Fahrzeug einen gewaltigen Hitzestau entstehen. Dunkler Lack auf der Karosserie, schwarze Armaturen und Sitze sowie ein heißes Lenkrad sorgen für 50 °C Innentemperatur und mehr! Hier wird die Energie der Sonneneinstrahlung auf den Oberflächen in Wärme umgewandelt, die in die Luft des Fahrzeuginnenraums abstrahlt. So liegt die Innenraumtemperatur von Autos im Sommer selbst bei guter Lüftung (ohne Klimaanlage) meist 8 bis 10 °C über der Außentemperatur. Den größten Einfluss hat dabei die Farbe der Fahrzeuglackierung, denn: Je heller der Lack, desto weniger überhitzt das Auto. Beim Autokauf ohne Klimaanlage sollten vor allem Vielfahrer, Herz-Kreislauf-Labile, ältere Menschen und auch Hitzeempfindliche diese Einflüsse bedenken.

Während sommerlicher Hitze- und Schwüleperioden sollten längere Fahrten möglichst frühmorgens, am besten aber nicht zwischen 12 und 16 Uhr eingeplant werden.

Jedes Jahr werden viele Autofahrer wieder »kalt erwischt« – nämlich dann, wenn sie ohne Frostschutzmittel im Kühler und in der Scheibenwaschanlage und ohne Winterreifen in den ersten Wintereinbruch schlittern. Doch so überaus überraschend kommt die Kälte meist nicht. Gerade in dieser Zeit lohnt sich das Aufhorchen bei der Wettervorhersage, die das Nahen eines Frostlufteinbruchs oder eines schneeträchtigen Tiefs rechtzeitig ankündigt.

Besonderheiten der kalten Jahreszeit

Im Winter sind die Wettergefahren für den Autofahrer wesentlich umfangreicher und häufiger. Bei Wetterlagen, die den Wagen ins Rutschen bringen könnten, gilt grundsätzlich: Runter vom Gas, mindestens doppelten bis dreifachen Tachoabstand zum Vordermann halten. Der Bremsweg verlängert

Stadtwetter und Landwetter

Viele Autofahrer überschätzen ihr Können und die Eigenschaften des Reifenmaterials. Gerade bei Nässe, glitschigen oder leicht vereisten Fahrbahnen ist langsames Fahren das sicherste Fahren. Lassen Sie sich nicht von Terminen oder drängelnden Hintermännern hetzen – das Wichtigste ist, wohlbehalten anzukommen.

sich erheblich gegenüber normalen Straßenverhältnissen und wird gerne unterschätzt. Die typischen Situationen sind:
- Reifglätte: Besonders auf Brücken, da hier der Wärmenachschub aus dem Erdreich fehlt!
- Eisglätte: Vor allem nachts nach Kaltfront mit Regen, Schnee oder Matsch, wenn bei Aufklaren Frost das Wasser gefrieren lässt!
- Schneeglätte: Während und nach Schneefall oder durch Verwehungen; festgefahrener Schnee ist griffiger als Matsch!
- Glatteis: Regen oder Nebelnässen friert auf gefrorenem Boden sofort an!
- Aquaplaning: Durch Wasserfilm auf dem Straßenbelag (Pfützen, Spurrillen) bei oder kurz nach Wolkenbruch, Schauer oder Dauerregen; die fehlende Bodenreibung bringt das Auto ins »Schwimmen«!
- Glitschigkeit: Durch Laub, Pollenstaub, verwehte Erdkrume, Erntereste oder Fallobst nach längerer Trockenphase kann Schleudergefahr bestehen; besonders kritisch bei Tau, Reif oder Regen!

Das Gartenwetter

Schon im selben Ort können wir beobachten, wie Kirschbäume, Tomaten, Geranien oder Astern manchmal ein bis zwei Wochen in ihrer Blüte oder Reife auseinander liegen. Die Gründe können zahlreich sein: Der eine Gar-

Auch im Winter belaubte Ziersträucher sind bewährte Zeigerpflanzen. Schlaffe Blätter zeigen an, dass Frost herrscht, und auch der Reifansatz ist auf der Blattfläche gut zu erkennen.

ten liegt freier und mehr nach Süden geneigt als der andere, mehrstöckige Häuser oder Fichtenbaumreihen werfen Schatten in manche Gärten, die Bodenbeschaffenheit kann variieren von locker über sandig, lehmig bis hin zu moorig, Gärten am Stadtrand sind Witterungsunbilden, vor allem Frost, Hagel und Sturmregen, meist stärker ausgesetzt als Gärten in der Stadt. Schließlich konkurrieren Pflanzen miteinander um ausreichend Licht und Feuchtigkeit, besonders im Frühjahr.

Die Fröste

Neben Hagelschlag im Sommer ist Frost das zerstörerischste Wetterereignis in Mitteleuropas Gärten. Während Hagelschlag relativ selten für Verwüstungen sorgt, werden in jedem Jahr teils beträchtliche Schäden durch Frost angerichtet, vor allem dann, wenn der heimtückische Frühfrost unvermittelt auftritt. Im Jahresgang werden drei Arten von Frösten unterschieden.

Winterfrost

Besonders bei dauerhaften Hochs, geschlossener Schneedecke und wolkenlosem Himmel gibt die untere Atmosphäre in unseren Breiten im Verlauf von langen Winternächten extrem viel Wärme in den Weltraum ab. So treten verbreitet strenge Winterfröste, teils bis unter -20 °C, auf.

Einheimische Bäume und Sträucher sind normalerweise während der tiefsten Winterruhe im Dezember/Januar sehr frosthart. In den oberirdischen Bereichen von Stamm, Ästen und feinen Zweigen ist nur noch hoch konzentrierte Zellflüssigkeit, die selbst -20 °C bis -25 °C, bei Apfel- und Kirschbäumen sogar unter -30 °C aushalten. Aber auch im oberen Bodenbereich, wo in längeren Frostperioden ohne schützende Schneedecke kaum unter -6 °C gemessen werden, bleiben die Wurzeln meist unbeschadet.

Stammen die Pflanzenarten aus südlichen Breiten, wie Walnuss, Wein, Pfirsich, Aprikose oder auch die Rosen, können sie durch strenge Fröste im Winter zerstört werden.

Je weiter es in den Spätwinter geht, die Sonne wieder an Kraft gewinnt und die Tage länger werden, umso kritischer sind massive Frosteinbrüche – besonders, wenn sie nach längeren Tauwetterperioden auftreten. Dann wird die »innere Pflanzenuhr« durch Licht, Luft- und Bodenerwärmung aktiviert, aus dem Wurzelbereich steigt etwas Wasser in die Triebe und Knospen, verdünnt die Zellflüssigkeit und setzt die Frostbeständigkeit der Pflanze herunter. Sonnenschein und 15 °C bis 20 °C sind Ende Februar im Flachland und an südseitigen Hängen keine Seltenheit, und schon sind die »Lebensgeister« der Pflanzen aktiviert. Gerade dann aber ist es für unser Wetter typisch, dass in dieser Situation markante Polarlufteinbrüche folgen und damit Frostschäden auslösen können.

Spätfrost

Ab etwa April sprechen wir beim Garten-, Obst- und Weinbau sowie in der Landwirtschaft bei Wetterlagen mit nächtlichen Tiefstwerten unter dem Gefrierpunkt von Spätfrösten. Die zugehörige Wetterlage bringt nach einem Tief kalte Luft aus dem hohen Norden bis zu den Alpen. Die Wolken lösen sich abends und nachts weitgehend auf, der Wind schläft ein. So können die Temperaturen stark sinken. Die intensive Wärmeabgabe vom Boden in den sternklaren Nachthimmel über einen Zeitraum von zehn bis zwölf Stunden führt gegen Morgen zu Reif und Minusgraden. Abendliches Gießen erhöht bei solchen Wetterlagen durch Verdunstungskälte die Frostgefahr.

Die Pflanzen in unseren Breiten sind an Frost gewöhnt, und es muss schon eine sehr strenge, lang anhaltende Frostperiode kommen, um in der Natur Schäden anzurichten. Die Kultur- und Nutzpflanzungen jedoch sind empfindlicher und nehmen besonders bei Frostperioden im Frühjahr Schaden.

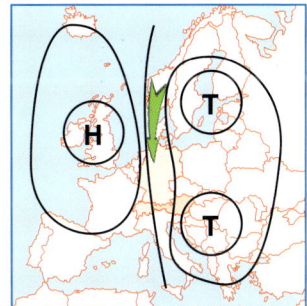

Eine im Winter typische Frostwetterlage. Ein Hoch über den Britischen Inseln schaufelt feuchtkalte Meeresluft im Uhrzeigersinn nach Europa. Gleichzeitig bringen ortsfeste Tiefs über dem Balkan und/oder Skandinavien polare Luft im Gegenuhrzeigersinn ein. Ergebnis: Immer wieder Schneegestöber an den Nordalpen, reichlich Neuschnee und tiefe Temperaturen.

Um Pflanzen vor Spätfrostschäden zu schützen, werden Obstplantagen in Südtiroler Tälern künstlich beregnet. Die so entstehende Eishülle rettet die empfindlichen Pflanzenteile in den nächsten Tag hinüber.

Vorsicht: Spätfrost!

Hier ein paar Schutzmaßnahmen, wenn Spätfrost droht:

- Beete mit Spezialfolien, Zeitungspapier oder Nadelbaumzweigen abdecken!
- Terrassen- und Balkonpflanzen wenigstens unters Vordach stellen!
- Bei größeren Obstbäumen in voller Blüte bleibt nur noch das Hoffen.

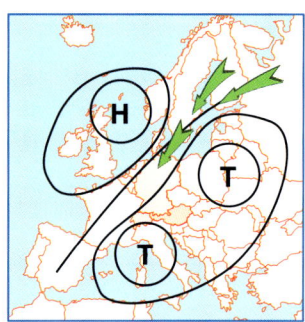

So stehen meist die Druckverhältnisse bei Frühfrostwetterlagen: Ein Hoch im Norden und Tiefs über Süd- und Osteuropa saugen Kaltluft aus Skandinavien und Sibirien an und bringen sie auf direktem Weg zu uns.

Besonders von Spätfrösten betroffen sind größere Wiesen- und Moorflächen in Ebenen, Senken und Tälern. Befinden sich dort Garten- oder Obstbauanlagen, droht vor allem in Bodennähe, bei kräftigerem Frost aber auch bis über fünf Meter hinauf Schaden. Die empfindlichen Knospen, Blätter oder Blüten halten spätestens ab Mitte Mai Kälte unter -1 °C bis -4 °C nicht mehr unbeschadet aus. Die Zellflüssigkeit gefriert und sprengt das Gewebe.

Typische Spätfrostregionen

Bevorzugt von Spätfrösten erwischt werden wir im Frühjahr im Alpenvorland, in windgeschützten Hochtälern auf der Schwäbischen Alb, im Bayerischen Wald und Vogtland sowie in der Rhön und Eifel. Aber auch im Windschatten der Mittelgebirge, wo sich die Wolken bei Polarluftwetterlage rascher auflösen, sind dann empfindliche Fröste möglich; so zum Beispiel an der Mosel oder am südlichen Fuß des Thüringer Waldes. In extremen Fällen müssen wir selbst im Juni noch mit Bodenfrost rechnen.

Für den Hobbygärtner gilt deshalb: Keine Balkon-, Topf- oder Containerpflanzen vor Mitte Mai ins Freie! Pflanzenbehälter speichern zudem weniger Wärmevorrat als der Erdboden, der zusätzlich von Erdwärme aus der Tiefe gespeist wird. Deshalb kann schneller und intensiver Kälte oder gar Frost in die Wurzelbereiche vordringen.

Frostgeschützte Pflanzungen

Große Gärtnereien schützen ihre Pflanzen mit beheizbaren Gewächshäusern und ermöglichen so eine sichere und frühe Ernte. Was Profis perfektioniert haben, kann der Hobbygärtner in bescheidenerem Ausmaß ebenfalls anwenden. Kleine Frühbeete mit alten Fenstern abgedeckt können als Anzucht- und Abhärtungseinrichtungen dienen. Größere empfindliche Pflanzungen können vor leichtem Frost mit einem speziellen Faservlies, das in jedem Gartenfachgeschäft erhältlich ist, geschützt werden. Und schließlich gibt es noch die probate Methode, auf die wenigen empfindlichen und schon ins Freiland gesetzten Pflänzchen über Nacht ein Glas als Frostschutzhaube zu stülpen.

Frühfrost

In den bereits recht langen Herbstnächten sammelt sich in den nordischen Breiten schon sehr kühle Luft. Manchmal fällt bereits Septemberschnee auf die Rentierweiden in Nordfinnland. Holt nun ein Hoch über der Nordsee diese skandinavische, kühl-trockene Luft bis zu uns, ist auch in Mitteleuropa bereits Frost in Bodennähe möglich. In windstillen, sternklaren Nächten reichen hierzulande zehn bis zwölf Stunden, um wiederum in Senken, Ebenen und Tälern niedrig bewachsene Flächen und Gärten mit Reif zu überziehen. Schäden entstehen dann an erntereifem Obst, speziell an Weintrauben, aber auch an Gemüse oder Herbstblumen. Die Vorsorgemaßnahmen sind in diesem Fall die gleichen wie bei Spätfrösten.

Was Gartenfreunde beachten sollten

Grundregeln fürs Gartenklima

- Beim Anpflanzen von Hecken oder Baumreihen immer bedenken: Sie wachsen! Oft schon nach zehn Jahren entsteht so besonders im Frühjahr oder Herbst eine unerwünschte Abschattung gegen die tiefer stehende Sonne. Nicht immer verträgt dann das Gehölz optisch oder genetisch den spontanen Radikalschnitt.
- Gärten auf leicht geneigtem, freiem Gelände im Hügelland, in Bergtälern oder Hochtälern sollten keine dichten Stauden oder Nadelholzhecken an ihrer tiefsten Stelle haben. Sonst entsteht ein Staubecken für Kaltluft und macht den eigenen Garten zum »Frostloch«.
- Hoch wachsende Laubbäume zu nah am und im westlichen Bereich ums Haus bringen im Spätherbst regelmäßig Laubprobleme auf dem Schrägdach und verstopfen die Dachrinne. Ursache sind besonders im Oktober/November häufigere Westwetterlagen mit Blätter tragendem Wind.
- Gartenteiche und Feuchtbiotopbewuchs, Fischbesatz oder Springbrunnen sind nord-, nordost- und schattseitig länger ohne Funktion. Mangelnde Sonneneinstrahlung im Winterhalbjahr lässt Schnee und Frost länger verharren.

Oft stellen sich Hausbesitzer die Abschattung durch hohe Bäume anders vor, aber nur im Sommer bescheint die hoch stehende Sonne das Haus, auch wenn Bäume in Hausnähe sind. Im Winter jedoch fangen sie oft das erwünschte Sonnenlicht ab.

Ein nützlicher Gartenwetterkalender

Januar
- Beete nicht betreten und wärmeisolierenden Schnee nicht belassen
- Obstbäume erst nach Abklingen von starkem Frost schneiden
- bei geschlossener Schneedecke über zwei Wochen Vogelfuttereinrichtungen anbringen
- kein Streusalz im Garten, auf vereisten Wegen Sand streuen

Februar
- Schutzanstrich aus Kalkmilch oder Lehmbrühe auf Obstbaumstämme gegen tief stehende Sonne
- immergrünen Gehölzen Sonnenschutz geben
- nur in milden Gegenden Rosen schneiden
- bei starkem Frost ohne Schneedecke erste Schneeglöckchenbüschel vorsichtig abdecken

März
- auf ausreichend abgetrocknetem Boden erste Gartenvorarbeiten
- bei sehr milder Witterung sprießendes Unkraut jäten
- Vögeln Nistgelegenheiten einrichten
- bei längerem Sonnenschein über dem Frühbeet Fenster öffnen und ungünstigen Wärmestau ablüften

April
- nach längeren trocken-warmen Sonnenscheinperioden frisch eingesetzte Pflänzchen besonders sorgfältig wässern
- bei häufigem Regen Fungizide gegen Pilzbefall anwenden
- Baumscheiben und andere freie Stellen gegen erhöhte Verdunstung mulchen
- Wasserbecken säubern und Fische wieder einsetzen

Mai
- wegen Spätfrostgefahr mindestens bis Monatsmitte warten, bevor empfindliche Pflanzen aus dem Zimmer oder Frühbeet ins Freie gesetzt werden
- erst nach den Eisheiligen frostempfindliche Gemüsearten ins Freiland setzen
- Pflanzgefäße besetzen und Kästen für Balkon und Fensterbrett bepflanzen
- Beregnungsanlagen aufstellen, Wassergärten bepflanzen und Algenwuchs beseitigen

Juni
- bei längeren Trockenperioden und Hitzewellen besonders Gemüsebeete reichlich wässern (morgens und/oder abends)
- Rasenmähen am besten während bewölkt-kühlerer Regenphase
- offene Bodenstellen besonders nach Regen durch Hacken lockern
- bei feuchter Witterung mit viel Regen Gemüsebeet mit Volldünger versorgen und an Pilzkrankheiten (Mehltau) denken

Juli	• Schönwetterperioden zur Beerenobsternte nutzen
	• in trocken-heißen Phasen Rasen seltener schneiden, an regelmäßige Bewässerung denken
	• nach längerem Urlaub Rasen nicht auf einmal kurz schneiden, sondern auf nächsttieferer Schnitthöhe belassen
	• hohe Blütenstauden vor Unwetter schützen (Staudenhalter, Zusammenbinden)
August	• beim Kompostieren bei längerer Regenperiode keine zu dichten Mulchabdeckungen schaffen – das sind die idealen Schneckennistplätze!
	• Rasen viel sprengen, nicht zu kurz schneiden
	• beim Unkrautjäten Spätblüher verschonen
	• vor Gartenpartys Nachbarn um Verständnis bitten (oder einladen!)
September	• bei Altweibersommerperiode günstig für größere Obsternte
	• Neuanlage des Rasens gelingt jetzt noch vor dem Winter
	• Rasendüngung bringt Nährstoffe noch ins Gras
	• Tomaten mit Folienvorhang vor Nachtfrost schützen
Oktober	• frostempfindliche Knollen- und Zwiebelblumen aus dem Boden nehmen
	• vor Frösten neue Gehölze und Stauden pflanzen
	• empfindliche Kulturen wie Tomaten mit Plastikhauben oder Folien abdecken und gegen Sturm sichern
	• Kübelpflanzen auf Ungeziefer untersuchen, behandeln – erst danach ins Haus zum Überwintern
November	• größere Laubmengen bei erster Frostperiode vom Rasen wegschaffen, auf leeren Beeten als Verdunstungsschutz belassen
	• Wasserleitungen abstellen und leeren
	• Gartenteiche für den Winter herrichten, abgeerntete Gemüsebeete umgraben
	• Winterabdeckungen besonders für Rosen, Pflanzgefäße ins Haus
Dezember	• bei schneefreiem Wetter Obstbaumschnitt vornehmen, Pflanzen sind in diesen Wochen in tiefster Winterruhe
	• Futterstellen für Vögel reinigen und herrichten
	• nach starken oder nassen Schneefällen Gehölzzweige abschütteln
	• Barbarazweig um den 4. ins Zimmer stellen, damit er an Weihnachten blüht

Das Winzerwetter

Die Wettersituation in Deutschland erlaubt den Weinbau nur an wenigen Stellen, und zwar dort, wo die Kombination Wärme und Licht am ehesten gewährleistet ist: um Rhein und Main samt ihrer Seitenarme. Dazu kommen noch die Bodenseeregion und die sächsischen Tieflagen der Niederlausitz.

Mit den Römern kam die Kunst des Weinanbaus in die rechtsrheinischen Gebiete. Ein Zeichen von Kultiviertheit und hohem Können, wird vor allem an den sonnenverwöhnten Rebhängen des Rheins und des Mains Jahr für Jahr manch edler Tropfen angebaut und gekeltert.

Damit sich der Weinbau lohnt, braucht es besonnte Hänge, und je steiler sie sind, desto mehr Sonnenwärme erhalten die Reben. Die Hänge sollten nach Südwesten ausgerichtet sein, damit mindestens 1300 Stunden Sonnenschein pro Jahr zusammenkommen. Ein naher Fluss bringt zusätzliche Lichtausbeute durch reflektierte Sonnenstrahlen, und das Wasser speichert Wärme, die nachts in die Weinberge abstrahlt.

Die Weinlese

Zwischen Mitte November und der Vorweihnachtszeit gelingt in seltenen Jahren eine edelsüße Rarität: der Eiswein. Dann müssen die Winzer bei mindestens -7 °C ganz früh am Morgen hinaus, um die Trauben in gefrorenem Zustand zu lesen und gleich auf die Kelter zu bringen. So lässt sich neben dem zu Eis gefrorenen Wasseranteil des Traubensaftes der pure Extrakt aus Zucker, Säuren und Inhaltsstoffen gewinnen. Dieser Most wird weltweit nur in Deutschland, Österreich und Kanada in nennenswerten Mengen erzeugt.

In den eher kühleren Weinanbaugebieten Deutschlands am nördlichen Rand des Verbreitungsgebietes entscheidet der Zuckergehalt, auch »Mostgewicht« genannt – gemessen in Grad Oechsle –, über die Güte des Weins. Ein verregneter, kühler September kann da alle Hoffnungen auf hohe Qualität zunichte machen.

Das Wetter im Wald

Ein Waldspaziergang hat in jeder Jahreszeit einen besonderen Reiz, und die vielen wohltuenden, entspannenden und regenerierenden Wirkungen dieses wichtigen Stücks Natur haben auf jeden eine positive Wirkung. Zudem verändert der Wald die Wettererscheinungen des Freilandes meist zu unserem Vorteil. Deshalb hier die wesentlichen Einflüsse des Waldes auf einen Blick.

Sonneneinstrahlung und Licht
An sonnig-heißen Tagen (Mai bis September) schirmt ein dichter Fichten- oder Buchenwald bis zu 90 Prozent der Sonneneinstrahlung ab. Der grüne Halbschatten wirkt optimal kühlend und beruhigend.

Temperatur
Besonders von Mai bis September ist es an sonnig-heißen Tagen im Wald teils über 5 °C kühler als auf den umliegenden Flächen.
Im Frühling und Herbst verzögert sich die abendliche Abkühlung, und es ist nachts milder.
Im Winter wirkt der Wald bei starkem Wind oder Sturm als Bremse gegen den stark abkühlenden Wind.

Luftqualität
Der Sauerstoffanteil ist im Wald tagsüber besonders während der Vegetationszeit sehr hoch, Stäube und Schadstoffe werden aus der Luft gefiltert, und die freigesetzten »Duftstoffe« in Form von Harzen und Ölen wirken stimulierend.
Das Waldklima ist insgesamt ein Heilklima für Atemwege, Allergien und Neurodermitis.

Sonderfall Bergwald
Von besonderer Bedeutung sind Wälder im Hochgebirge. Dort schützen sie besonders an steilen Hängen vor Lawinenabgängen, halten Schneereser-

Der Wald stellt in Form von Naturwald einen notwendigen Lebensraum für eine große Anzahl von Pflanzen und Tieren dar. Auch als Erholungsgebiet, als Lufterneuerer und damit als Klimafaktor nimmt er einen hohen Stellenwert ein. Selbst der Nutzwald, in dem Monokulturen vorherrschen und der nur zum Zweck der Holzgewinnung aufgeforstet wird, übernimmt solch wichtige Funktionen.

Im Sommer sind es die Gerölllawinen oder Muren, die große Schäden anrichten können. Vor allem bei Dauerregen besteht die Gefahr, dass Gesteinsmassen gelockert werden, ins Rutschen kommen und talwärts donnern.

Den ursprünglichen Naturwald, in den der Mensch überhaupt nicht eingreift, gibt es bei uns nicht mehr. Außer in einem begrenzten Gebiet des Bayerischen Waldes, der zum Naturschutzgebiet erklärt wurde, werden alle Wälder mehr oder weniger intensiv bewirtschaftet und gepflegt. Das beginnt beim gezielten Fällen und Wiederaufforsten, geht über das Anlegen von Wanderwegen bis hin zum Aufstellen von Borkenkäferfallen und künstlichen Nistgelegenheiten.

ven bis ins späte Frühjahr, verhindern Abrutschen oder Wegspülen von Gras- und Krautflächen und bieten obendrein Nahrung, Unterschlupf und Brutplätze für die Tierwelt. Egal welches Wetter in den rauen Hochlagen nahe der Waldgrenze sein Unwesen treibt – der Wald wirkt wie eine schützende Hand.

In hohen Lagen wachsen die Gehölze langsamer und wurzeln weniger tief, da die Humusschicht sehr dünn ist. Durch Viehbeweidung und Wanderer im Sommer und durch die Skifahrer im Winter kann die empfindliche Flora schnell übermäßig belastet und geschädigt werden.

Wetterschäden im Wald

Plötzliche Wetterschäden im Wald sind meist lokal begrenzt und haben offensichtliche Ursachen, die in der Regel mit extremen Wetterereignissen wie Windwurf, Schnee- und Eisbruch, Blitzschlag, Trockenheit und Dürre (Waldbrand) oder Hagel zusammenhängen.

Gegen Windwurf oder Windbruch ist ab einer gewissen Windstärke besonders für flach wurzelnde Baumarten wie unsere Fichte in den typischen künstlich angelegten Waldbeständen kein Kraut gewachsen. Zeitzeugen für die Fehleinschätzung des Menschen beim Anpflanzen von Wäldern vorwiegend aus wirtschaftlichen Interessen sind die verheerenden Schäden im Januar 1976 in Niedersachsen und durch die beiden Sturmtiefs »Vivian« und »Wibke« Ende Februar/Anfang März 1990 in Südbayern.

Grundsätzlich kommt aber auch der gesündeste Baum an seine Grenzen, wenn das Wetter durch kurzzeitige Extreme oder lange, einseitige Wetterlagen aus den Fugen gerät. So kann die Last eines stundenlangen Nassschneefalls auf nestartigen Kiefernkronen mehrere Tonnen erreichen und zum Bruch des Baums führen. Blitzschläge bei Sommergewittern lösen manch-

Immer wieder richten Stürme schwere Schäden im Nutzwald an. Die schnell wachsenden Nadelbäume sind Flachwurzler und bieten mit ihren großen Ästen dem Wind eine gute Angriffsfläche. Außerdem stehen sie oft in Monokulturen, wo tief wurzelnde Laubbäume und mittelhohes Dickicht als Windbremse fehlen.

mal lokale Waldbrände aus oder zerstören freistehende Einzelbäume. Hagelschlag ist besonders für Laubbäume verheerend, weil hier mitten in der sommerlichen Wachstums- und Reifezeit die wertvollen Blätter und Früchte zerstört werden.

Wie groß aber dennoch die Fähigkeit gerade der Waldbäume ist, Wetterextreme zu verkraften, können wir an der Waldgrenze im Hochgebirge sehen. Hier finden in 1800 bis 2300 Meter Höhe gewaltige Temperatursprünge und Wetterstürze in kürzester Zeit statt und gehören dort zum Wetteralltag, den die an dieses Klima gewöhnten Baumbestände problemlos verkraften.

Weltweit leiden die Waldbestände unter menschengemachten Luftschadstoffen und »saurem« Regen. Mehr über den Menschen als Klimastörenfried lesen sie ab Seite 179.

Nadelbäume sind mit der besonderen Form ihrer Äste, die sich weit nach unten biegen lassen, gut auf schwere Schneelasten vorbereitet. Doch wenn ihnen starke Nassschneefälle innerhalb kurzer Zeit immense Gewichte aufladen, brechen selbst vitale Altbäume unter der Last zusammen.

Wälder unter Dauerstress

Langfristige, häufig schleichend und schwer interpretierbare Schwächen in der Waldvitalität fallen meist in die Kategorie »menschengemacht«. Ein so hochsensibles Ökosystem, das sich durch Anpassung über Jahrmillionen genau auf die Rahmenbedingungen eingestimmt hat, kann die gravierenden Eingriffe der menschlichen Zivilisation nur schwer verkraften.

Vor allem der saure Regen, Sommersmog, Schadstoffe, die durch Nebel eingetragen werden und die allgemeinen Klimaänderungen machen den Wald anfällig für Pilz- und Schädlingsbefall und stellen auf lange Sicht eine ernsthafte Bedrohung des Waldbestandes dar.

Wie sehr beispielsweise Streusalz an viel befahrenen Autobahnen, Land- und Ringstraßen den nahen Fichtendickichten und Hecken zu schaffen macht, ist an den rostroten Nadelverfärbungen zu erkennen.

Ungefiltert in die Atmosphäre entlassene Schadstoffe aus hohen Schloten großer Industriekomplexe werden mit dem Wind oft noch Hunderte von Kilometern weit getragen und richten chronische Schäden selbst an entfernten Bergwäldern an.

Bergwetter und Seewetter

So unterschiedlich wie wir Landschaft und Charakter der Einheimischen in den Bergen und am Meer erleben, so verschieden ist auch das Wetter in diesen beiden Welten ausgeprägt. Einzig die unmittelbare Dramatik bei Wetterumschwüngen und die ungebremste Urgewalt von Stürmen direkt an Meeresküsten und auf Gipfelgraten ähneln einander.
Ansonsten haben Meer und Gebirge noch die gesunde Reizwirkung auf unseren Organismus gemein. Lang anhaltenden Regen wie im Alpenraum bekommen wir am Meer mangels Stauhindernis so gut wie nie geboten.

Das Wetter im Gebirge

Obwohl dieselben Naturgesetze wie im Flachland herrschen, ist doch das Wetter in den Bergen voller Überraschungen. Vor allem im Hochgebirge kommen Wetterumschwünge gewaltiger, die Kontraste zwischen sonnig-überhitzten südseitigen Felshängen und schattig-unterkühlten nordseitigen Waldschluchten fallen extrem aus, und plötzliche Gipfelwolken können die Sichtweite fast auf null senken!

Ein typisches Bild in den sommerlichen Bergen: Gewaltig türmen sich die Wolken über den Gipfeln auf. An den besonnten Hängen wird die feuchte Luft nach oben getragen und kondensiert zu riesigen Wolkenbergen.

Für die großen Wind- und Wetterströme über Europa sind die Alpen mit ihren Erhebungen im Zentralbereich von 3000 bis 4800 Meter (Mont Blanc) das markanteste Hindernis. Deshalb entstehen in einem breiten Streifen um diesen Riegel eigene Wettergesetze und Erscheinungen, die auch den erfahrensten Vorhersageprofis, Tourengängern und selbst den größten Wettercomputern zu schaffen machen.

Eigenheiten des Bergwetters

Die Windverhältnisse vor allem im Alpenraum sind oft grundlegend von jenen im Flachland verschieden. Hier regieren die Bergketten als Barrieren und verändern etwa großräumige Westwinde in den Quertälern in völlig andere Richtungen, wenn sie nicht sogar für Windstille sorgen.
Besonders ein sich anbahnender Wetterumschwung hat schon Stunden vorher bestimmte Vorboten, die wir auch an der Fernsicht in Berg- und Tallagen erkennen können. Je nachdem, ob die Luft aus westlichen oder östlichen Nachbarregionen ins Gebirge gelangt, sind unterschiedliche Sichtweiten zu erwarten. Aber auch regionale Windsysteme prägen die Fernsicht.
Nicht der Sonnenhöchststand bestimmt das Temperaturmaximum in Bodennähe, sondern die verzögert erwärmte Bodenoberfläche (15 bis 16 Uhr, Sommer teils 17 Uhr). Bewaldete Hänge mit hohen Bäumen sind nachts die mildesten Standorte im Gebirge, da sich dort die angesammelte Tageswärme am längsten halten kann.
Auch in den Wintermonaten sind Waldhänge bevorzugt. Hier fließt die Frostluft von freien Schneeflächen talwärts durch, ohne auszukühlen; bei hoher Schneedecke ein weiterer Überwinterungsvorteil für das Wild.

Eine Bergbesonderheit ist der Föhn, dieser warme Fallwind, der für gute Sicht, oft aber auch für Kopfschmerzen und körperliche Beschwerden sorgt. Interessant ist, dass vor Gericht schon mildernde Umstände wegen beschränkter Schuldfähigkeit gewährt wurden, weil die Straftat an einem Föhntag begangen wurde.

Windherkunft und Sicht im Gebirge

Windrichtung	Lufteigenschaft	Sicht im Tal	Sicht am Berg
Wind eher aus West	kalte Luft/wintermilde Luft feuchte Luft (Sommerschwüle) Luft mit Schauertendenz	gut – sehr gut mäßig – schlecht mäßig – gut	gut – sehr gut mäßig – schlecht mäßig
Wind eher aus Ost	warme Luft trockene Luft Luft bei Herbst/Winterinversion	mäßig – schlecht gut – mäßig mäßig – schlecht	mäßig – schlecht gut – sehr gut gut – sehr gut
Wind eher aus Süd	Luft bei Föhnlage (Alpen)	gut – sehr gut	gut – sehr gut
Wind je nach Region	Luft mit Wolkentendenz Luft bei auflösenden Wolken	gut – mäßig mäßig – schlecht	mäßig – schlecht gut – mäßig

Schöne Herbsttage mit stabilen Wetterlagen und angenehmen Temperaturen laden in den Bergen zum Wandern ein. Je nach Windlage werden Gipfelgänger mit einem herrlichen Blick verwöhnt. In den feuchten und kühleren Tälern kann sich Nebel halten, während in höheren Lagen die Sonne vom ungetrübten Himmel scheint.

Die wärmste Lage bei sonnigem Herbsttag ist am mäßig geneigten Südwesthang, da das Maximum von Temperatur und Sonneneinstrahlung hier am Nachmittag erreicht wird.

Im Oktober reichen bei anhaltender Hochwetterlage die feucht-kalten Hochnebelmeere bis in die ersten Täler am Nordalpenrand. Darüber und weiter inneralpin scheint dagegen die Sonne von oftmals makellos blauem Himmel, bei Fernsicht bis zum Horizont und Temperaturen weit über 10 °C selbst noch in 2000 Meter Höhe.

Vom Herbst bis in den Spätwinter bringen Sturmtiefs in den Hochlagen teils Orkanböen, vor Eintreffen der Regenfront tageweise Föhn, danach bei nordwestlichem Wind Stau am Alpennordrand.

Reifüberzug durch Morgenfröste bleibt im Frühjahr oder Herbst bei trocken-klarer Luft und wolkenlosem Himmel trotz Temperaturen deutlich

Ein Sonnentag im Gebirge mit Föhn und guter Fernsicht. Am Horizont stehen Cumuluswolken, die jedoch den Sprung über die Gipfelkette nicht schaffen, so dass am Standort des Betrachters keine Gefahr des Wettersturms besteht.

über 0 °C an schattigen Waldrändern teilweise den ganzen Tag erhalten. Je eingesenkter und baumloser die Tallage (Kessel, Wiese) und je weiter entfernt sie vom Berghang liegt, desto stärker und häufiger treten strenge Winterfröste, Spätfröste und Frühfröste auf. Die Höhe des »Kaltluftsees« in Bergtälern und Senken ist am aufsteigenden Rauch erkennbar, der wie von Geisterhand an der Sperrschicht zur darüber liegenden wärmeren Luft abgeflacht wird.

Besonders im März und April bescheren ausgeprägte »Aprilwetterlagen« im Flachland (kalter Nordwestwind mit Schauern) an den Nordalpen Unmengen an Neuschnee – oft mit den größten Schneehöhen des Winters.

Wanderwetterprognosen

Ob sich beispielsweise nach einer nass-kalten Wetterlage überhaupt eine Bergtour in größeren Höhen machen lässt, können wir oft schon während der Regenphase abschätzen.

- Werden Temperaturen um 0°C für 2000 Meter Höhe angegeben, liegt in den Nordalpen die Schneefallgrenze oft in der Nacht unter 1700 Meter!

- Bringt eine warme Schönwetterlage im April im Alpenvorland Temperaturen deutlich über 20 °C, ist häufig danach mit einem Kaltlufteinbruch und Schnee bis in Talnähe zu rechnen.

- Bei warmer Herbstwitterung sind die Hochlagen oft noch schneefrei, und die Fernsicht bei nachfolgendem Hoch ist sehr gut. Bei warmer Frühlingswitterung dagegen finden wir an schattseitigen Hängen oft bis in Talnähe noch Schnee und Eis auf den Tourenwegen, und die Fernsicht ist durch Quellwolken oder starken Dunst sehr begrenzt.

- Sind wir schon vor Ort in Bergtälern und es regnet, erkennt man die Schneefallgrenze an der verschwommen scheinenden Hangzone. Die Konturen von Hangwolken sind dagegen klarer gezeichnet.

Besondere Vorsicht ist geboten

Gerne werden im Gebirge Wetterauswirkungen unterschätzt, die uns im Flachland keine Probleme bereiten. Dazu gehört vor allem die Rutschgefahr auf nassem Untergrund. Nach einem Regenguss sind Wiesen, Wurzeln und das Gestein glitschig, und an steilen Nordhängen herrscht grundsätzlich Rutschgefahr! Außerdem halten sich in schattigen, windgeschützten Lagen Tau und Regenfeuchtigkeit besonders lange.

Besonders kritisch bei sommerlichen Kälteeinbrüchen bis unter 2000 Meter ist Schnee auf eisüberzogenen Felsen, und auch bei Nebelreißen und Frost gibt es auf Felsen Raureifansatz; Regen- und Schmelzwasser vereisen in klarer Nacht schon bei knapp über 0 °C!

Weitere Tücken für Wanderer im Gebirge sind die hohe UV-Dosis bei Sonnenschein, die erhöhte Ozonkonzentration und die grundsätzlich »dünnere« Luft mit weniger Sauerstoffanteil.

Verantwortungsbewusste Bergwanderer sind nicht nur mit festem Schuhwerk, Regenjacken, Trinkflasche und Notproviant ausgerüstet. Sie führen außerdem für den Notfall einen warmen Pullover oder eine wärmeisolierende Decke, eine kleine Erste-Hilfe-Ausrüstung und – bei schönem Wetter – Sonnenbrille und Sonnenschutzmittel mit. Die ultraviolette Strahlung ist in den Höhen der Berge um einiges intensiver als im Flachland, und schon so mancher Bergwanderer musste am Abend feststellen, dass er sich einen Sonnenbrand geholt hat.

Wettergefahren im Gebirge

Bei Regen und Schnee droht vor allem in Verbindung mit Wind ein starker Wärmeverlust. Fehlende Sonnenwärme und Nässe erhöhen das Auskühlen durch die Verdunstung; besonders Kinder sind stark gefährdet! Wasserdichte und warme Schutzkleidung gehört vor allem in der Übergangszeit und in höheren Lagen das ganze Jahr über zur Pflichtausrüstung. Heißer Tee und eine warme Suppe in der Berghütte wärmen von innen und erwecken die Lebensgeister.

Gewitter

Ein Gewitter geht in den Bergen oft einher mit Starkregen und Nebel, außerdem ist die Blitzschlaggefahr sehr hoch. Beachten Sie die Wettervorhersage, und brechen Sie früh genug auf, um bei einem aufziehenden Gewitter rechtzeitig umkehren und zu einer Schutzhütte absteigen zu können. Vermeiden Sie Hektik und Unachtsamkeit, wenn Sie in ein Gewitter geraten. Suchen Sie Tallagen und Mulden auf, und halten Sie sich vor allem von einzeln stehenden, hohen Bäumen und Eisensicherungen fern!

Plötzliche Stürme und unberechenbarer Nebel

Besonders von November bis Februar können bei Schlechtwettereinbrüchen nach Föhn Stürme auftreten. Der Winddruck und starke Böen erhöhen die Absturzgefahr und erfordern eine hohe Standfestigkeit und Trittsicherheit. Meiden Sie bei Sturm oder starkem Wind – erkennbar an Schneefahnen und Sogwolken – zumindest Gipfel- und Gratregionen!

> **Bei Gewitter im Gebirge**
>
> Flugsportler, ob Segel- oder Drachenflieger, Ballonfahrer oder Paraglider, sollten folgende Faustregeln beachten:
>
> ● Niemals in die Gewitterwolke hineinfliegen!
>
> ● Bei Gewitter zu Beginn von Regenfronten ausnahmslos umkehren und landen!
>
> ● Zonen mit starken Böen meiden (Turbulenzgefahr)!

Das Frühjahr hält im Gebirge später Einzug als in tieferen Regionen. Auch wenn in mittleren und höheren Lagen der Schnee nach einer ersten Wärmeperiode abgeschmolzen ist, kann Regen ab einer gewissen Höhe in Schnee übergehen. Die Temperaturgrenze lässt sich dann gut an scharf abgetrennten »überpuderten« Gebieten erkennen.

Plötzlich auftretender Nebel kann im Gebirge schnell zu Orientierungsverlust führen, vor allem wenn Schnee liegt und Horizont und Berge kaum mehr voneinander zu unterscheiden sind. Bewahren Sie Ruhe, bleiben Sie möglichst in der Gruppe zusammen, und erkunden Sie beim Aufreißen der Nebelschwaden das Umfeld bzw. orientieren Sie sich mit dem Kompass und an Landmarken.

Starke Sonneneinstrahlung
Auch das schöne, sonnige Wetter ist in den Bergen nicht ungefährlich. An sonnseitigen Steilhängen, in windstillen Mulden, Rinnen und Kaminen droht vor allem mittags Überhitzung, im Sommer sogar Hitzschlag und Sonnenstich. Sonnenbrandgefahr besteht durch die starke Schneereflexion auch im Frühjahr und Herbst. Trinken Sie an heißen Tagen viel, um den Flüssigkeitsverlust durch Schwitzen auszugleichen. Am besten ist leicht gezuckerter warmer Tee mit Zitrone. Denken Sie an luftige Kleidung, Sonnen-/

> **Goldene Gebirgsregeln**
>
> Richtiges Verhalten bei Wandertouren im Gebirge bedeutet:
>
> ● Vor der Wanderung in den Medien darauf achten, ob eine »Kaltfront« angekündigt ist.
>
> ● Bei günstigen Wetteraussichten die Routenwahl und Zeit richtig einplanen.
>
> ● Bei Wettersturz sofort absteigen in geschützte Lagen und Schutzhütte aufsuchen!

Im Sommer schützt leichte Kleidung vor der starken Sonneneinstrahlung. Vergessen Sie nicht, Hut und Sonnenbrille mitzunehmen und freiliegende Hautpartien mit Sonnenschutzmittel einzucremen.

Gletscherbrille, Kopfschutz, Sonnencreme mit hohem Lichtschutzfaktor, und planen Sie genug Zeit für Ihre Tour ein, um Pausen machen und sich von den Anstrengungen in der dünnen Luft ausreichend erholen zu können!

Achtung, Lawinengefahr

Im Winter und Frühjahr ist die Lawinengefahr nach ausgiebigen Schneefällen oder bei einsetzendem Tauwetter bis ins Hochgebirge besonders hoch. Starker Schneefall bringt große Neuschneemengen bei Dauerfrost, die am Hang nicht mehr gehalten werden können. Dann gehen Staublawinen oder Lockerschneelawinen ab. Außerdem treten bei Dauerfrost schon ab Windstärke 3 (12 bis 19 km/h) Pulverschneeverfrachtungen an Gipfelgraten auf, die zu Wächten werden. Dann entstehen Pressschneespannungen, die »Triebschneebretter« auslösen können. Nach sternklarer Frostnacht bildet sich bei Schneefall eine verfestigte Schicht, auf der die Neuschneemassen abrutschen können.

Die Lawinengefahr in Abhängigkeit von Neuschnee und Wind können Sie auch aus der Tabelle auf Seite 76 ersehen.

Auch Tauwetter und Föhn sind tückisch. Plusgrade (und Regen) tauen die oberen Schneeschichten ab, und das einsickernde Wasser führt auch an weniger steilen Hängen zu Schneerutschen oder Grundlawinen.

Lawinenzusatzregeln

Aus dem Erfahrungsschatz geübter Bergsteiger sind auch folgende Kriterien für Lawinengefahr im Gebirge bekannt.

- Eine Frostperiode mit Temperaturen unter -10 °C konserviert die Lawinengefahr auch lange nach dem letzten Schneefall.

- Grashänge und belaubte Waldböden fördern die Lawinengefahr.

- Stehen im Mischwald nur Lärchen, herrscht dort mehr Lawinengefahr.

- Kleinsträucher und Latschenkiefern begünstigen Lawinengefahr.

- Frühjahrshoch mit Sonnenschein, Fernsicht und Wärme steigert an südseitigen Steilhängen rasch und massiv die Lawinengefahr.

- Trotz verlockendem Pulvertiefschnee herrscht auf unberührten Hängen Lawinengefahr und damit Lebensgefahr!

Das Wetter am Meer ist stark durch den Wind geprägt. Nur selten gibt es wirklich windstille Tage, meist geht aus wechselnden Richtungen ein angenehm kühlendes Lüftchen oder aber ein eiskalter Wind. Der Wind trägt auch die Wolken herbei, doch nimmt er sie auch mit fort. Die Inseln in der Nordsee zählen nicht umsonst zu den Gebieten mit den meisten Sonnentagen!

Das Wetter am Meer

Hochs und Tiefs können noch so groß sein, Einheimische und Stammgäste wissen, das an Nord- und Ostsee oft eigene Wettergesetze herrschen. Vor allem die häufigen Westwetterlagen mit oft stürmischen Winden prägen seit jeher das Land an der Nordsee.

Baumalleen stehen schräg gen Osten, die ostfriesischen Inseln »wandern« von West nach Ost. Eine der gefährdeten Nordseeinseln, die das Meer bei Sturm- oder Orkanflut besonders angreift, ist Sylt. Vor der großen Sturmflut von 1362 gehörte diese Insel sogar noch zum Festland! Vor der zweiten Jahrtausendflut, der großen »Manndränke« 1634, bei der über 9000 Menschen ihr Leben verloren, waren die beiden Inseln Pellworm und Nordstand noch eine große gemeinsame Insel. Man kann im Grunde sagen, das heutige Watt war in früheren Zeiten alles einmal Land, und erst die machtvollen Naturgewalten von Wetter und Meeresfluten haben es zum regelmäßigen Überflutungsgebiet gemacht.

Nordseewetter

Die Nordsee ist den starken Wettereinflüssen aus dem Westen noch unmittelbarer ausgesetzt als die etwas geschützter liegende Ostsee. Doch die hier herrschenden Wetterlagen finden sich mit kleinen Abweichungen auch an der Ostsee.

Westwetter mit Seewind

Es ist das typische, sehr gesunde Insel- und Küstenwetter, das am häufigsten vorkommt. Die Luft ist sehr salzhaltig und rein mit guter Sicht. Schauer oder Gewitter bilden sich bevorzugt auf dem Festland, sonst wechseln Sonnenschein und lockere Wolken einander ab. Das Reizklima mit jodhaltiger Luft und durchblutungsförderndem Wind kommt zur Geltung.

Schauerstaffeln kündigen sich auf dem offenen Meer mit Windböen, rauer See und teils finsterem Himmel atemberaubend an. Der Wellengang ist hoch und die Flut ausgeprägt.

Hoch über dem Ostatlantik

Zur Sommersaison ist dies eine sehr wohltuende Wetterlage, weil bei angenehmem Seewind und Temperaturen knapp über 20 °C meist die Sonne scheint. Der eher kühlend wirkende Nordwest- bis Nordwind, der besonders in Ostfriesland dann nur von der See kommt, hat ungefähr die Temperatur des Wassers. Besonders auf den Inseln und an der unmittelbaren Küste bleibt es sehr sonnig.

In windgeschützten Lagen wird die Wärme am Strand durch die starke Sonneneinstrahlung wie über 30 °C empfunden, obwohl das Thermometer im Schatten nur 20 °C anzeigt.

Nur über größeren Inseln wie Sylt und List entstehen ein paar Quellwolken (dort auch als »Lister Tief« bekannt). Auf dem Festland bilden sich dagegen lokale Schauer oder Gewitter.

Achtung, extreme Sonnenbrandgefahr bei Schönwetterlagen unter Hocheinfluss: Trotz intensiver Sonneneinstrahlung spendet der Seewind angenehme Frische und lässt so leicht das Sonnenbrandrisiko vergessen!

Winde aus westlicher Richtung treiben düstere Gewitterwolken auf die Küste zu. Die Wellen haben Schaumkronen, und der Seegang ist alles andere als einladend. Schon bald werden sich die Wolken ihrer nassen Last entledigen.

Der Wellengang der Nordsee ist meist sehr schwach und das Wasser oft so klar, dass man bis auf den Grund sehen kann.

Von November bis Mai bleibt es bei dieser Wetterlage dagegen teils tagelang trüb durch Hochnebel und mäßig kalt.

Hoch über der Nordsee

Die Wetterlage mit »stehender« Luft, drückender Schwüle und tagsüber wie nachts hohen Temperaturen ist für Erholungssuchende ungünstig und kreislaufbelastend. Vermeiden Sie an solchen Tagen große Anstrengungen, und suchen Sie einen kühlen, schattigen Platz auf. Selbst bei kurzen Spaziergängen droht hier der Sonnenbrand, da die kräftige Sommersonne gnadenlos und ungehindert herunterbrennt.

In den Sommermonaten fühlen sich die Menschen dann fast wie am Mittelmeer. Die Luft steht, und am ehesten lässt es sich dann unmittelbar am Wasser oder im Schatten aushalten. Das Meer ist ruhig und bei längerer Hochdruckwetterlage mit 22 °C bis 24 °C ungewöhnlich warm. In den Monaten Juni und Juli scheint die Sonne bis nach 22 Uhr und geht um vier Uhr schon wieder auf. So kann sich die Luft auf der offenen Seeseite über dem gelbweißen Sand so extrem erhitzen, dass man sich ohne Schuhe die Füße verbrennen würde.

Die empfundene Temperatur liegt in einem Strandkorb oder in einer Strandmuschel über 40 °C! In der Nacht hält sich die Wärme auf dem Strand sehr lange, die Temperatur sinkt am Wasser kaum unter 20 °C.

Bilderbuchwetter am Meer mit blauem Himmel und strahlender Sonne. Wenn über die Mittagszeit der Wind einschläft und die Hitze unerträglich wird, hilft nur die Flucht ins Restaurant oder in den Schatten des Strandkorbs.

Bei Wattwanderungen ist bei dieser Wetterlage unbedingt Sonnenschutz erforderlich! Über dem Meer bilden sich keine Quellwolken, so dass es hier keinen Schatten gibt.

Die Luft über dem Watt und das Watt selbst erhitzen sich so stark, dass sogar Fata Morganas (Luftspiegelungen am Horizont) auftreten können.

Von etwa September bis Mai herrscht dagegen oft Nebel oder Hochnebel. Die See ist ruhig, es gibt kaum Wind – zumindest für aktive Wetterbeobachter also in diesen Monaten eine äußerst langweilige Wetterlage.

Hoch über Skandinavien

Im Sommer bringt bei dieser Wetterlage der Ostwind viele Quallen an die Nordseestrände, daher spricht man hier bei Ostwind von »Quallenwetter«. Die Luft ist häufig sogar leicht schwül und weniger salzhaltig, Wellengang und Flut sind schwach ausgeprägt. Das Meer zieht sich besonders in Nordfriesland weit zurück und gibt viele Sandbänke frei. Auf den ostfriesischen

Inseln und an der ostfriesischen Küste ist die Luft noch einigermaßen erträglich und auch leicht salzhaltig. In Nordfriesland sind Ostwetterlagen im Sommer immer gewitterträchtig.

Im Winter bringen diese Wetterlagen von Skandinavien und dem Festland oft extrem kalte Luft. Bei mehrtägigem Dauerfrost friert die Nordsee in Küstennähe und auf dem Watt zu. Ebbe und Flut erzeugen bizarre Eisbarrieren und verwandeln die Küstenlandschaft in eine traumhaft schöne Eislandschaft. Die tief stehende, glutrote Wintersonne mit der Eiseskälte verleihen der Nordsee dann einen fast sibirischen Eindruck. Die Verbindung von Küste und Inseln besteht nur aus Eis, das Watt ist nicht mehr erkennbar. In Extremwintern musste hier schon die Schifffahrt eingestellt werden und die Versorgung der Inseln aus der Luft stattfinden.

Sturmtief

An der Nordsee ist dies die interessanteste und dramatischste Wettersituation! Sie tritt hauptsächlich von Ende Oktober bis März/April auf, aber auch im Sommer sind derartige Stürme möglich, wie zum Beispiel im Juli 1998. Die See ist rau, die Wellen sind extrem hoch. Der Wind peitscht die Gischt von der See über den Strand, das Atmen fällt im Winddruck schwer. Der Sand jagt durch die Dünen, Schauer und Gewitter rasen über das Meer, der Regen fällt waagerecht. Beim Blick entlang des Strandes entsteht der Eindruck, als würde über dem Strand eine Nebelschicht liegen. Die Brandung erzeugt so starken Lärm, dass man sein eigenes Wort nicht mehr verstehen kann.

Starke Winde aus Osten treten regelmäßig jedes Jahr auf, und genauso absehbar ist, dass an solchen Tagen Niedrigwasser herrscht. An der Nordsee läuft während der Flut im Wattenmeer oft nicht mehr genug Wasser gegen den Wind auf, so dass einige Fährverbindungen zu den vorgelagerten Inseln über Tage ausfallen können.

Ein richtig schwerer Sturm kommt selten überraschend, meist erkennen Meteorologen die Gefahr rechtzeitig und können die Bevölkerung warnen. Die tatsächliche Gewalt eines Sturmtiefs ist jedoch schwer einzuschätzen.

Baden ist bei dieser Wetterlage unmöglich und lebensgefährlich!
Der Erholungseffekt für »Hartgesottene« ist besonders groß, weil mit der Gischt die Salzluft nahezu direkt in die Nase getragen wird.

Wer diese rauen Wetterverhältnisse mag, wird sich immer an die intensiven Stimmungsbilder erinnern. Nach derartigen Stürmen lassen sich bei Ebbe und beruhigtem Wetter an den Stränden viele Muscheln und, mit etwas Glück, sogar Bernstein finden.

Tief mit Dauerregen
Der unmittelbare Küstenstreifen und die Inseln erleben selten lang anhaltenden Regen. Im Volksmund spricht man nicht umsonst von »Landregen«. Im Sommer kann es landeinwärts mit ausgeprägten Schauern und Gewittern lokal sogar zu Überschwemmungen kommen, während auf den Inseln Sonnenschein und Wolken wechseln.

Ein Hochdruckgebiet im Norden beschert den deutschen Küsten oft länger anhaltendes sonniges und warmes Badewetter.

Ostseewetter

An der Ostsee treffen wir grundsätzlich ähnliche Wetterverhältnisse wie an der Nordsee an, doch herrschen hier zum Teil andere Hoch- und Tiefkonstellationen.

So bringt hier ein skandinavisches Hoch im Winterhalbjahr den gefürchteten eisigen Oststurm, und bei einer langen Kältewelle friert die Ostsee großflächig zu.

Mit Polarluft und böigem Wind aus Nord bis Nordost bleibt es an der unmittelbaren Ostseeküste oft sonnig, während ein paar Kilometer im Binnenland Quellwolken mit teils kräftigen Schneeschauern entstehen.

Wegen häufigerer Kaltluftwetterlagen aus Skandinavien und Osteuropa sowie fehlender Wärme des Golfstroms dauert es im Frühjahr an der Ostsee einige Wochen länger als an der Nordsee, bis die kühlende Wirkung des Meerwassers in Küstennähe nachlässt. Dafür ist ein Hoch im Norden im Sommer Garant für herrlich sonnig-warmes Badewetter. Bei kräftigem Nordwest- bis

Die Ostseeregion profitiert von den Vorteilen, die eine Meereslage mit sich bringt, und ist nicht direkt den teils gewaltigen Westwettereinflüssen ausgesetzt. Hier herrscht also Reizklima »light«, und auch zuverlässigeres und länger andauerndes warm-freundliches Sommerwetter ist hier eher zu erwarten als an der Nordsee.

Nordwind tritt an den Küsten und auf den Inseln von Schleswig-Holstein, manchmal sogar auch noch von Mecklenburg-Vorpommern eine Art Föhn auf, der die Wolken jenseits der norwegischen Gebirge zurückhält und viel Sonnenschein beschert.

Ergiebige Regenfälle sind an der Ostsee immer dann zu erwarten, wenn ein zähes Tief über Polen breite Regenfronten heransteuert.

Insgesamt bleibt die Ostsee an ihren deutschen Küsten wegen der in Mitteleuropa häufigen westlichen Winde im Vergleich zur Nordsee eher »friedlich«. So verliert die Insel Rügen deutlich weniger Landmasse (bei Oststurmlagen) als ihre Nordseeschwestern.

Wettereinflüsse auf die Binnenseen

In Mitteleuropa werden Gewässer durch die Sonneneinstrahlung und die Luft erwärmt. Da Wasser eine hohe Wärmespeicher- und Wärmeleitfähigkeit hat, schwanken die Wassertemperaturen selbst an der Oberfläche nur wenig. Kleine Badeseen oder Weiher ohne Zu- oder Abfluss heizen sich sogar an sonnig-heißen Sommertagen in den obersten 10 bis 20 Zentimetern nur um 2 °C bis 3 °C höher auf als in der Tiefe.

An heißen Sommertagen kann im Uferbereich eine leichte, angenehme Abkühlung eintreten, wenn Wind die über der Wasserfläche abgekühlte Luft vom See herweht.

Wassermassen wirken temperaturausgleichend. In einem deutlich spürbaren Umfang gilt das zwar nur für wirklich große Wassermassen, doch auch das Mikroklima um einen kleineren See weist Besonderheiten auf, die lohnenswert für eine nähere Betrachtung sind.

An kühlen Tagen oder in den frühen Morgenstunden bilden sich über dem warmen See feine Nebelschwaden (Seerauch). Das Wasser gibt Feuchtigkeit an der Oberfläche ab, die in der kühleren Umgebungsluft zu solchen Wölkchen kondensiert.

Sinken die Lufttemperaturen nachts unter die Wassertemperatur, gibt das Seewasser die gespeicherte Wärme an die Umgebung ab. So ist die Spätfrostgefahr im Frühjahr und vor allem die Frühfrostgefahr im Herbst in unmittelbarer Ufernähe geringer. Im Winter taut der Schnee im Uferbereich um offene größere Seen schneller wieder ab, da die Wassertemperatur meist ein paar Grad über null beträgt. Bei Frostperioden gefrieren flache, kleine und stille Gewässer ohne Zu- und Abfluss am schnellsten zu. Bei geschlossener Eisdecke erlischt dann der Wettereinfluss des Seewassers auf die Umgebung.

Richtiges Verhalten am Badesee

An den wenigen wirklich sonnig-heißen Tagen im Jahr, die es bei uns gibt, stürmen Erholungs- und Vergnügungshungrige die Badeseen in Massen. Doch bei aller Vorfreude sollten ein paar wichtige Regeln nicht vernachlässigt werden, damit das Badevergnügen ungetrübt bleibt.

- Nicht überhitzt kopfüber ins kalte Wasser springen (Gefahr eines Kreislaufschocks).
- Alkohol bei Hitze möglichst überhaupt nicht oder nur sehr maßvoll zu sich nehmen.
- Segler und Surfer sollten für jedes Wetter gerüstet sein – bei kühlem Wind Neoprenanzug tragen!
- Bei starken Windböen ans Ufer zurückschwimmen – die Gischt kann mit ihren feinen Wassertröpfchen durch Einatmen zum Ersticken führen!
- Eigenes Können und eigene Grenzen in Ruhe testen – erst bei Beherrschen mit dem Sportgerät bei stärkerem Wind aufs Wasser!
- Sturmwarnung: rote Blinklichter am Ufer. Bei 90 Blitzen pro Minute alle Wassersportler schnellstens ans Ufer, Schwimmer und Badende aus dem Wasser!

Zwar hat Wasser keine Balken, doch ein flaches Aufschlagen auf der Wasseroberfläche kann manchmal schon das Gefühl vermitteln, dass es »bretthart« ist. Surfanfänger tun also gut daran, den Sturz ins Nass zu üben. Für alle anderen freiwilligen Wasserspringer gilt: Erst Wassertiefe prüfen, bevor es kopfüber oder Füße voran ins Badevergnügen geht!

Das Eislaufwetter

Wasser hat nach den physikalischen Gesetzen seine größte Dichte bei 4 °C. Diese Temperatur bleibt selbst bei wochenlangem Dauerfrost unter der Eisdecke in den Tiefen eines Sees bestehen und hält so die Wasserbewohner am Leben.

Kleine Weiher, flache Seen ohne größeren Zu- oder Abfluss oder eine Quellenströmung bilden oft schon Anfang Dezember bei klaren, windstillen Nächten mit Frösten zwischen -3 °C (abends) und -10 °C (morgens) eine dünne Eisschicht. Ausgehend von Buchten wächst dann die Eisdecke bei Dauerfrost täglich um ein bis drei Zentimeter in die Tiefe. Fällt zwischenzeitlich Schnee, entsteht eine Isolierschicht an der Eisoberfläche, die das Dickenwachstum bremst und Risse oder nicht tragfähige Partien (»warme Quellen«) unkenntlich macht!

Gründliches Prüfen der Eisdicke ist geboten! Bedrohliches Ächzen, Knacken oder Summen auf zugefrorenen Gebirgsseen gegen Abend bei untergehender Sonne ist ungefährlich. Es entsteht durch die Spannungen der Eisfläche, die sich beim Auskühlen (abnehmendes Eisvolumen) durch Einreißen entladen. Allerdings sind lang gestreckte, tiefgründige Alpenseen oft durchsetzt von aufsteigendem Quellwasser, das einige Grad plustemperiert ist und so die Eisdecke gefährlich dünn hält.

Eisdicken und Belastbarkeit	
Lastenart	**Mindesteisdicke**
Einzelperson (Erw.)	5 cm
Menschengruppe (Eisstockschützen)	8 cm
Schlittenfahrzeuge	12 cm
Autos	18 cm

Die ideale Natureisbahn

Das beste Eis finden wir auf mittelgroßen Seen ohne »warme Quellen«. Ist der See zunächst eisfrei und folgt auf Schneefall eine tagelange windstille Hochwetterlage mit Dauerfrost und Nachttemperaturen bis unter −10 °C, bildet sich blasenarmes, äußerst gleitfähiges, blankes Eis, das bei mehreren Metern Seetiefe bedrohlich dunkel wirkt. Es sind die seltenen traumhaften Eislaufverhältnisse in freier Natur, an die keine noch so gut präparierte Kunsteisbahn heranreicht.

Eisrettung – gewusst wie!

- Zur Rettung von festem Boden aus dem ins Eis Eingebrochenen Hilfsmittel reichen, hinschieben oder zuwerfen: Bretter, Stangen, Äste, Teile von Holzzäunen, Leinen etc.
- Falls erforderlich, schiebt sich der Retter liegend mit ausgebreiteten Armen, am besten auf einer großflächigen Unterlage, zum Eingebrochenen vor!
- Gerät der Verunglückte unter die Eisdecke eines stehenden Gewässers, kann der Retter bei dünner Eisdecke (2 bis 3 cm) versuchen, eine möglichst große Fläche zu zertrümmern, damit der Untergegangene schnell auftauchen kann!
- Der Retter kann in voller Kleidung (ohne Schuhe) einen Tauchversuch von maximal 20 Sekunden starten – aber nur einmal, da er sonst selbst in Lebensgefahr durch Auskühlen gerät!
- Kleidung anbehalten, da sie zumindest geringen Wärmeschutz bietet (schweren Wintermantel und Schuhe weg)!
- Alle geistigen und körperlichen Kräfte mobilisieren, um trotz Kälteschmerz Panik zu vermeiden!

Grundregeln für das Betreten von Eisflächen

Die besten Aussichten, in den Genuss von Eislaufen auf Weihern und Seen zu kommen, haben wir in Mitteleuropa zu Zeiten des Hochwinters. Sie sind bei uns mit geschlossener Schneedecke, Dauerfrost und wolkenarmem Himmel meist durch russische Kältehochs verursacht. Der anhaltende Trend zu globaler Erwärmung scheint aber auch hierzulande diese Bilderbuchwinterperioden seltener werden zu lassen. Grundsätzlich gibt es drei Faustregeln, die wir bei Eislaufwetter beachten sollten:

- Eine Eisdecke erst dann betreten, wenn sie mindestens eine Handbreit dick ist!
- Wenn Schnee auf der Eisdecke liegt, am Ufer bleiben!
- Erscheint das Eis nach längerer Frostperiode noch dick und tragfähig (über 10 cm), hat aber Tauwetter mit Temperaturen tagsüber von mehr als 5 °C eingesetzt, darf die Eisfläche auf keinen Fall betreten werden! Die Eisdecke ist dann zunehmend porös, aufgeweicht und bricht an älteren Großrissen leicht ein!

Durch die Eisdecke in einen See einzubrechen, wird sehr schnell zum lebensbedrohlichen Zustand. Innerhalb kürzester Zeit hat sich die Kleidung mit kaltem Wasser vollgesogen und zieht den Körper nach unten. Im Kälteschock fallen die Bewegungen schwer, doch die einzige Rettung besteht darin, schnellstmöglich aus dem Wasser zu kommen. Betreten Sie daher Eisflächen nur, wenn Sie ganz sicher sein können, dass das Eis hält. Weist die Eisfläche dünne oder offene Stellen auf, verzichten Sie am besten auf das Vergnügen.

Wetter und Gesundheit

Wetter ist stets gegenwärtig, und wir sind seinem ständigen Wechsel unterworfen. Goethe bemerkte einmal in einem Gespräch: »So arbeite ich bei hohem Barometerstande leichter als bei tiefem; da ich nun dieses weiß, so suche ich bei tiefem Barometer durch größere Anstrengung die nachteilige Einwirkung aufzuheben und es gelingt mir.« Wetterreize treffen alle. Doch nur der gesunde, an die Reize angepasste Organismus kann diese unbewusst so ausregulieren, dass das Befinden nicht gestört wird. Im Gegenteil, für den Gesunden ist der normale Wetterreiz sogar positiv. Er genießt die Sonne in Maßen und sorgt so für seine Gesundheit ebenso, wie er seine körpereigenen Abwehrkräfte durch Temperaturwechsel aktiviert. Wetterfühlige oder Pollenallergiker dagegen haben manchmal ihre liebe Not mit der Witterung, doch auch auf Sonnenanbeter lauern Gefahren, denen sie sich nicht aussetzen sollten.

Wetterfühligkeit

Unser Organismus wird durch Alterserscheinungen, chronische Krankheiten oder eine niedrigere Reizschwelle des vegetativen Nervensystems geschwächt und damit oft empfindlich für Wetterreize. Weil der kranke Organismus sich nicht »routinemäßig« darauf einstellen kann, überreagiert er auf Wetterwechsel oder bestimmte Wettererscheinungen. Die eigene Lebenssituation spielt eine große Rolle: Familie, Beruf, Lebensweise, Ernährung, Sport etc. können zusätzliche Risiko- oder Ausgleichsfaktoren sein.

Von klein an passt sich unser Körper den herrschenden Wetterverhältnissen an. Bei vielen Menschen entwickelt sich eine regelrechte Gewöhnung an bestimmte Wetterverhältnisse. So ist es nicht verwunderlich, dass die Stimmungen je nach Wetterlage und -umschwung wechseln, dass Menschen, mit beeinflusst vom Wetter, teils fröhlich-positiv, dann wieder nachdenklich-zurückgezogen sind. Überhaupt steht das Temperament der Menschen einer weit verbreiteten Meinung nach in engem Zusammenhang mit dem Klima, in dem er aufgewachsen ist und lebt.

So wirkt Wetter

- Durch Wärme und Kältereize an der Hautoberfläche und über die Lunge werden Stoffwechsel, Hautdurchblutung und Schweißabgabe gesteuert.

- Das sichtbare Sonnenlicht beeinflusst die Psyche (Stimmungslage, Aktivität, Arbeitsleistung), den Biorhythmus, Hormon- und Stoffwechselhaushalt in unserem Körper. Zu wenig Licht macht depressiv.

- Die UV-Strahlung steigert unser Wohlbefinden, die Leistungsfähigkeit und Widerstandskraft, aber beeinflusst auch unsere Atmung.

- Feste, flüssige und gasförmige Schadstoffe in der Luft belasten unsere Gesundheit und begünstigen die Wetterfühligkeit.

- Die Luftelektrizität wirkt auf unser Nervensystem. Sie wird durch elektrische Entladungen (Blitze) ausgelöst und kann möglicherweise Pulsfrequenz, Blutdruck, Körpertemperatur, Reaktionszeit und EKG verändern.

- Mechanisch wirken Wind, Regen, Schnee, Graupel oder Hagel ebenfalls auf freie Hautoberflächen und können Unwohlsein oder sogar schmerzhafte Beschwerden auslösen.

Eine typische Zivilisationskrankheit

Wie der Organismus auf Wetterelemente reagiert, ist nur ein Hinweis darauf, wie belastungsfähig er ist bzw. wo seine schwächste Stelle zu suchen ist. Das Wetter gibt also eher den letzten Anstoß zur Krankheit.

Kompliziert wird es, weil bestimmte Wettersituationen verschiedene Teile des Organismus unterschiedlich (positiv und/oder negativ) beeinflussen können. Ebenfalls problematisch ist, dass jeder Mensch auf identische Wetterreize von Fall zu Fall anders reagiert. Hauptursache für Wetterfühligkeit ist in der modernen Lebensführung zu suchen. Neben Erbanlage, Konstitution und natürlicher Resistenz sind es vor allem Schlaf- und Ernährungsweise, Genussmittelkonsum, Urlaube ohne Erholungswert, Leistungsdruck, Alltagshektik und steigende Umweltbelastung, die unsere Anpassungsfähigkeit gegenüber Umwelteinflüssen verringern.

Das eher »bequeme Leben« hat also die Abhärtung der Menschen gerade in Mitteleuropa stark vermindert und Wetterfühligkeit zu einer modernen Zivilisationskrankheit gemacht.

Aktiv gegen Wetterfühligkeit

Wer unter Wetterfühligkeit leidet, sollte ein paar allgemeine, aber wichtige Regeln beachten:

- Vollwertig und vitaminreich ernähren!
- Viel bewegen!
- Schädlichen Stress abbauen!
- Auf zu viele Genussmittel verzichten!
- Krankheiten ausheilen!
- Abhärten!

Kopfschmerz ist das am häufigsten auftretende Symptom bei Wetterfühligkeit. Manche Menschen leiden mit auffälliger Zuverlässigkeit bei oder sogar vor bestimmen Wetterlagen oder Wetterwechseln.

Die häufigsten Symptome

Die Auswirkungen, die der Wetterempfindlichkeit am häufigsten angelastet werden, sind Müdigkeit, Abgespanntheit, missmutige Stimmungslage, Gereiztheit, Arbeitsunlust, gestörte Leistungsfähigkeit, Kopfdruck, unruhiger Schlaf, Kopfschmerzen, Migräne, Konzentrationsstörungen, Einschlafstörungen, Nervosität, Unruhe, nervöse Funktionsstörungen innerer Organe (Magen, Darm), Krämpfe, Knochenbruchschmerzen, Flimmern vor den Augen, Augenschmerzen, gesteigerte Vergesslichkeit und Erschöpfungszustände. Die Liste ließe sich fortführen, und je nach persönlicher Disposition äußert sich Wetterfühligkeit bei jedem anders.

Stufen der Wetterbeschwerden

Beschwerden, die von den Betroffenen mit dem Wetter in Verbindung gebracht werden, nehmen mit dem Alter zu. Nach eigenen Aussagen leiden vor allem Frauen in den Wechseljahren an Wettereinflüssen, die sich grundsätzlich in vier Kategorien einteilen lassen.

Bei schwül-heißen oder gewittrig-geladenen Wetterlagen scheint auch die Stimmung gedrückt oder explosiv zu sein. Heiße Sommertage, an denen die Cumuluswolken rasend schnell in die Höhe wachsen, stauen auch in manchen Menschen die Spannungen auf.

»Wetterreagierend«
Wetterreagierend sind wir alle, da eine Wetterreaktion nur eine von unserem Körper gegebene notwendige Antwort auf die atmosphärischen Umweltreize ist. Dazu gehören in erster Linie Stimmungs- und Befindensschwankungen ohne großen Leidensdruck.

»Wetterfühlig«
Wetterfühlig ist ein Mensch, der die Reaktion auf Wetter und Klima verstärkt wahrnimmt. Die Wetterlagen führen dann vor allem zu Müdigkeit, Kopfschmerzen, Konzentrationsstörungen und verminderter Leistungsfähigkeit.

»Wetterempfindlich«
Wetterempfindlich können wir durch entsprechende Krankheiten oder Verletzungen im Lauf unseres Lebens werden. Diese relativ kleine Gruppe von Betroffenen leidet oft unter schwerster Wetterüberempfindlichkeit. Die gesundheitlichen Vorschädigungen (Operationen, chronische Krankheiten) bieten den Wetterreizen diverse Angriffspunkte.

»Vorfühlig«
Die Reaktionen treten bei Vorfühligen zwischen einigen Stunden und bis zu drei Tagen vor Eintreten eines Wetterumschwungs auf. Sie nehmen mit dem

Eine repräsentative Umfrage hat ergeben, dass sich 50 bis 70 Prozent der durchschnittlich gesunden Menschen selbst als »wetterfühlig« einschätzen. Diese Zahl macht deutlich, dass das Bewusstsein für mögliche Auswirkungen des nicht beeinflussbaren Wetters auf das individuelle Handeln und Fühlen groß ist. Objektiv ermittelt reagiert etwa ein Drittel der Bevölkerung mit Befindlichkeitsstörungen auf das Wetter.

Symptome des Wettereinflusses

Über viele Jahrzehnte haben Mediziner und Meteorologen die Symptome von wetterfühligen Menschen aufgezeichnet und der jeweiligen Wetterlage zugeordnet. Hier einige Symptome nach der Häufigkeit ihres Auftretens:

- Müdigkeit, Abgespanntheit
- missmutige Stimmungslage
- Arbeitsunlust, Lernstörungen
- unruhiger Schlaf
- Kopfschmerzen, Migräne
- Konzentrationsstörungen
- Schlafstörungen
- Nervosität, Unruhe, nervöse Funktionsstörungen innerer Organe (Magen, Darm), Krämpfe
- Knochenbruchschmerzen
- Augenflimmern, Augenschmerzen
- Erschöpfungszustände
- vermindertes Reaktionsvermögen
- Schwindelanfälle
- Herzsensationen, Herz-Kreislauf-Beschwerden
- Narben- und Phantomschmerzen
- depressive Verstimmungen
- Atemnot
- Angst- und Beklemmungszustände

Alter, bei Frauen vor allem mit dem Eintreten der Wechseljahre, zu und sind besonders stark bei rheumatischen Erkrankungen, Narbenschmerzen, aber auch Herz-Kreislauf-Störungen ausgeprägt.

Wie die Wetterlagen wirken

Mit dem Zusammenwirken von vielen einzelnen Bestandteilen des Wetters entstehen Wettersituationen, denen jeder von uns täglich ausgesetzt ist.

Vor einem Tief

Wenn noch schönes Wetter herrscht, am Himmel aber schon Schleierwolken aufziehen, reagieren Wetterfühlige bereits mit Abgeschlagenheit, Nervosität, Kopfschmerzen, Schlafstörungen, Konzentrationsmangel, Schwindel und sogar Depressionen. Dies gilt vor allem für Rheumakranke und Menschen mit niedrigem Blutdruck. Die Ursachen sind auf den bevorstehenden Temperatursturz und den fallenden Luftdruck zurückzuführen.

Während eines Tiefs

In dieser Wetterphase geht es vielen Menschen am schlechtesten, was oft auch an der Psyche liegt. »Schlechtes« Wetter schlägt auf das Gemüt und verstärkt somit auch alle schon bestehenden Beschwerden. Häufig wird über Kopfschmerzen, Rheuma, niedrigen Blutdruck, Herz-Kreislauf-Beschwerden, Beklemmungen, Krämpfe, Bronchitis, Asthma, Narbenschmerzen und Konzentrationsstörungen geklagt.

Umschwung der Wetterlage

Wetterumschwünge können sehr schnell oder ganz allmählich vor sich gehen. Die Symptome eines Wetterumschwungs treten bereits Stunden oder Tage vor dem sichtbaren Vollzug des Wetters auf. Leistungsschwäche, vermindertes Reaktionsvermögen, Kopfschmerzen, Gelenkschmerzen, Narben- und Amputationsschmerzen, Augenschmerzen, Nervosität, Gereiztheit und Abgespanntheit sind die häufigsten Anzeichen.

Frontdurchgänge

Sie haben besonders starken Einfluss auf wetterempfindliche Menschen. Ein Frontdurchgang wirkt, als würden wir plötzlich in ein anderes Klima versetzt. Bei der zuerst kommenden Warmfront steigen die Temperaturen an, der Luftdruck fällt, Wind und Regen setzen ein. Die nachfolgende Kaltfront verhält sich sogar noch turbulenter. Die Temperaturen sinken oft rasch, und es entstehen starke Windböen mit Regen. In dieser Wetterphase treten alle Arten von Beschwerden auf. Dazu gehören Blutdruckstörungen, Asthma- und Allergieanfälle, Lustlosigkeit, Kopfschmerzen, Migräneanfälle, Rheuma, Narbenschmerzen, Depressionen, Herzstechen, Schlafstörungen, aber auch Herzinfarkte, Schlaganfälle, Thrombosen und starke Krämpfe. Auch die Zahl der Verkehrsunfälle und der Selbstmorde steigt. Von manchen Medizinern wird sogar empfohlen, aufschiebbare Operationen auf einen günstigeren Zeitpunkt zu legen.

Frontdurchgänge im Gebirge
Durch Gebirge werden Wetterfronten und unterschiedliche Luftmassen aufgehalten, der Wetterablauf verzögert sich. So können die einzelnen Wetterphasen intensiver auf unseren Organismus einwirken.
Zwischen der Warmfront und der Kaltfront eines Tiefs wird uns mit dem so genannten Warmsektor eine kurze Verschnaufpause gegönnt. Die meisten Wetterfühligkeitssymptome nehmen in dieser Phase des milden/warmen und stabileren Wetters ab.
Nach Durchgang der beiden Fronten klingen die Wirkungen des Wettergeschehens auf unseren Organismus langsam ab. Das Wetter – und deshalb

Die verschiedenen Druckverhältnisse wirken sich auf Wetterfühlige unterschiedlich stark aus. Hier eine schematische Darstellung der belastenden Zonen, wie sie von den meisten Wetterfühligen empfunden werden.

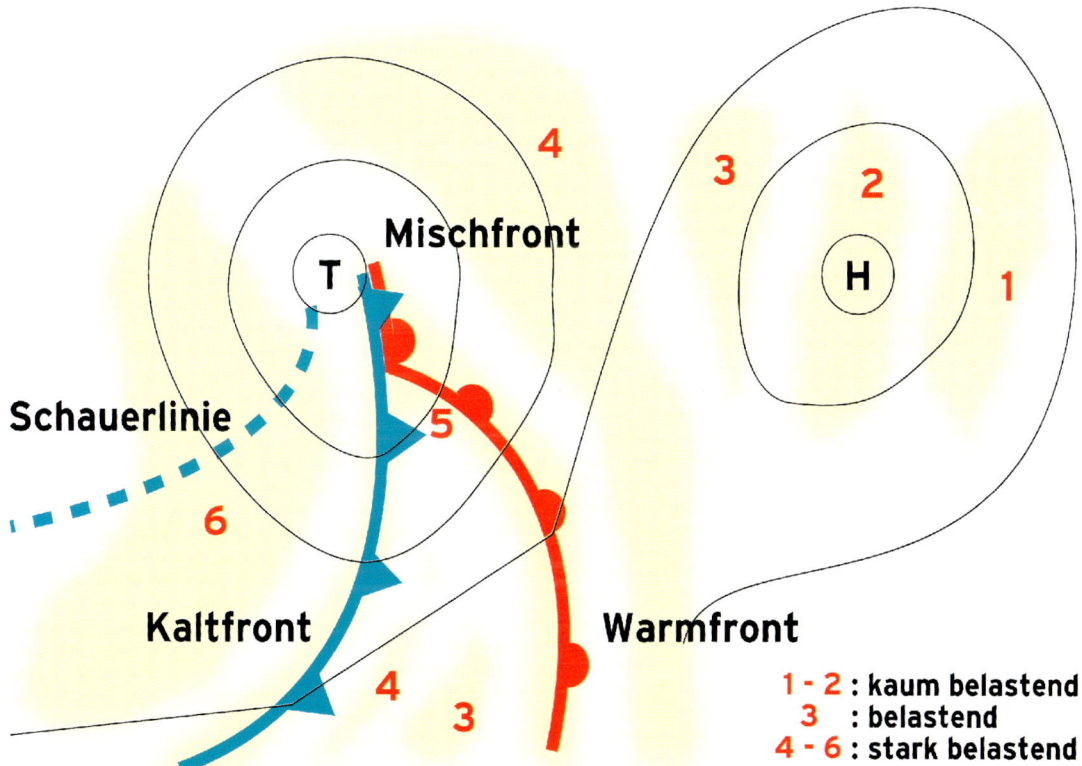

auch wir – wird wieder stabil. Die Luft wirkt gereinigt und frisch, der Luftdruck steigt wieder an, und die Sicht ist wesentlich besser als vor der Front. Depressionen, Kopfschmerz, Migräne und Schlafstörungen bleiben leider häufig noch etwas länger bestehen. Der Körper braucht einfach eine gewisse Zeit, um sich auf die veränderten Einflüsse einzustellen.

Beständiges Hochdruckwetter
Bei klarem Himmel und Sonnenschein gibt es keine nennenswerten Wetterbeschwerden. Noch vorhandene Symptome der Wetterfühligkeit werden

Für Pollenallergiker relativ reizarm ist das Wetter in den Höhenlagen. Im Juni/Juli ist dort die stärkste Blühaktivität festzustellen, die aber für deutlich weniger Pollenkonzentrationen sorgt als im Flachland.

rasch besser. Das körperliche und seelische Allgemeinbefinden startet zu einem Höhenflug. Nur die Heuschnupfengeplagten haben auch bei diesem Wetter nicht viel zu lachen, denn die Pollen haben bei Sonnenschein von März bis August Hochkonjunktur. Das gilt auch für die Wetterphase zwischen einer Warm- und einer Kaltfront.

»Nullwetter«
Wie das Wort schon treffend sagt, tut sich während dieser Wetterlage gar nichts. Die Luft bleibt unbewegt und durchmischt sich nicht. Aus diesem Grund wirkt sie »abgestanden« und im Sommer schwül. Zusammen mit den ausgestoßenen Schadstoffen führt dies wie bei der Inversion zu einer Dunstglocke, die schwer auf unserer Gesundheit lastet. Die Folge können Nervosität, Gereiztheit, Herz-Kreislauf-Beschwerden, Schlafstörungen, Atembeschwerden und allergische Reaktionen sein.

Das Alter, so zeigen wissenschaftliche Studien, ist einer der wichtigsten Faktoren für Wetterfühligkeit. Das Beschwerdebild bei Frauen ist dabei intensiver und vielfältiger ausgeprägt als bei Männern, und die vegetativen Herz-Kreislauf-Störungen überwiegen deutlich. Die höchste Rate der Wetterbeschwerden wird in den Wechseljahren erreicht, wenn etwa 50 bis 60 Prozent der Menschen unter dem Wetter leiden.

Gewitter
Ein Gewitter wirkt auf alle Menschen gleich: Es macht gereizt. Aus diesem Grund passieren mehr Verkehrs- und Arbeitsunfälle, und es gibt sehr viel häufiger Streit. Die Ursache ist die schwüle, drückende, stark erwärmte Luft, die die Zeit vor einem Gewitter beinahe unerträglich macht. Das Herz- und Kreislaufsystem reagiert häufig mit Beklemmung und Engegefühl auf die Wärmebelastung. Für Allergiker ist diese Phase besonders schlimm, da die Pollen in der drückenden Luft umso schlimmer wirken. Nach dem Gewitter befreit allerdings die ausgewaschene Luft vorübergehend von den Leiden.

Frühjahrswetter

Die so genannte »Frühjahrsmüdigkeit« ist eine Reaktion des Körpers auf die schnellen Wetterwechsel im März und April. Speziell Menschen mit Herz-Kreislauf-Beschwerden machen die raschen Wetterumschwünge zu schaffen. Zusätzlich fehlen am Ende des Winters dem Körper Vitamine, wodurch wir uns oft kraftlos und träge fühlen. Auch der Lichtmangel während des Winters trägt seinen Teil zur Abwehrschwäche und Kraftlosigkeit bei. Ähnlich reagieren viele Menschen im September und Oktober, wenn das Wetter ebenfalls schnell von der spätsommerlichen Wärme des »Altweibersommers« in nass-kaltes Trübsalwetter umschlägt.

Föhn

Bei Föhn, der intensiv bei uns nur in Alpennähe vorkommt, klagen viele Menschen über Mattigkeit, Migräne, Reizbarkeit, Nervosität, Herzklopfen, Schwindel, Übelkeit, Schlafstörungen, Konzentrationsschwäche und Atemnot. Neu Zugezogene erleben häufig während des Föhns eine Art »Rausch« – eine Hochstimmung, die aber nach einigen Jahren in Unwohlsein umschlägt. Die Beschwerden lassen beim völligen Föhndurchbruch meist nach. Erklärt werden diese Symptome medizinisch durch föhnbedingt gestörten Hormonhaushalt. Manche Hormone werden zu wenig produziert, zum Beispiel Adrenalin. Andere kommen dagegen im Überschuss vor, zum Beispiel Serotin.

Manche Wetterbeschwerden sind sogar schon sprichwörtlich, z. B. die Frühjahrsmüdigkeit. Auch wenn sich so mancher nicht eingestehen will, dass die schnellen Wetterumschwünge einen Einfluss auf seine Leistungs- und Konzentrationsfähigkeit haben, zeigen doch vermehrte Unfallzahlen und ein höherer Krankenstand, dass das Frühjahrswetter nicht unbemerkt einzieht.

Riesige Föhnwolken deuten auf eine starke Föhnaktivität hin. Wetterfühlige spüren den Föhn oft schon vor dem Durchbruch.

Inversionswetterlage

Vor allem für Allergiker, Menschen mit Bronchitis, Asthma oder auch Grippe kann sich die häufig verschlechterte Luftqualität bei tage- bis wochenlang anhaltender, feucht-trüber Wetterlage in den Niederungen negativ auswirken. Die Hochnebeldecke hält einen großen Teil der Sonnenstrahlen zurück, weshalb Menschen gerade dann unter Depressionen leiden.

Belastende Wetterbestandteile

Manche Menschen leiden weniger unter einer bestimmten Wetterlage als vielmehr »nur« an einem bestimmten Bestandteil des Wetters, der ihren Organismus belastet und ihr Wohlbefinden stört.

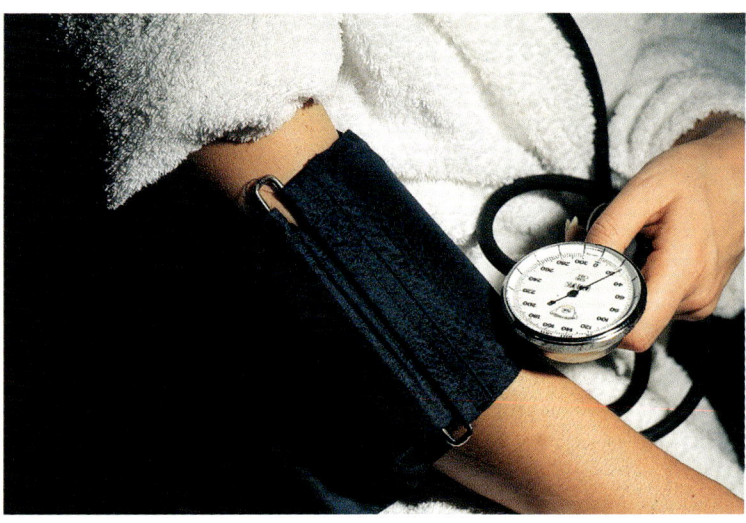

Eine regelmäßige Kontrolle des Blutdrucks ist vor allem Wetterfühligen höheren Alters sehr zu empfehlen. Eventuell eingeschränkte Leistungsfähigkeit lässt sich so schneller erkennen.

Luftdruck

Der Luftdruck lastet auf den Gefäßen der Haut, die wiederum die Funktion von Herz und Kreislauf beeinflussen. Bei extrem hohen oder niedrigen Luftdruckwerten kann es deshalb zu Puls- und Blutdruckveränderungen kommen. Aber auch bei stark fallendem Luftdruck vor Sturmtiefs, innerhalb von Minuten rasch steigendem Luftdruck bei durchziehenden Kaltfronten oder kleinen Luftdruckschwankungen bei Alpenföhn (so genannte »Leeunruhen«) fühlen sich labile Menschen oft matt oder schwächlich.

Dem Wetter können aber teils auch Gereiztheit, Aggressivität, Überempfindlichkeit, Anstieg der Selbstmordrate, letztendliche Auslösung von Herzinfarkt, Schlaganfall, Embolien oder Thrombosen, Atemwegserkrankungen und allergische Reaktionen, erhöhtes Operationsrisiko, Verstärkung der Beschwerden in den Wechseljahren, vorzeitige Geburtenauslösung, erhöhte Zahl der Verkehrsunfälle und geringere Immunkraft zugeschrieben werden.

Luftfeuchtigkeit

Bei zu wenig Feuchtigkeit in der Luft werden die Haut und die Schleimhäute der Atemwege trocken, was zu einer Reizung führen kann. Bei hoher Luftfeuchte steigt die allgemeine Schimmelbildung an, was Allergiker beeinträchtigt. Außerdem können wir nicht genügend Schweiß verdunsten, wodurch Herz und Kreislauf stärker belastet werden.

Lufttemperatur

Auf die Lufttemperatur reagieren als Erstes die Blutgefäße, die sich bei Kälte zusammenziehen, um über ihre Oberfläche möglichst wenig Wärme abzugeben. Bei Wärme dehnen sie sich aus, um durch den erhöhten Wärmeverlust über die nun größere Oberfläche möglichst viel zur Kühlung des Körpers beizutragen. Erst dann reagieren Herz und Kreislauf auf den Reiz der Temperatur.

Empfundene Temperatur
Abhängig vom aktuellen Wetterzustand empfinden wir die gemessene Lufttemperatur tatsächlich wärmer oder kälter. Dieses Phänomen wird von der Lufttemperatur, Luftfeuchte, dem Wind, der Bewölkung und dem Schwitzen bestimmt. An der Universität München wurde dazu ein Computermodell entwickelt, das diese Faktoren berücksichtigt und daraus die jeweils zu erwartende »empfundene Temperatur« errechnet.

Im Sommer liegen die Werte bei schwülen Wetterlagen zum Beispiel wesentlich höher als die gemessene Temperatur. Geht dagegen im Winter ein kräftiger Wind, empfinden wir die Luft noch eisiger als sie sowieso schon ist.

In welchem Temperaturbereich man sich wohl fühlt, ist individuell äußerst unterschiedlich. Im Großen und Ganzen lassen sich aber zwei Gruppen von Menschen unterscheiden. Die einen mögen es lieber ein bisschen kühler, den anderen kann es kaum warm genug sein. Doch selbst Kältefreaks kapitulieren, wenn im Winter bei tiefen Temperaturen ein eisiger Wind geht. Er trägt sofort jede wärmende Luftschicht, die sich durch die Strahlungswärme des Körpers bildet, weg und sorgt so für eine unangenehme Kältebelastung, der die empfundene Temperatur deutlich unter die tatsächliche gemessene Lufttemperatur sinken lässt.

Die empfundene Temperatur bei Sonne oder Wolken, mit und ohne Wind

Lufttemperatur in °C im Monat	empfundene Temperatur bei Windstärke			
	windstill	1m/sec	4 m/sec	8 m/sec
Januar: sonnig, trockene Luft				
5	23,6	10,4	3,9	1,3
0	19,7	5,4	-1,3	-4,0
-5	15,7	0,5	-6,6	-9,3
Januar: stark bewölkt				
5	9,5	2,5	-0,6	-1,9
0	4,8	-2,6	-5,9	-7,2
-5	0,2	-7,8	-11,2	-12,6
Juli: sonnig, schwüle Luft				
15	36,4	24,2	16,4	13,4
20	40,2	30,0	21,8	18,8
25	44,1	35,7	29,2	25,4
Juli: stark bewölkt				
15	23,3	15,5	11,1	10,0
20	27,7	20,8	17,0	15,5

Ozon
Ozon entsteht unter starker Sonneneinstrahlung aus Stickoxiden und Kohlenwasserstoffen, die in den Abgasen der chemischen Industrie und der Autos zu finden sind. Das bodennahe Ozon ist somit ein Indikator für hohe Luftverschmutzung und gleichzeitig belastende Wärme durch die Sonne.

Ozon an sich löst keine allergischen Reaktionen hervor, senkt aber unter Umständen die Reizschwelle für andere Allergene, die dann ihrerseits stärker wirken können.

Es gibt große individuelle Unterschiede in der Empfindlichkeit gegenüber Ozon. Zumindest bei Säuglingen und Kleinkindern sollten wir etwas vorsichtiger sein, da sie wegen ihres erhöhten Sauerstoffbedarfs und ihrer schnellen Atmung entsprechend mehr Ozon aufnehmen.

Ozon kann Kopfschmerzen, schnelle Ermüdung, Schleimhautreizungen von Auge, Nase, Rachen und Hals (Tränenreiz, Schluckbeschwerden, Husten), Atemnot und die Leistungsfähigkeit herabsetzen.

Der deutsche und europäische Richtwert für so genannte Risikogruppen (Kreislaufkranke, Allergiker, Asthmatiker, Sportler und Kinder) liegt bei 180 Mikrogramm Ozon pro Kubikmeter Luft.

> **Ozon-Spitzenkonzentrationen**
> Die Ozonkonzentration erreicht ihren Höchstwert in den späten Nachmittagsstunden, wird aber abends und nachts wieder abgebaut.

Schwüle

Hohe Lufttemperatur und große Luftfeuchtigkeit lassen die Luft schwer und drückend erscheinen. Meist bewegt sich gleichzeitig kaum ein Lüftchen. So haben wir das Gefühl, dass wir abgestandene Luft einatmen – die Frischluftzufuhr scheint zu fehlen. Das Herz-Kreislauf-System reagiert auf diese Wärmebelastung mit Beklemmung und Engegefühl. Der Blutdruck sinkt ab und verursacht häufig Schwindelgefühle. Auch Atemwegserkrankungen können sich verschlechtern, da der Körper mit der Wärmeregulation bereits überfordert ist.

UV-Strahlung – die unsichtbare Gefahr

Das Sonnenlicht setzt sich aus drei verschiedenen Bestandteilen zusammen: dem infraroten Licht (IR), dem sichtbaren Licht, das weiß erscheint, aber aus Spektralfarben zusammengesetzt ist, und dem ultravioletten Licht (unterteilt in UV-A, UV-B und UV-C). Für biologische Zwecke spielt die ultraviolette Strahlung die wesentliche Rolle. Je kleiner die Wellenlänge der jeweiligen Strahlung ist, desto mehr Energie hat sie.

> Nicht allein von der Temperatur hängt das Wohlbefinden ab, sondern auch sehr stark von der Luftfeuchtigkeit. So ist für alle Menschen eine trockene Kälte mit wenig Luftfeuchtigkeitsanteil viel besser zu ertragen als »nasse« Kälte. Dasselbe gilt für Hitze: Tropischfeuchtes Klima belastet deutlich stärker als Hitze mit geringer Luftfeuchtigkeit.

> **Die drei UV-Strahlungsarten des Sonnenlichts**
>
> ● UV-A-Strahlung dringt sehr tief in die menschliche Haut ein und kann zu Hautschädigungen wie »Lederhaut« (vorzeitige Hautalterung, extreme Verhornung und Schwielenbildung) führen. UV-A ist für die Sofortbräunung zuständig.
>
> ● UV-B-Strahlung kann nur wenig in die Haut eindringen, ist aber hauptsächlich für die Spätbräunung, den Sonnenbrand (Erythem) und für Hautkrebs verantwortlich! Sehr wichtig ist allerdings die nur mit UV-B mögliche Vitamin-D-Bildung in unserem Körper.
>
> ● Die UV-C-Strahlung dringt nicht durch die Ozonschicht der Erdhülle und ist somit für uns ohne Bedeutung.

Sonnenbaden ohne Sonnenbrand

Das individuelle Risiko, einen Sonnenbrand zu erleiden, hängt neben der Aufenthaltsdauer im Freien wesentlich vom Sonnenschutz und vom Hauttyp des Menschen ab. Dabei spielt auch die Lichtgewöhnung der Haut eine große Rolle. Man unterscheidet vier Hauttypen, wobei Hauttyp II und III in Mitteleuropa am weitesten verbreitet sind. Und selbst dunkelhäutige Menschen, deren Haut über den sonnenschützenden Farbstoff Keloid verfügt, können bei ungewohnt starker Sonneneinwirkung einen Sonnenbrand bekommen.

Wiederholte Sonneneinstrahlung auf die Haut baut einen körpereigenen Lichtschutz auf. Durch wohldosiertes Sonnenbaden ist es also möglich, zum Beispiel von Hauttyp II zu Hauttyp III zu wechseln.

Ausreichend Licht ist für die menschliche Psyche und damit das Wohlbefinden wichtig. Wir sollten dennoch bei intensivem Sonnenschein möglichst immer Sonnenbrille, Sonnenhut und Sonnencreme benutzen.

Allerdings können auch 10 bis 15 Minuten am Tag ohne Sonnencreme genutzt werden, da sonst durch den in den meisten Sonnencremes enthaltenen (und auch wichtigen) UV-B-Schutz nicht der nötige Vitamin-D-Aufbau stattfinden kann.

> Eine langsame und an den jeweiligen Hauttyp angepasste Gewöhnung an die intensive Sonnenstrahlung ist äußerst wichtig. Gerade bei längeren Wanderungen ist es wichtig, auch Nacken, Hände und Arme, die der Sonne ausgesetzt sind, mit Sonnenschutzmittel zu bestreichen. Sind Sie erst einmal vorgebräunt, ist die Gefahr von Sonnenbrand zwar geringer, aber Sie sollten dennoch nie auf Sonnenschutzmittel verzichten!

Hauttypen			
Typ	Hautfarbe	Reaktion auf Sonne	Eigenschutzzeit
I	auffallend hell, Sommersprossen Haare rötlich, helle Augenfarbe (blau)	sofort Sonnenbrand, bräunt nie, Haut schält sich	5–10 Minuten, extrem empfindlich
II	Haut hell (dunkler als Typ I), Haare blond, helle Augenfarbe (blau, grün, grau)	rasch Sonnenbrand, nur schwache Bräunung, Haut schält sich	10–20 Minuten, empfindlich
III	Haut normal, Haare dunkelblond oder braun, Augenfarbe grau oder braun	selten Sonnenbrand, bräunt gut	20–30 Minuten, verträgt Sonne gut
IV	hellbraune bis olivfarbene Haut (vorgebräunt), Haare dunkel (braun, schwarz), dunkle Augenfarbe (braun, schwarz)	kaum Sonnenbrand, bräunt rasch und intensiv	über 45 Minuten, sonnengewöhnt

Die Strahlungsintensität

Als Maß für die biologische Wirksamkeit der UV-Strahlung, einen Sonnenbrand hervorzurufen, ist bei uns der UV-Index eingeführt worden. Ein Wert von zum Beispiel 4 bedeutet die vierfache Sonnenbranddosis – der Sonnenbrand kann mit Lichtschutzfaktor 4 bis 6 verhindert werden. Mit dem Schutzfaktor 6 dürfen wir uns etwa 60 Minuten in der Sonne aufhalten, ohne einen Sonnenbrand zu riskieren, würden aber ungeschützt nur etwa zehn Minuten ohne Sonnenbrand durchhalten.

> **Richtiges Verhalten von Sonnenanbetern**
>
> - Langsam und durch Sonnencremes geschützt im Frühling/Frühsommer die ersten Sonnenbäder nehmen!
>
> - Bei sonnig-heißem Badewetter zwischen 11 und 16 Uhr die pralle Sonne meiden!
>
> - Beim Wechsel von Sonnenbad und Schwimmen wiederholt Sonnenschutzmittel auftragen (Wasser reflektiert Sonnenstrahlung, größere UV-Wirkung)!
>
> - Besonders im Spätwinter im Gebirge Cremes mit hohem Lichtschutzfaktor auftragen. Schneereflexion erhöht den UV-Effekt aus allen Richtungen, auch bei bewölktem Himmel!
>
> - Vorsicht USA-Reisende: Der dort auf der Sonnenmilch angegebene Schutzfaktor SPF (sun protecting factor) entspricht nicht unserer Norm. Ein Faktor von 15 bis 20 bei uns entspricht dort etwa 40 bis 50!

Allergien und damit auch der Heuschnupfen sind typische Zivilisationskrankheiten. In den vergangenen Jahrzehnten stieg die Anzahl der Pollenallergiker deutlich an. Durch vielfältige Einwirkungen wie Umweltverschmutzung, Stress und eine sich ständig verändernde Lebenswelt, die andauernd Anpassung und Flexibilität erfordert, reagiert der Körper zunehmend empfindlich auf Einflüsse von außen. So führen die Blütenpollen heute zu immer heftigeren Abwehrreaktionen.

Pollenflug und Heuschnupfen

Pollenallergie betrifft mittlerweile etwa ein Viertel der Bevölkerung in Mitteleuropa. Es ist eine Reaktion unseres Abwehrsystems, wobei die Aufnahme der Allergene meist über die Atmung, manchmal jedoch auch über die Nahrung erfolgt. Allergische Reaktionen werden nur von solchen Pollen ausgelöst, für die Antikörper gebildet wurden. Diese Überempfindlichkeit ruft Reizungen der Schleimhäute, Heuschnupfen, Erkrankungen der Atemwege bis hin zum Asthma hervor.

Spitzenzeiten des Pollenflugs

Bei mildem bis warmem Schönwetter mit leichtem Wind fliegen in den späten Vormittagsstunden am meisten Pollen. Zu große Hitze und sehr trockene Luft reduzieren den Pollenflug ebenso wie sehr starker Wind, der die Pollen in den unteren Luftschichten durchmischt und verteilt.

Kurz vor Gewittern fliegen meist sehr viele Pollen, da der Wind zusätzlich abgesetzte Pollen aufwirbelt! Dies hält auch in den ersten Regenminuten an, weil dann die Pollen aus höheren Luftschichten heruntergeweht werden. Tipp: Rechtzeitig vor Gewittern ins Haus gehen und Fenster schließen!

Frühabendliche Ausflüge oder Freiluftaufenthalte auf Grillpartys, in Biergärten oder Eiscafés bringen oft erhöhte allergische Reaktionen, weil sich zum Sonnenuntergang bei abflauendem Wind die Pollen allmählich am Boden absetzen.

Am wenigsten Pollen fliegen während einer länger andauernden Regenperiode oder kurz nach Regengüssen in sauber gewaschener Luft (die Pollenstände sind dann noch nass-verklebt). Außerdem finden wir auch im Sommerhalbjahr weitgehend pollenarme Luft an der See (bei Meereswind) oder im Hochgebirge.

Der Grund dafür ist einfach: In diesen Regionen fehlt die entsprechende Vegetation, so dass die Luft von Natur aus reiner bleibt.

Pollenflug im Überblick

Allergene	Januar	Februar	März	April	Mai	Juni	Juli	August	September	Oktober	November	Dezember	
Birke				■									■■■■
Erle		■	■	■									■■■■
Hasel	■	■	■									■	■■■■
Eiche					■	■							■■■
Rotbuche					■								■■
Hainbuche			■	■	■								■
Pappel			■	■									■
Weide			■	■	■								■
Ulme			■	■									■
Esche			■	■	■								■
Platane				■									■
Linde						■	■						■
Roggen					■	■							■■■■
Gräser					■	■	■	■	■				■■■■
Beifuß							■	■	■				■■■■
Nessel						■	■	■	■				■
Goldrute							■	■	■				■
Gänsefuß						■	■	■	■				■
Sauerampfer					■	■	■						■
Spitzwegerich					■	■	■	■	■				■■

Das Bioklima in Deutschland

Wo wir auch leben, arbeiten oder Urlaub machen – in Mitteleuropa wirkt das Wetter langfristig reizend, schonend oder belastend. Mediziner und Meteorologen haben über viele Jahre Daten gesammelt und Kriterien zusammengestellt, um unsere verschiedenen Naturräume nach ihrer bioklimatischen Wirkungsweise auf den Menschen zuordnen zu können. Jede Region hat ihre Eigenheiten, die im täglichen Wetterablauf reizende, stressende, wohltuende oder behagliche Effekte auslösen.

Im Vordergrund stehen dabei Einflussgrößen wie Wärme- und Kältebelastung durch Schwüle bzw. Wind oder Frost, Tage mit Sonnenschein oder trübem Himmel sowie die immer bedeutsamer gewordene UV-Strahlung.

Der Pollenflugkalender zeigt die Blühtätigkeit der einzelnen Bäume, Blumen und Gräser in den verschiedenen Monaten und Regionen.

Besondere Bioklimazonen

Hoch und Tief sind in einer fein gegliederten Landschaft nie über einen Kamm zu scheren. Je nach Höhenlage, Landschaftsrelief und Oberflächenart können zwischen Meer, bewaldetem Hügelland, Kulturflächen, Ballungsräumen und Gebirgen große, manchmal sogar gegensätzliche Wetterwirkungen auf das menschliche Befinden eintreten. Daher ist es sinnvoll, die einzelnen Gebiete nach ihren Wirkungsweisen zu unterteilen. Es gibt drei spezielle Bioklimazonen, die sich in ihrem biologischen Einfluss wesentlich vom Flachland unterscheiden:

Die Auswirkungen von Hoch- und Tiefdruckgebieten auf den menschlichen Organismus sind je nach regionalen Einflussgrößen weiter zu unterscheiden. Bestimmte Landschaften gelten deshalb als spezielle Bioklimazonen.

Hochgebirgsklima

Wer im Flachland zu Hause ist und sich dann im Urlaub oder in der Freizeit in Berglagen aufhält, sollte über die vorteilhaften wie auch nachteiligen Effekte des dortigen Klimas Bescheid wissen.

Mittelgebirgsklima

Auch in den Mittelgebirgslagen unterhalb von 1000 Meter Höhe erfährt das Wetter bereits erhebliche Abwandlungen von durchschnittlichen Flachlandverhältnissen. Wir erleben ein anderes Klima.

Seeklima

Jeder, der sein Alltagsleben im Binnenland verbringt, merkt schnell, wie gänzlich anders allein schon das »normale« Wetter am Meer ist. So lässt sich ein eigenes Seeklima definieren, das an der Nordsee grundsätzlich reizintensiver ausfällt als an der Ostsee.

	Klimabesonderheiten verschiedener Regionen		
	Hochgebirgsklima (über 1000 m)	**Mittelgebirgsklima**	**Seeklima**
reizstark	mehr UV-Strahlung höhere Windgeschwindigkeiten weniger Sauerstoffdruck niedrigere Lufttemperaturen	mehr UV-Strahlung (auf Bergkuppen) niedrigere Lufttemperatur (auf Bergkuppen)	mehr UV-Strahlung mehr Wind niedrigere Lufttemperatur Salzpartikel
schonend	weniger Luftfeuchtigkeit reinere Luft kaum Allergien	weniger Wärmebelastung (in Wäldern) größere nächtliche Abkühlung (Berg-Tal-Wind) reinere Luft (in Wäldern) weniger Nebel (auf Anhöhen, Bergkuppen)	weniger Schwüle reinere Luft weniger Allergene

Reise-Bioklima

Eine Reise bedeutet immer einen Wechsel der klimatischen Umgebung, die an den Organismus neue Anforderungen stellt. Besonders zu beachten sind Sonnenscheinintensität, Wärmebelastung und der Einfluss von warmen oder kühlenden Winden im jeweiligen Land bzw. Landesteil.

Durch Sonderangebote und die Last-minute-Buchungswelle sind Kurzfristurlaube stark in Mode gekommen. Doch wir dürfen eines nicht unterschätzen: Aus dem Blickwinkel der Evolution ist der menschliche Körper zu Fuß unterwegs. Umstellungen auf ein deutlich anderes als das gewohnte Klima können nicht »auf Knopfdruck« vonstatten gehen. Unser Organismus muss sich, egal in welchem Klima, an die Reizstärke gewöhnen. Diese Phase dauert auch bei einem ganz normalen Urlaub etwa drei Wochen. Kürzere Aufenthaltsdauern stellen wegen der starken klimatischen Reize oft sogar eine Belastung für den Organismus dar. Nur die schonenden Verhältnisse wie die Allergenfreiheit im Hochgebirge oder die reduzierte Schwüle an der See können sofort entlastend und gesundheitsfördernd genutzt werden.

Die Liste auf der folgenden Seite gibt Empfehlungen für bioklimatisch zu bevorzugende Küstenregionen im Mittelmeerraum und in anderen europäischen Ländern im Lauf eines Jahres.

> Wenn Sie zu den wetterfühligen Menschen oder zu den Pollenallergikern zählen, sollten Sie sich unbedingt darüber informieren, wie die Verhältnisse an Ihrem geplanten Urlaubsort beschaffen sind. Bei den Fremdenverkehrs- oder Informationsämtern sämtlicher Ferienregionen Deutschlands können Sie entsprechende Daten anfordern.

Günstige Urlaubsregionen mit weniger Wärme-/Schwülebelastung	
Monat	günstige Länder und Küstenregionen
Januar	ägyptische und tunesische Küste
Februar	Costa del Sol, türkische Riviera, Zypern, israelische Küste
März	Malta, Zypern, Kanarische Inseln
April	portugiesische Atlantikküste, Costa del Sol, Malta, Ägäis, Südküste der Türkei, Balearen
Mai	französische und italienische Riviera, dalmatinische Küste, Schwarzes Meer, Balearen, Sardinien, Ägäis
Juni	Atlantikküste, Golf von Lion, Beneluxländer, Kroatien, Korsika
Juli	Atlantikküste, Golf von Lion, Beneluxländer
August	Atlantikküste, Golf von Lion, Bulgarien, Rumänien
September	portugiesische Küste, französische Riviera, Costa Brava, dalmatinische Küste, Italien (ohne Sizilien)
Oktober	portugiesische Küste, Südgriechenland, Ägäis, algerische Küste, Balearen, Malta, Sardinien, Südküste der Türkei
November	Algarve, Malta, Zypern, tunesische Küste
Dezember	Kanarische Inseln, israelische, ägyptische und tunesische Küste

Den Erholungsfaktor berücksichtigen

Von den klassischen Urlaubsdomizilen des Mitteleuropäers taucht in den Sommermonaten Juni, Juli und August die Küstenregion um den italienischen Stiefel hier nicht auf. Große Hitze im Landesinneren und teils drückende Schwüle sind in dieser Zeit vor allem für Herz-Kreislauf-Labile alles andere als empfehlenswert. Doch für eine Familie mit Kindern und Terminzwängen durch die Sommerferien geben Sonnenscheingarantie und angenehme Meerwassertemperaturen oft genug den Ausschlag vor reinen Wohlfühlkriterien des Klimas.

Gerade im Mittelmeerraum bieten gemäßigtere Wärme, stabile Hochs und aufgeheiztes Küstenmeerwasser von Mitte August bis Mitte September erst ideale Urlaubserholung.

Saftige, grüne und reich blühende Hinterlandschaften bei sonnigem, aber noch nicht schwül-heißem Wetter locken außerdem in der Vorsaison um den Monat Mai in südliche Gefilde.

Ein Blitzurlaub aus frostig-trübem Novemberwetter auf sonnig-warme Inseln im Süden mag einerseits Energie schenken. Doch die Rückkehr bedeutet neues Eingewöhnen – nicht selten mit Schnupfen und Lustlosigkeit.

Nicht nur wegen der Heerscharen von Urlaubern, auch wegen des Klimas lohnt es sich oft, nicht in der Hauptsaison das Sommerurlaubsdomizil anzusteuern. Wenn Sie also flexibel genug sind, im Juni oder späten September statt im Juli oder August ans Mittelmeer zu fahren, sollten Sie das unbedingt tun. Das Wetter ist dann weniger extrem, und der Erholungs- und Entspannungseffekt ist deutlich größer als im Stress und in der Hitze der Hauptsaison.

Calendarium Oeconomicum
Practicum Perpetuum,
Das ist:
Immer-währender Curieuser
Hauß-
Calender/

Darinnen zu finden

Wie ein jeder Hauß-Vatter
sein Hauß-Wesen mit Nutzen einrichten/ die Miß-Jahre erkennen/ der bevorstehenden Noth weißlich vorkommen/ und die folgende Zeit über, nach der sieben Planeten Influentz judiciren möge/
Gestellet von

D. MAURITIO Knauer/
Abbten zum Kloster Langheim/

Deme beygefüget
eine feine Anweisung
Was von Monat zu Monat
durch das gantze Jahr
im Haußhaltung zu thun sey.

Brün/
Zu finden bey Georg Lehmann/
ANNO 1715.

Regeln, Weisheiten und Wetterboten

Weit vor der Zeit von elektrischem Licht, Telefon und Computerrechnern wussten die sesshaften Menschen in unserem Kulturkreis, die ihr Leben nach den Naturgegebenheiten ausrichten mussten, die Zeichen des Himmels zu deuten. Um besser planen und wirtschaften zu können und auch Schäden vorzubeugen, war die Kenntnis von Wetterboten oft lebens-, wenn nicht gar überlebenswichtig.

Singularitäten – Erfahrungen mit Prognosewert

Der Mensch plant gern im Voraus. Daher kommt der unbändige Wunsch, mehr über die Zukunft zu erfahren. Nicht umsonst sind Wetterfrösche in den Medien ebenso gefragt wie verpönt – besonders, wenn die Vorhersage ausgerechnet zum verlängerten Wochenende danebenlag. Hier tritt ein praktisches Problem zutage, das bei der Launenhaftigkeit unseres Wetters noch immer unvollständig gelöst ist. Neben den großen, chaotisch erscheinenden Abfolgen von Wetterlagen und -erscheinungen im Rhythmus der Jahreszeiten haben aber gründliche Wetteraufzeichner und Klimastatistiker doch ein paar verlässlichere Anhaltspunkte herausgefunden. Merke: Nicht immer gehorcht Wetter dem Prinzip des Würfelspiels.

Nach dem Motto: »So kommt's oft, aber nicht immer« lassen sich in Mitteleuropa übers Jahr gewisse Zeitpunkte herausheben, zu denen das Wetter öfter ähnlich wiederkehrt als zu anderen Zeiten. Statistisch sprechen wir bei einer Eintreffwahrscheinlichkeit von über 60 Prozent, also in zehn Jahren mindestens sechsmal, von »Singularitäten«. Manche dieser oft wiederkehrenden Wetterlagen haben über die Jahrhunderte zu typischen Begriffen geführt.

So finden die altbekannten »Eisheiligen« nach wie vor im Mai mit Kälterückfall und teils Spätfrösten, in den Alpen mit spätem Schnee bis in Talnähe statt. In den letzten Jahren weicht diese Wetterlage aber vom traditionellen Kalendertermin öfter ab und tritt etwas früher ein.

Auf die »Schafskälte« im Juni ist in der Regel Verlass; ebenso auf Tauwetter mit atlantischen Tiefs ausgerechnet dann, wenn unsere romantischen Kindheitsträume von Weihnachten im Flockenwirbel erfüllt werden wollen. Nicht selten wird jedoch der Schnee um Ostern »nachgeholt« …

Unsicherer ist die Phase eines zweiten sonnig-heißen Hochsommerschubs, auch »Hundstage« genannt. Sie treten manchmal schon Ende Juli auf, werden dann jäh von Gewittern und nachfolgendem Landregen abgelöst, oder sie fallen einfach ganz aus.

Ebenfalls in unserem Wetterkalender verankert ist der »Altweibersommer«. Er stellt sich dank eines stabilen Hochs über Europa meist Ende September mit wolkenlosem Himmel und herrlicher Bergfernsicht bei uns ein.

Im Zeitalter der technischen Beherrschbarkeit der Welt und des Forscherdrangs wurden die althergebrachten Regeln und Wetterweisheiten landauf, landab milde belächelt und als überkommener Volksaberglaube abgetan. Die meisten Landwirte schafften sich moderne Maschinen und Aussaatkalender an und verloren ihr Gespür für den richtigen Zeitpunkt. Inzwischen ist aber wieder ein starker Trend in die andere Richtung erkennbar. Wir beginnen einzusehen, dass teils jahrhundertealte Erfahrung nicht ganz falsch sein kann, auch wenn sie nicht immer hundertprozentig richtig voraussagt.

Singularitätenkalender: So kommt´s oft – aber nicht immer!		
Monat	**Kälteperiode**	**Wärmeperiode**
Januar	7.–9. Wintereinbruch 17.–20. Hochwinter	
Februar	um 16. Spätwinter	um 9. Tauwetter
März	um 25. Kälterückfall	
April	25.–27. kühl-bewölkt	um 22. Mittfrühling
Mai	1.–10. Kälte (»vorgezogene Eisheilige«)	15.–20. Spätfrühling
Juni	11.–20. »Schafskälte«	3.–10. Frühsommer
Juli	um 22./um 30. kühl-bewölkt	9.–14. Hitzewelle (1. Hochsommer)
August		1.–7. Hitzewelle (2. Hochsommer) »Hundstage«
September	um 15. kühl-bewölkt	1.–6. Spätsommer um 11. sonnig-warm ab etwa 26. »Altweibersommer«
Oktober	um 15. kühl und regnerisch	erste Tage ausklingende Wärme
Dezember	1.–5. Wintereinbruch um 15. Wintereinbruch um Silvester Kälteeinbruch	24.–28. »Weihnachtstauwetter«

Gemäß dem Singularitätenkalender hat jeder Monat des Jahres – ausgenommen ist nur der November – einen oder mehrere Termine, die mit typischen Wettererscheinungen verbunden sind. Diese Daten gründen sich auf langjährige Beobachtung, und sie treten häufig, wenn auch nicht mit perfekter Regelmäßigkeit auf.

Heißer Sommer – kalter Winter?

Ältere Menschen sind sich sicher, dass diese Regel früher meist gestimmt habe. Doch die Langzeitanalysen sprechen eine andere Sprache. In unseren Breitengraden mit nahezu allen Wettervarianten regiert »König Zufall«. So lassen sich aus schönen Sommern mit ausgeprägten Hitzeperioden ebenso wenig strenge und schneereiche Winter für Mitteleuropa voraussagen wie umgekehrt. Nach Frost und Schnee erleben wir mal sonnig-warme, mal wechselhaft-kühle und teils verregnete Sommer. Und selbst die Unkenrufe, dass hausgemachte Klimaänderungen den Frühling bei uns vorgezogen, den

Sommer extremer und den Herbst verkürzt oder verfrüht hätten, regen allenfalls zum kritischen Nachdenken über die Einflüsse des Menschen auf unser Klima an.

Erst unsere Nachfahren im dritten Jahrtausend werden wohl rückblickend erkennen können, ob neue Zusammenhänge entstanden sind oder alte historische Wetterverhältnisse wiederkehren. Für uns bleibt das altbewährte Motto: Nehmen wir das Wetter, wie es kommt.

Weiße oder grüne Weihnachten?

Alle Jahre wieder ertönt in deutschen Landen zur Adventszeit: »Früher gab es noch richtig Schnee zu Weihnachten!« Doch die Wetterstatistiken können auch dies nicht belegen. Meist sind es tief eingeprägte Kindheits- oder Jugenderinnerungen an besonders verschneite und frostige Winter, die eben auch weiße Weihnachten bescherten. Die unauffälligen oder schmuddeligen Wetterversionen werden gern vergessen oder verdrängt.

Wer die Wahrscheinlichkeit erhöhen will, Weihnachten mit Schnee vor der Haustür zu verbringen, muss sich in höhere Regionen begeben.

Weiße Weihnachtstage mit Schneedecke oder Schneefall sind außerordentlich höhenabhängig: Unter 500 Meter Seehöhe tritt weiße Weihnachten im Schnitt alle sieben Jahre, deutschlandweit sogar nur alle zehn Jahre auf – zuletzt 1996.

Wer also Weihnachten sicher im Schnee verbringen will, muss sich entweder in alpine Wintersportorte über 1200 Meter oder, bei vorangegangener Schneefallperiode, eher in östliche Mittelgebirge begeben. Auf den Nordseeinseln und am Oberrhein stehen die Zeichen jedenfalls am häufigsten – und beinahe schon zuverlässig – auf »Grün«.

Vollständig geklärt, wieso zwar die Adventszeit öfter in Schnee und Frost stattfindet, dann kurz vor dem Fest aber alles dahinschmilzt, ist dieses Wetterrätsel bis heute nicht. Letzten Endes hält aber der Atlantik mit seinem wärmenden Golfstrom mehr Energie bereit als ein kontinentales Hoch im Osten.

Auch im teils schneereichen Winter von 1998/1999 blieb der Wunsch nach einer weißen Weihnacht in weiten Teilen Deutschlands unerfüllt. Die Pracht kam zwar in den Bergen in Hülle und Fülle, aber an den Weihnachtsfeiertagen waren tiefe Lagen schneefrei.

Bewährte Wetterregeln

Aus den Wetterabläufen der einzelnen Monate haben unsere Vorfahren Witterungszusammenhänge mit der nachfolgenden Zeit beobachtet und als praktische Wetterregeln weitergegeben. Einige für jeden Monat sind auch mit Hilfe der modernen Klimastatistik als recht treffsicher belegt worden. Ob und wie gut diese Zusammenhänge in den unterschiedlichen Regionen passen, können wir durch eigenes Beobachten und Aufzeichnen leicht überprüfen.

Januar
- milder Januar bringt spätes Frühjahr
- oft Regen im Januar, oft Schnee im April
- nasser Januar, trockenes Frühjahr
- viel Nebel im Januar, häufig Regen im Frühjahr
- frostiger Januar, milder Frühling
- schneereicher Januar, schöner Sommer

Februar
- milder Februar, kühl-durchwachsen im Frühjahr/Sommer
- nasser Februar, (Spät-)Fröste bis Mai
- schneearmer Februar, Schnee um Ostern
- nass-kalter Februar, milder Frühling
- frostig-trockener Februar, warmer April/Mai
- windig-kalter Februar, schöner Frühling

März
- zeitiges Frühjahr, früher Herbst
- Gewitter im März, Kälterückfälle im Mai
- sonnig-milder März, nass-kalter April/Mai
- nass-kalter März, mehr Wärmeperioden im Sommer
- nass-kalter Vorfrühling, Mai weniger Spätfrostgefahr
- trockener März, trockener Juni (Süddeutschland)

April
- nass-kalter April, milder Mai
- sonnig-milder April, Spätfrost im Mai (Juni)
- nasser April, sonnig-warmer Juni

Mai
- feucht-kühler Mai, warmer Juni
- trockener Mai, oft verregneter Juni
- heißes Maiende, nass-kalter Junibeginn
- um den 12. Mai warm, Oktober/November oft mild
- Ende Mai bewölkt, Herbst eher schön und warm

Juni
- heiße erste Junihälfte, nasser Hochsommer
- gewittriger Juni, sonniger Juli

- bewölkt-kühl um den Siebenschläfer (27.), wechselhafter Hochsommer (besonders in Süddeutschland)

Juli
- erste Julidekade sonnig, bis Mitte August eher trocken (Badewetter)
- erste Julidekade bewölkt-nass, Hochsommer bis Augustanfang wechselhaft
- heiß um den 25., kalter Januar
- Ende Juli sonnig-heiß, bis Mitte August weiter Badewetter
- warmer Juli, warmer September (Süddeutschland)

August
- erste Augustwoche heiß, mehr Schnee im Winter
- viel Sonne um den 10., trockener Herbst
- warmer August, oft milder Februar
- viel Regen um den 25., trockener Oktober/November

September
- wenig Sonne in der ersten Dekade, auch eher bewölkt bis zum Ende (Norddeutschland)
- um den 1. und 11. trocken, oft insgesamt eher trocken
- ausgiebiger Altweibersommer, ganzer Herbst eher trocken
- um den 16. bis 18. sonnig, nächstes Frühjahr trocken
- um den 16. bis 18. bewölkt, nächstes Frühjahr nass
- um den 21. verregnet, vier Wochen eher nass
- sehr mild und am Ende verregnet, oft milder Winter (besonders Februar)

Oktober
- vor allem um den 18. trocken-warm, kalter Januar
- frühzeitig erster Schnee, Winter eher mild
- windig-nass und Gewitter, auch erste Winterhälfte eher wechselhaft

November
- erstes Drittel frostig, nasser Januar
- um Allerheiligen nass-kalt, um zweites Drittel oft viel Sonne (im Flachland Nebel)
- um die Mitte sehr mild, letzte Dezemberdekade eher frostig (Weihnachten bis Neujahr)
- um 22. mild, oft bis in zweite Adventswoche mild
- um 25. trocken (neblig), oft trocken-stabiler Februar
- insgesamt sonnig-klar, dann Januar bewölkt und mild

Dezember
- Anfang frostig, ganzer Dezember eher kalt
- geschlossene Schneedecke zu Beginn = weiße Weihnachten auch im höheren Flachland (über 400 Meter) zu 70% wahrscheinlich
- mildes erstes Drittel, Hochwinter auch mild
- lauer Dezember, mildes Frühjahr und selten strenger Winter
- insgesamt trocken, oft dann auch trockenes Frühjahr

Ein historischer Nachtrag – wie es zu unserem Kalender kam

Seit dem Jahre 46 vor Christus läuft die Zeiteinteilung bei den europäischen Kulturen nach »römischen Uhren«. Beauftragt von Julius Cäsar, errechnete der Mathematiker Sosigenes aus Alexandria den Sonnenjahrkalender. Ein Erdenjahr dauert astronomisch exakt 365,2422 Tage – das wussten bereits die alten Ägypter seit dem fünften Jahrtausend vor Christus. Der so entstandene julianische Kalender hatte jedoch ein jährliches Defizit von elf Minuten und 9,6 Sekunden.

Erst mit Papst Gregor XIII. wurde dies 1582 endgültig mit einer Reform ausgeglichen. Er benannte den 4. Oktober zum 15. Oktober, und damit fielen die Sonnenwenden im Sommer und Winter sowie die Tagundnachtgleichen im Frühling und Herbst wieder auf die astronomisch korrekten Termine. Durch Hinzunahme eines Tages alle vier Jahre – den 29. Februar im Schaltjahr – wird seither das auflaufende Zeitdefizit immer wieder elegant beseitigt.

Manche alten Bauernregeln, so beispielsweise die Siebenschläferregel am 27. Juni, müssten eigentlich heute zehn Tage später angesetzt werden. So ist der »wahre« Siebenschläfer nach dem gregorianischen Kalender erst am 7. Juli. Und tatsächlich gibt das Wetter zwischen dem 5. und 10. Juli oft die treffsichereren Schlüsse auf den Charakter des Hochsommers.

Schon vor Jahrtausenden haben Gelehrte durch die Sternenbeobachtung und den immer wiederkehrenden Wechsel der Jahreszeiten erkannt, dass sich die Phasen in ein festes Ablaufschema fassen lassen. Die Einteilung des Jahres in Tage, Wochen, Monate ist eine Leistung, die ohne komplizierteste technische und elektronische Hilfsmittel zu erbringen, beinahe unglaublich anmutet. Dennoch waren die Berechnungen und Beobachtungen schon vor Jahrhunderten äußerst exakt.

Alte und neue Monatsbezeichnungen

Monatsname heute	altdeutsch	Wetter- und Naturbezug
Januar	Hartung	kältester Monat
Februar	Hornung	das Vieh hörnt sich
März	Lenzmond	Kampf und Umbruch
April	Keimmond	Knospen und Blüten
Mai	Wonnemond	Wachstum, Lebensgeister
Juni	Brachmond	dritter Feldanteil bearbeitet
Juli	Heumond	große Grasschnitte
August	Erntemond	Haupterntezeit
September	Herbstmond	Wärme geht, Waldarbeit
Oktober	Weinmond	Zeit der Winzerarbeit
November	Nebelmond	häufig Nebel
Dezember	Wintermond	Kälte und Dunkelheit

Die ausgewählten altdeutschen Bezeichnungen der einzelnen Monate spiegeln wider, um wie viel mehr die Menschen früher ihr Leben nach den Vorgaben des Wetters ausrichten mussten. In diesen Begriffen verdeutlicht sich auch ein fast verloren gegangener Reichtum: der Einklang mit der Natur.

Praktische Wetterregeln für den Hausgebrauch

Unsere Vorfahren hatten über Jahrhunderte keine andere Möglichkeit, auf das Wetter der nächsten Stunden zu schließen, als die Zeichen zwischen Himmel und Erde genau zu beobachten. Von den vielen mündlich überlieferten Erfahrungen haben einige Beobachtungsregeln bis heute ihre Gültigkeit behalten und sind wissenschaftlich erklärbar. Die nützlichsten Regeln sind für die einzelnen Wetterelemente hier zusammengefasst.

Die Phänomene zu deuten und aus den Kombinationen von Windrichtung, Wolkenzug und Temperaturveränderungen die richtigen Schlüsse zu ziehen, darin waren die Menschen früherer Zeiten geübt. Ihre Prognosen waren zwar nur von regional begrenzter Bedeutung und hatten eine kürzere Gültigkeit, doch für den Zweck der Organisation des eigenen Arbeits- und Freizeitlebens waren sie meist ausreichend.

Wind und Wolkenzug

Wärmer wird es, wenn vom Boden aus gesehen die höheren Wolken (Schäfchen-, Schicht- und Schleierwolken) im Vergleich zu den tieferen Wolken (Cumulus) mehr von Osten heranziehen.

Kälter wird es, wenn die höheren Wolken im Vergleich zu den tieferen mehr von Westen heranziehen.

Bei schönem Wetter in höhere Luftschichten aufziehende Schäfchenwolken (Altocumulus) kündigen häufig einen Umschwung zu Regenwetter an.

Ziehen die Wolken um mehr als eine Vierteldrehung (über 90 Grad) aus einer anderen Richtung, als der Wind bläst, bedeutet es für die Monate April bis Oktober Wetterumschwung oder wechselhaftes Wetter, von November bis März nach einer Frostperiode Tauwetter mit Regen. Das klingt wie Zauberei, ist aber durch die Windströmungsgesetze der Hochs und Tiefs auf der Nordhalbkugel bedingt und erlaubt eine grobe Aussicht auf die nächsten 24 bis 36 Stunden.

Wolken, Schnee und Regen

Für den ersten kurzen Ausblick in den anstehenden oder nächsten Tag erweisen sich schon einige Regeln über Wolken, Regen und Schnee in der nahen Umgebung als äußerst hilfreich. So mancher spontane Kurzausflug braucht damit nicht »ins Wasser« zu fallen.

Regeln, Weisheiten und Wetterboten

Praktische Regeln zu Wind und Wetter	
Regel	**Erklärung**
Wind von Sonnenaufgang ist schönen Wetters Anfang, Wind von Sonnenuntergang ist Regen Anfang.	Ostwind bringt trockene Luft Westwind bringt atlantische Tiefs
Südwest – Regennest.	Regenfronten mit viel Feuchtigkeit
Ziehen die Wolken dem Wind entgegen, gibt's schon morgen Regen.	Wetterlage stellt sich um
Ostwind bringt Heuwetter, Westwind bringt Krautwetter, Südwind bringt Hagelwetter, Nordwind bringt Hundewetter.	Trockene Luft reichlich Regen, kühl Sommerhitze und Schwüle nass-kalt
Kommt Wind vor Regen, ist wenig daran gelegen; kommt aber Regen vor dem Wind, zieh die Segel ein geschwind.	Schnelle Regenfront oder Schauer, breite Regenfront (Landregen).

Die Rauchfahnen allein lassen noch keine schlüssigen Aussagen über das herrschende oder das aufkommende Wetter zu. Erst die Kombination mit Wolkenbildern, Luftfeuchtigkeit und dem aktuellen Wetterstand können dem aufmerksamen und geschulten Beobachter einiges verraten.

Rauchfahnen und Wettertrend

Nützliche Windvorboten in unserer modernen Industrielandschaft sind hohe Fabrikschlote oder Kraftwerkskühltürme. Form und Ausrichtung ihrer Rauchfahnen geben bereits an einem windarmen Morgen oft verlässliche Auskunft, ob es ein ruhiger oder windiger Tag wird. Gut zu beobachten und zu deuten ist diese Erscheinung im Winterhalbjahr, dann verstärkt die kalte

Windströme lassen sich nicht nur am Wolkenzug erkennen. Ein viel besseres Hilfsmittel ist der Rauch aus Schornsteinen oder die Dampfwolke über dem Kühlturm eines Kraftwerks.

Luft die Kondensation und lässt besonders auffällige Rauchfahnen entstehen. Hier ein paar Faustregeln fürs Flachland:

- Frostiger Morgen und weitgehend senkrecht aufsteigende, bauschige Dampfwolke: Es bleibt kalt und windschwach, die Abgase werden kaum verblasen. Bei mehrtägig gleicher Wetterlage droht mit Dunst und Nebel in Städten auch Smoggefahr.

Praktische Regeln zu Wolken, Regen, Schnee und Wetter

Regel	Erklärung
Je weißer die Schäfchen am Himmel, desto länger bleibt's schön.	Feuchtigkeit fehlt.
Steigen zu Abend die Haufenwolken auf, gibt's Regen (Gewitter).	Regenfront/Schwüle bringen Luftfeuchtigkeit.
Scheint die Sonne bleich, ist die Luft regenreich.	Schicht- und Schleierwolken vor Regenfront.
Wenn die Wolken regnen, senken sie sich.	Vor und während Regenfront mehr Luftfeuchte.
Starke Güsse sind nicht von Dauer.	Meist nur bei Schauern intensiver Regen.
Schwarze Wolken, schwere Wetter.	Hoch reichende Wolken mit viel Regen lassen kaum Sonnenlicht durch.
Wenn große Wolken kleiner werden, wird's bald schön.	Ein (Zwischen-)Hoch trocknet die Luft ab.
Schnee von der Sonne getaut kommt wieder.	Kurzfristige Wärmeperiode.

- Frostiger Morgen und weitgehend senkrecht aufsteigende Dampfwolke, die sich rasch auflöst oder zerfällt: Nur in Bodennähe gibt es Frost, darüber Plusgrade und oft sehr gute Fernsicht (trockene Luft). Außer von November bis Mitte Februar folgt bei Sonnenschein tagsüber Tauwetter.
- Frostiger Morgen und schräge, lang gezogene Dampfwolkenfahne: Es bleibt kalt und wird ab dem späteren Vormittag zeitweise windiger.
- Frostiger Morgen und schräge, bald zerfallende Dampfwolkenfahne: Die Frostluft wird schon vormittags vom aufkommenden milderen Wind durchmischt, Reifansatz und Bodennebel verschwinden rasch. Dies sind Anzeichen für einen Wetterumschwung.
- Frostiger Morgen und waagrechte, lang gezogene Dampfwolkenfahne: Leichter, eisiger Wind verschärft sich vormittags. Die Temperatur steigt zwar an, doch wir empfinden sie kälter (typische Ostwindlage). Schneeverwehungen, »Böhmerwind«, oft sind extreme Kälteperioden mit russischer Kaltluft angesagt. Südlich des Mains sind in Kombination mit einem Italientief auch ergiebigere Schneefälle möglich.

Die verschiedenen Dampfwolkenbilder lassen Rückschlüsse auf das herrschende Wetter, den Luftdruck und den Wind zu. In Verbindung mit anderen charakteristischen Merkmalen lassen sich so verlässliche Voraussagen für das Wetter des Tages und vielleicht der kommenden Tage treffen.

Rauchfahnen und Windstärken

An Form und Lage von Rauch- oder Dampfwolkenfahnen können wir zum einen die Richtung feststellen, aus der der Wind kommt. Aber auch die Stärke des herrschenden Windes lässt sich zumindest auf freie Lagen in der Umgebung übertragen.

Der Rauch steigt ungehindert von Windeinfluss senkrecht in den Himmel auf.

Nahezu windstill

Die Dampf- oder Rauchfahnenbilder sind eine gute Alternative zur Windstärken- und Windrichtungsbestimmung, wenn nicht an Bäumen oder anderen Indikatoren die Werte nach der Beaufortskala (siehe Seite 92) feststellbar sind. Eine rege Industrie- oder Stromerzeugungstätigkeit kann hier also noch mit einem ungeahnten Sondernutzen aufwarten.

Leichte Brise

Ein gleichmäßiger Wind trägt die Rauchfahne mit fort, ohne sie zu zerreißen oder stark zu verblasen.

Auf freien Kuppen und Hügeln konstant mäßiger Wind

Mit zunehmender Windstärke beginnt die Rauchfahne zu »flattern«. Sie wird stärker auseinander geblasen und löst sich schneller auf.

Mäßiger bis starker, teils böiger Wind

Ein heftiger Wind reißt die Rauchfahne in Fetzen oder verwirbelt sie zumindest stark.

Böiger, starker bis stürmischer Wind

Gewitteraufzug

Die Wolken eines aufziehenden Gewitters sind als Hilfsmittel zur Vorhersage mit ganz besonderer Vorsicht zu genießen. Die vorausreichenden hohen Schleierwolkenschirme sind harmlos, geben aber nur manchmal die genaue Zugrichtung des Gewitters an.

Die kompakte Hauptwolkenmasse mit Starkregen und am Vorderrand in Zugrichtung auch Hagel wird vom Wind am ehesten in jene Richtung getragen, in die das Gewitter zieht.

Der tief hängende, oft blauschwarze Wolkenkragen als sichtbares Zeichen der nahen Böenwalze gibt Tempo und Zugrichtung des Vorderrands der Wolkenbruch- und/oder Hagelzone an.

Die vor der Regenzone nach oben oder zurück zum Gewitterzentrum gesaugten Wolkenfetzen bieten die tückischsten Täuschungsmanöver. Aus falschem Deuten können hieraus auf dem Wasser oder freien Feld lebensbedrohliche Situationen entstehen!

Grundsätzlich gilt: Bei Gewitteraufzug in den Bergen oder am Meer sofort umdrehen, Schutzhütten aufsuchen bzw. beim Segeln oder Surfen den sicheren Hafen ansteuern und warten, bis das Gewitter durchgezogen ist.

Gewitter verdienen ein gewisses Maß an Respekt. Selbst wenn zerstörerische Blitzschläge in den meisten Gegenden relativ selten sind, so dürfen die Auswirkungen eines Gewitter-Unwetters mit Starkregen, manchmal Hagel und Sturmböen nicht unterschätzt werden!

Regeln zu Gewitter	
Regel	**Erklärung**
Gewitter, die langsam ziehen, schlagen am schwersten.	Lokal viel Regen oder Hagel bei Hitzeperiode.
Große Unwetter kommen von großer Hitze.	Viel Energie und Feuchtigkeit zusammen ergeben starke Gewitter.
Auf schwüle Luft folgt Donnerwetter.	Wärme und hohe Luftfeuchte lassen Gewitter entstehen.
Ein Blitz trifft mehr Bäume als Grashalme.	Blitze suchen herausragende Gegenstände.
Alle bösen Wetter klaren gegen Abend.	Mit untergehender Sonne weniger Energienachschub.

Schlägt ein Blitz ins Haus ein, sucht er sich seinen Weg zur Erde meist über die »Metallbrücke« der Wasserleitung oder auch über die Stromleitung. Für die angeschlossenen Geräte bedeutet dies meist das Ende. Sie sollten also das Fernsehgerät, den Computer oder die Stereoanlage während eines nahen Gewitters nicht nur abstellen, sondern auch ausstecken.

Richtiges Verhalten bei Gewitter

Liegen bei aufziehendem Gewitter weniger als fünf Sekunden (zählen Sie von 21 bis 25) zwischen Blitz und Donnerschlag, sollten Sie unbedingt die nachfolgenden Hinweise beherzigen:

- Das Auto ist der beste Schutz. Fenster ganz schließen, Antenne einfahren, dann sind sie in Ihrem Wagen in einem so genannten »Faraday'schen Käfig« und vor Blitzschlag sicher.
- Raus aus dem See, weg vom Ufer. Blitze »suchen« das Wasser!
- Weg von Metall! Runter von Aussichtstürmen, vom Fahrrad, Metallzaungeländer – das sind Lockstoffe für Blitze!
- Zelte und Wohnwagen nicht auf Kuppen, an Waldrändern oder unter Einzelbäumen postieren!
- Im Haus weg von der Elektronik! Am besten stecken Sie alle elektrischen Geräte aus.

Bei einem niedergehenden Blitz werden gewaltige Ladungsunterschiede zwischen Wolken und Erde »auf einen Schlag« ausgeglichen. Der Blitz sucht sich dabei den kürzesten Weg zur Erde, so dass weit aufragende Türme, Bäume, aber auch ein Wanderer auf einem Feld oder ein Schwimmer im Wasser besonders gefährdet sind.

Vorsicht im Wald

Gerade im Wald sollten wir uns bei Gewitter und Blitzschlag vor vermeintlichem Schutz hüten: Hier sind vor allem Einzelbäume oder Waldstücke mit hochragenden Kronen die reinsten Blitzfänger. Nur gleichförmiger Wald (Fichtenmonokultur) schützt einigermaßen.

Sprüche wie »Buchen sollst du suchen, Eichen besser weichen« sind fatal! Auch wenn Blitzeinschläge oft nur an starkborkigen Bäumen zu sehen sind, entladen sich Blitze auch an glattrindigen Buchen. Dort bleiben aber über dem Wasserfilm keine Spuren zurück.

Grundsätzlich gilt im Wald bei Gewitter: Auch wenn die Baumkrone trügerischen Schutz verspricht – weg von großen Bäumen und am besten in eine Mulde kauern.

Nebel, Reif und Tau als Wetterboten

Einen klareren Durchblick in das bevorstehende Wetter geben auch bereits ein paar Erfahrungsregeln über das Verhalten von Nebel, Reif und Tau.

Regeln zu Nebel, Reif und Tau	
Regel	**Erklärung**
Wenn der Nebel steigt, gibt's Regen (Schauer).	Aus Nebel werden Wolken, dann Schauer (Gebirge).
Sinkt der Nebel in die Täler oder bleibt er dort, ist Schönwetter sicher.	Inversion ohne Wind bei (Zwischen-)Hoch.
Beginnt der Tag mit Nebel, wird's oft schön.	Stabile Hochlage (besonders im Herbst).
Reif und Tau machen den Himmel blau.	Starkes Auskühlen nachts bei Schönwetterhoch.

Was Kondensstreifen ankündigen

Auch künstlich erzeugte Zeichen am Himmel können als Wegweiser für das Wetter der nächsten Stunden dienen. Die den Schleierwolken der obersten Wetteratmosphäre in teils über zehn Kilometer Höhe verwandten Kondensstreifen geben oft zuverlässig Auskunft darüber, was die Jetstreams für uns am Erdboden in Vorbereitung haben.

● Bleiben Kondensstreifen unmittelbar hinter Flugzeugen nur kurz bestehen und lösen sich dann völlig auf, befinden wir uns in einem Zwischenhoch. Es sollte für mindestens einen Tag Sonne, von Oktober bis Februar danach aber oft Nebel bringen.

● Hinterlassen Jets lange, sich kaum bewegende und allmählich ausfransende Kondensstreifen, befinden wir uns unter einem alternden Hoch. Das bedeutet meist noch ein, zwei recht sonnige und immer für die Jahreszeit eher warme Tage. Im Flachland nimmt jedoch Dunst, von Oktober bis Februar auch Nebel zu.

● Ziehen Kondensstreifen in den nächsten Minuten nach ihrem Entstehen rasch in eine Richtung weiter, kündigt sich ein Umschwung zu Regenfronten an. Ist die Zugrichtung aus westlichen Richtungen, kommt atlantisch-kühles Wetter im Sommerhalbjahr und wechselhaft-mildes, teils windiges (Tau-)Wetter im Winterhalbjahr auf uns zu.

Ob natürliche Wolken oder Kondensstreifengebilde, beide zeigen am hohen Himmel durch schnelles Auflösen, langsames Wegziehen oder abschnittweises Ausbrechen, wie sich das Wetter in den nächsten Stunden und Tagen voraussichtlich entwickeln wird.

- Reißen die Kondensstreifen abschnittweise auseinander, bilden sie Verwirbelungen oder verschwinden sie plötzlich an einigen Stellen, dann herrschen in großen Höhen starke Turbulenzen, die ebenfalls auf ein baldiges Ende der stabilen Wetterlage bzw. den Fortbestand des wechselhaften Wetters hindeuten.

Regenbogen, Morgen- und Abendrot

Die prächtigen Farbenspiele der Sonnenstrahlen verleihen unserem Wettergeschehen eine zusätzliche Faszination. Einige Phänomene lassen aber auch auf den Wettertrend schließen und sind oft schon in uralten Regeln treffend beschrieben. Wir können sie gut im Alltag ausprobieren, denn sie gelten »außerhalb der üblichen Bürozeiten«.

Regeln zu optischen Erscheinungen und Wetter	
Regel	**Erklärung**
Morgenrot – Schlechtwetter droht.	Aufgehende Sonne scheint in Wolken, die im Westen aufziehen.
Abendrot – Gutwetterbot.	Untergehende Sonne scheint in abziehende Wolken im Osten.
Westwind und Abendrot machen die Kälte tot.	Westwetter bringt im Winter immer Tauwetter.
Wenn Mond oder Sonne haben einen Ring, folgt der Regen allerding.	Schleierwolken zeigen Feuchtigkeit in der Höhe – Regenfront naht.

Nicht nur für hochalpine Lagen, auch für Mittelgebirge gelten die Regeln, die auf einen Wettersturz und auf damit verbundene Gefahren hinweisen. Auch bei Bergtouren in Gebieten südlich der Alpen sollten Sie diese Hinweise berücksichtigen. Denn so mild das Klima etwa in Italien oder in Spanien während der Sommermonate scheinen mag, in den Abruzzen oder den Picos de Europa herrschen Wetterbedingungen, die weniger mediterran als vielmehr alpin sind.

Wettersturzanzeichen im Gebirge

Gerade bei ausgiebigen, mehrtägigen Bergtouren bis in alpine Höhen ist es von größter Wichtigkeit, die ersten Anzeichen eines Wettersturzes im Gebirge zu kennen und zu erkennen. Gute Beobachter machen heraufziehende Gefahr an folgenden Vorboten aus:
- starkes Morgenrot und Südwind (Föhn an den Nordalpen)
- starker Luftdruckabfall (vor dem Aufbrechen Barometer prüfen)
- vom Flachland her Haufenwolken, teils tief hängende Wolkenbänke mit Schauerlinien
- Schleierwolkenschirm mit finsterem Horizont (verursacht durch vorauseilende Frontgewitter)
- Unruhe in der Natur – Gämsen ziehen talwärts
- Temperatursturz und Windsprung auf West/Nord mit Sturmböen

Grundsätzlich gilt: Bei unsicherer Wetterlage die Bergtour lieber verschieben oder abbrechen und kein unnützes Risiko eingehen. Ein vorzeitiges Umkehren kann Menschenleben retten!

Tiere als Wetterboten

Manchmal eher zum Schmunzeln muten die Beobachtungen unserer Vorfahren an, wie sich in der freien Natur das weitere Wetter ankündigt. Einige Erfahrungen sind aber durchaus für den Hausgebrauch tauglich.

Schwalben
Fliegen Schwalben hoch, bleibt es schön – fliegen sie tief und unruhig, schlägt das Wetter um.

Bergdohlen
Vollführen Bergdohlen Flugakrobatik im Gipfelbereich, bleibt es schön. Fliegen sie in Scharen zu Tal, brauen sich Regenwolken oder Gewitter zusammen.

Alpendohlen sind nicht nur aufgeweckte, intelligente Flugakrobaten, sie wissen sich auch bei Wetterumschwung und nahendem Unwetter in Sicherheit zu bringen und ziehen sich in tiefere Lagen zurück.

Spinnen
Spinnen sie neue Netze oder Vergrößerungen, bleibt es schön – ist das Netz straff gesponnen oder ziehen sich die Spinnen zurück in den Unterschlupf, schlägt das Wetter um.

Bienen
Schwärmen Bienen früh und wiederholt aus, bleibt es schön. Ziehen sie sich zurück, bleiben sie im Nest oder sind sie aggressiv, schlägt das Wetter um.

Stechmücken
Sind Mücken ab Sonnenuntergang lästig (August bis Oktober), bleibt es schön. Sind sie schon ab Spätnachmittag stechlustig, zieht bald eine Regenfront oder ein Gewitter auf.

Frösche und Kröten
Abendliches und nächtliches Quaken heißt: Es bleibt stabil. Kommen sie aus ihrem Versteck und kriechen herum, schlägt das Wetter bald um.

Rehe und Gämsen
Bleiben sie zur Äsung auf Bergwiesen in oberen Bergregionen, hält das Schönwetter an. Bleiben sie im sicheren Bergwald oder suchen sie die Talnähe, kommt eine Regenfront oder ein Gewitter.

Ameisen
Wird die Brut an die Oberfläche des Ameisenhaufens getragen, bleibt es stabil. Herrscht eiliges und emsiges Umherrennen, kommt bald Regen.

Schnecken
Kriechen kleine Schnecken vermehrt an Grashalmen oder Baumrinden nach oben, steht in ein bis zwei Tagen Regen bevor.

Auch in anderen Erdteilen lassen sich Wetterentwicklungen vom Verhalten der Tiere ableiten. Diese Fähigkeit hat sich bei vielen Völkern im Lauf der Jahrtausende entwickelt und wird mancherorts bis heute gepflegt.

Unzweifelhaft ist der Einfluss des Mondes auf unsere Erde groß. Ebbe und Flut werden von ihm ausgelöst, die Aussaaten und Ernten richten sich zum Teil nach dem Mondkalender, und auch viele Handlungen in den alltäglichen Lebensbereichen können mit den verschiedenen Mondphasen kombiniert und so Erfolg versprechender vollzogen werden.

Pflanzen als Wetterboten

Auch an manchen Pflanzenarten kann das geübte Auge erkennen, wie sich das Wetter in den folgenden Stunden oder Tagen wahrscheinlich verändern wird.

Silberdistel und Enzian

Der Blütenkelch bleibt offen – das Schönwetter hält. Der Blütenkelch schließt sich, es kommt bald Regen (auch Gewitter).

Klee

Die Blütenköpfe stehen – es bleibt stabil. Die Blütenköpfe hängen, und die Blätter sind zusammengefaltet – es kommt Regen, manchmal auch ein Gewitter oder sogar Unwetter.

Laubbäume

Bleiben sie bis Mitte November auffällig belaubt, steigt die Wahrscheinlichkeit eines eher strengeren Winters.

Der Mond – ein Wetterprophet?

Als einziger die Erde umkreisender Trabant hat der Mond die Phantasie des Menschen seit Urzeiten beflügelt. Mal als hauchdünne Sichel, mal als gleißende Scheibe ändert er ständig sein Gesicht und wird oft nur nachts so recht wahrgenommen. Unser Mond lenkt die Gezeiten, so manche menschliche Stimmung, und er soll auch die Wachstumsrhythmen der Pflanzen mitprägen. Kein Wunder also, dass viele alte Kulturen mystische Zusammenhänge herstellten, die bis heute weder bewiesen noch vollständig widerlegt werden konnten.

Schon die Alemannen sagten ehrfurchtsvoll, wenn Wolken den nächtlichen Mond am Himmel bedeckten: »Gott macht seine Fenster zu.« So ist es immer noch verbreiteter Volksglaube, dass Mondwechsel gleich Wetterwechsel sei. Um Neumond oder Vollmond soll sich das Wetter zum Besseren oder Wechselhafteren wenden.

Wissenschaft und Vernunft können derlei Aussagen oft nicht durch Beweise stützen. Da aber der Mond auf allen Erdteilen in gleicher Phase sichtbar wird, sind weltweite Wetterumschwünge oder Regenzeiten just um Voll- oder Neumond kaum möglich.

Manches Wissen über den kurzfristigen Wettertrend anhand des Aussehens der Mondscheibe ist aber sehr wohl von praktischem Nutzen:

- »Bei Vollmond sind die Nächte kalt«: Gilt zwischen Oktober und April; klarer Himmel bedeutet viel Wärmeverlust.
- »Ring oder Hof um den Mond, bald Regen und Wind«: Aufzug von Schleierwolken kündigen Wetterumschwung an.
- Aufgehender rötlicher Mond von Wolken umgeben bringt bald Regen.

In seiner Funktion als Wetterkünder leistet der Mond gute Dienste, etwa dann, wenn er bestimmte Wolkenbilder durch Hintergrundbeleuchtung sichtbar macht.

Planeteneinflüsse aufs Wetter?

Seit Menschengedenken liegt eine große Faszination darin, aus Zeichen und Omen der Zukunft Geheimnisse zu entlocken. Glaubte man, brauchbare Rückschlüsse von Beobachtungen auf kommende Ereignisse gefunden zu haben, wurden sie mündlich oder schriftlich über Generationen weitergegeben. Solcherlei Überlieferungen gibt es auch für das Wettergeschehen. Sie reichen von der »Bauernpraktik« aus dem Jahre 1508 mit teils antiken astrologischen Wetterregeln über »Lostage« (katholische Heilige) und »Schwendtage« (Unglückstage) bis zum »Hundertjährigen Kalender«.

Der »Hundertjährige Kalender«

Er wird bis zum heutigen Tag von vielen für bare Münze genommen. Erstellt hatte ihn Abt Dr. Mauritius Knauer in siebenjähriger Aufzeichnungsarbeit von 1652 bis 1658 im Kloster Langheim im Bistum Bamberg. Man glaubte, dass die damals bekannten fünf Planeten Mars, Venus, Merkur, Saturn und Jupiter sowie die hinzugezählten »Planeten« Sonne und Mond mit den zugeschriebenen astrologischen Eigenschaften in festem Rhythmus alle sieben Jahre wiederkehrten und das Wetter »regierten«. Einmal also sieben Jahre akribische Aufzeichnungen, und man hatte vor allem für Mönche und Bauern die passenden Ratschläge beisammen. Der Erfurter Buchhändler Weinmann ließ aus diesen Daten später einen »immer währenden Kalender für Haus, Hof, Garten, Acker und Gesundheit« auflegen. Seine vermeintliche Glaubwürdigkeit hat sich selbst in Zeiten von Computern, Satelliten und Weltraumexpeditionen erhalten.

Jeder kann sich anhand der gezeigten Kurzübersicht ein eigenes Bild über Wahrheit oder Irrglauben dieses Kalenders machen.

Nach dem Einteilen des Jahres anhand der immer wiederkehrenden Sternbilder lag es nahe, auch für das Wetter Gesetzmäßigkeiten zu finden. Doch die Erfahrung belehrt uns eines Besseren: Zu viele nicht vorhersehbare Faktoren sind für die Wetterverläufe mitverantwortlich.

Planetenkalender 1999–2006 und Wettertrend

Jahrgang	Planetenregentschaft (jeweils ab 21. März)	zugeschriebener Wettercharakter
1999	Mondjahr	mehr feucht als trocken; mehr kalt als warm, Sommer teils heiß
2000	Saturnjahr	eher kalt und feucht; August und Herbstmonate ziemlich verregnet
2001	Jupiterjahr	ziemlich warm und mehr trocken als feucht; später Frühling
2002	Marsjahr	eher trocken als feucht; mehr trockene als nasse Tage
2003	Sonnenjahr	mehr trocken als feucht; nur mittelmäßig warm
2004	Venusjahr	eher feucht als trocken; zu jeder Jahreszeit ziemlich mild/warm (schwül)
2005	Merkurjahr	mehr trocken als feucht; mehr kalt als warm; selten fruchtbar
2006	ab 21. März wieder Mondjahr	

Der Bauernkalender

Von jeher ist die Landwirtschaft besonders abhängig von der Witterung; so ist es naheliegend, dass die Bauern durch Beobachten Gesetzmäßigkeiten im Wettergeschehen zu entdecken versuchten und diese in den so genannten »Bauernregeln« weitergaben. Eine besondere Rolle spielten dabei immer bestimmte Tage oder mehrtägige Abschnitte des Jahres, nach deren Wetter der spätere Witterungsverlauf vorhergesagt wurde.

Die 36 treffsichersten Regeln aus dem Bauernkalender

Längst nicht alle Wetterregeln aus dem Bauernkalender erweisen sich als richtig, doch einige von ihnen weisen eine ziemlich hohe Trefferquote auf. Die 36 treffsichersten seien hier genannt.

Januar
- Ist bis Dreikönigstag (6.) kein Winter, kommt auch keiner mehr dahinter.
- Auf trocken-kalten Januar folgt viel Schnee im Februar. (Süddeutschland)
- Ist zu Pauli Bekehr (25.) das Wetter schön, wird man ein gutes Frühjahr sehn. (viel Sonnenschein)

Februar
- Wenn die Februarsonne den Dachs nicht weckt, schläft er bis April noch fest.
- Scheint an Lichtmess (2.) die Sonne heiß, kommt noch sehr viel Schnee und Eis.
- Felix und Petrus (21./22.) zeigen an, was wir 40 Tage für Wetter han. (besonders ohne Regen)

März
- Zeigt der März sich nass und kalt, kommt auch im April kein Frühling bald.
- Wie das Wetter zu Frühlingsanfang (20./21.), ist es den ganzen Sommer lang. (besonders Juni)
- Hält Sankt Ruprecht (28.) den Himmel rein, so wird es auch im Juli sein.

April
- Wie's im April und Maien war, so wird das Wetter im ganzen Jahr. (außer Regen)
- Gewitter um Georgiustag (23.), folgt gewiss noch Kälte nach.
- Ist's vor Markus (25.) warm, wird's danach kalt.

Mai
- Auf nassen Mai folgt ein trockener Juni. (Süddeutschland)
- Weht im Mai der Wind aus Süden, ist uns Regen bald beschieden.
- Das Wetter auf Sankt Urban (25.) zeigt des Herbstes Witterung an. (bei vielen Wolken)

Juni
- Juni mit viel Donner, bringt Sonne viel im Sommer.
- Wie's Wetter um Metardi (8.) fällt, es bis zum Monatsende hält.
- Das Wetter am Siebenschläfertag (27.) noch sieben Wochen bleiben mag. (besser: um 27., nicht für Küsten gültig!)

Juli
- Ist Siebenbrüder (10.) ein Regentag, so regnet's noch sieben Wochen danach.
- Wie's Wetter an Sankt Margaret (13.), dasselbe noch vier Wochen steht. (besonders Sonnenschein)
- Sind um Jakobi (25.) die Tage warm, gibt's im Winter viel Kälte und Harm.

August
- Schöner Laurentiustag (10.) – trockener Herbst.
- Wie das Wetter am Himmelfahrtstag (15.), so es noch zwei Wochen sein mag. (bei viel Sonnenschein!)
- Bleibt Sankt Bartholomäus (24.) im Regen steh'n, ist ein guter Herbst vorauszuseh'n.

September
- Schönes Wetter hat noch auf Wochen des Ägidius (1.) Sonnenschein versprochen.
- Wie sich das Wetter an Maria Geburt (8.) verhält, so ist's noch weitere vier Wochen bestellt.
- Wie's der Mathis (21.) treibt, es vier Wochen bleibt. (besonders Sonnenschein, kein Regen)

Oktober
- Ist der Oktober warm und fein, kommt ein strenger Winter drein.
- Schneit's im Oktober gleich, dann wird der Winter weich.
- Bringt der Oktober noch Gewitter, wird der Winter meist ein Zwitter.

November
- Friert im November zeitig das Wasser, wird's im Januar umso nasser.
- Wenn die Martinigänse (15.) auf dem Eise geh'n, muss das Christkind im Schmutze steh'n.
- Wie der Tag zu Sankt Kathrein (25.), wird der nächste Februar sein. (trocken/nass)

Dezember
- Fällt auf Eligius (1.) ein kalter Wintertag, die Kälte noch vier Wochen dauern mag.
- Ist's an Weihnachten (25./26.) kalt, ist kurz der Winter, das Frühjahr kommt bald.
- Wenn's auf Weihnacht ist gelind, sich noch viel Kält' einfind'.

Der Mensch als Wettermacher und Klimastörenfried

Bisher haben wir die großen und kleinen Wetter- und Klimaeigenschaften mit all ihren Wechselwirkungen zwischen Mensch und Natur betrachtet. Wenn es in unserer modernen Welt oft technisch kontrolliert, vorausgeplant und naturentfremdet zugeht – beim Wetter sind wir doch meist der Willkür der Atmosphäre ausgesetzt. Das stimmt allerdings nur insofern, als wir uns über die Folgen unseres kurzsichtigen Tuns immer noch zu wenig im Klaren sind. So verändern wir Menschen teilweise mehr an den Bestandteilen und Charaktereigenschaften des Wetters, als es sich der Einzelne eingestehen möchte. Die nachfolgende Auflistung der bekanntesten menschengemachten Auswirkungen spricht für sich.

Dabei ist es unerheblich, ob sich die Erdatmosphäre und die Meere überall oder nur regional erwärmen. Wenn wir berücksichtigen, dass in der letzten Eiszeit die mittlere Temperatur auf der Erde nur ca. 4 °C bis 6 °C niedriger als heute lag, ist 1 °C Erwärmung allein in diesem Jahrhundert Anlass genug, umsichtiger mit dem Rohstoff Energie zu haushalten.

Wohl keiner von uns kann angesichts dieser Tatsachen von sich behaupten, nicht in irgendeiner Weise indirekt oder direkt auf das Wetter und das weltweite Klima Einfluss zu nehmen.

Auch hierbei gilt der Spruch: Steter Tropfen höhlt den Stein.

Durch Menschen verursachte Wetterlagen

- Dunst oder Nebel tritt als gefährlicher »Smog« auf. (»Smog« aus engl. »smoke« und »fog«, also »rauchverschmutzter Nebel«)
- Mehr Schleierwolken durch Kondensstreifen der Düsenflugzeuge.
- »Wärmeinseln« durch die Wärmeabstrahlung der Großstädte in kühlerer Umgebung.
- Künstliche Regenwolken durch Ausbringen von Kondensationskernen und Eiskeimen mit Raketen oder Flugzeugen.
- Künstliche Schneedecke durch »Schneekanonen« und Beschneiungsanlagen
- Weniger Hagel durch »Wolkenimpfung« mit Silberjodid.
- Weniger Sonnenlichtintensität durch Brandrodung.
- Weniger Wolken, Schauer und Frost, aber mehr Nebel durch Stauseen.
- Gestörte Regenzeiten durch Abholzen der tropischen Regenwälder.
- Mehr Hitzerekorde und Orkane durch den »Treibhauseffekt«.
- Mehr UV-Strahlung durch »Ozonlöcher«.

Das Klima zu schonen fängt im Kleinen an, bei jedem Einzelnen von uns. Sicher ist es wichtig, bei der Energiegewinnung von fossilen Brennstoffen auf erneuerbare Energieformen umzusteigen. Doch das ist nur in einem begrenzten Rahmen möglich. Der Energiebedarf weltweit ist riesig, und die Länder, deren technologische Entwicklung noch bevorsteht, werden zum weiteren Anwachsen des Energiebedarfs und somit der Umweltbelastung beitragen. Doch auch der Individualenergieverbrauch summiert sich, und so ist jeder persönlich gefragt, mit Energie umsichtig und maßvoll umzugehen.

Der Treibhauseffekt

Schon seit Jahrmillionen gibt es Klimaschwankungen. Dauer und Intensität von Warm-, Kalt- oder gar Eiszeiten wechseln sich scheinbar willkürlich ab. Seit der Mensch jedoch massiv so genannte »fossile Energien« wie Erdöl, Erdgas oder Kohle nutzt und verbrennt, kommt ein bisher nicht gekannter Klimawandel hinzu: die deutlich schnellere Erwärmung der Erdatmosphäre durch den Treibhauseffekt.

Es ist wissenschaftlich bewiesen, dass die in der unteren Luftschicht befindlichen Treibhausgase (Kohlendioxid, Methan, Distickstoffoxid, FCKW etc.) die von der Erde zurückgeworfene Wärmestrahlung mehr absorbieren, als es früher in unbelasteter Luft geschah. Die Ozeane sorgen zwar dafür, dass sich die Erdatmosphäre um etwa 40 Jahre verzögert erwärmt – so »baden« wir derzeit erst die Folgen der 50er Jahre aus – dennoch haben Wissenschaftler in zahlreichen Modellen berechnet, dass bei verdoppeltem CO_2-Gehalt die weltweite Durchschnittstemperatur um ca. 1 °C bis 2,5 °C ansteigt. Heiße Sommer könnten dann bei uns ebenso zur Norm werden wie Klimaverhältnisse der Mittelmeerregion zum Alltag in Süddeutschland.

Für manche, bisher klimatisch benachteiligte Regionen mit Wärmedefizit könnte sich diese Tendenz durchaus positiv auswirken. Hochgebirgswälder nahe der alpinen Waldgrenze dürften davon profitieren. Fakt bleibt aber: Das sensible Ökosystem muss sich neu einjustieren.

Der langjährige Vergleich zeigt, dass die weltweite Durchschnittstemperatur im 19. Jahrhundert tendenziell und in den letzten Jahren sogar drastisch zugenommen hat.

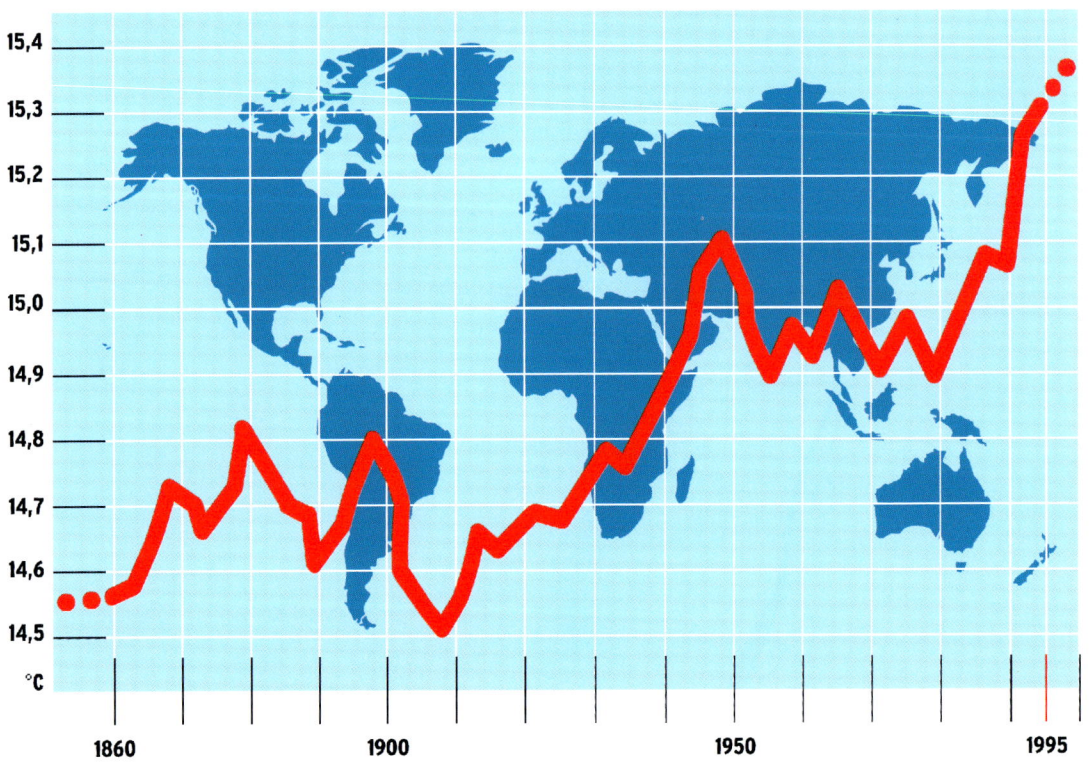

Auswirkungen des Treibhauseffekts

Für Mitteleuropa werden von Klimaforschern folgende Auswirkungen des Treibhauseffekts diskutiert:

- Ein massives Abschmelzen der Polkappen und damit ein um bis zu einem halben Meter erhöhter Meeresspiegel innerhalb der nächsten 50 bis 100 Jahre.
- Weiterer Gletscherschwund in den Alpen.
- Schneearme und milde Winter.
- Neue Hitzerekorde bis über 40 °C im Sommer.
- Verfrühte Wärmeperioden im Spätwinter mit vorzeitigem Austreiben der Natur (erhöhtes Spätfrostrisiko).
- Gehäuftere und stärkere Orkantiefs mit massiveren Sturmschäden und Sturmfluten.
- Extremere Wetterstürze von milden/warmen/heißen Südwetterlagen zu kühlen/kalten Nordwetterlagen.
- Gehäuftere und verheerendere Unwetter bei Sommerschwüle.
- Ausgiebigere Trocken- und auch Dürreperioden.
- Häufigere Dauer- oder Starkregenwetterlagen mit neuen Hochwasserrekorden.

Das Ozonloch

Über der etwa 10 bis 14 Kilometer mächtigen unteren Luftschicht (Troposphäre), in der sich das Wetter abspielt, befindet sich die Stratosphäre. In ihr wird Sauerstoff (O_2) mit Sonnenlicht durch chemische Reaktionen in Ozon (O_3) umgebaut. Lange Zeit war die Konzentration dieses Gases so hoch, dass wir Menschen ausreichend vor den gefährlichen Anteilen der UV-Strahlung geschützt waren. Aggressive und langlebige Schadstoffe wie FCKW, die lange Zeit etwa als Kühlmittelzusatz für Kühlschränke Verwendung fanden, sind jedoch in den letzten Jahrzehnten in großen Mengen weit hinauf in die Stratosphäre gelangt und zerstören dort noch immer die wertvolle Schutzschicht. Am meisten von dieser verhängnisvollen Entwicklung betroffen ist die Südhalbkugel, vor allem aber der Bereich über der Antarktis. Hier kommen noch hochkomplizierte Prozesse hinzu, die zum einen mit dem Treibhauseffekt und zum anderen mit der dort größeren Kälte in der Stratosphäre zusammenhängen, wodurch zusätzlich Ozon abgebaut wird.

Aber auch über Nordamerika und dem nördlichen Europa wurden in den Neunzigerjahren zeitweise bis zu einem Drittel niedrigere Ozonkonzentrationen in der Stratosphäre gemessen. Immer intensiver dringen so gefährliche Strahlenbestandteile bis zur Erde vor, die die menschliche Haut zum Teil massiv schädigen können. Deshalb sollten vor allem empfindliche Hauttypen Vorsorge treffen, wenn sie sich der Sonne länger aussetzen.

Schon Mitte der 70er Jahre waren FCKW (Fluorchlorkohlenwasserstoffe) als Ozonschichtzerstörer ausgemacht. Sie wurden als Treibmittel in Spraydosen und als Kühlmittel in Kühlschränken eingesetzt und kamen so tonnenweise in die obere Luftschicht. Welch verheerende Folgen ein Fehlen dieser Schutzschicht hätte, darauf verweisen Wissenschaftler immer wieder.

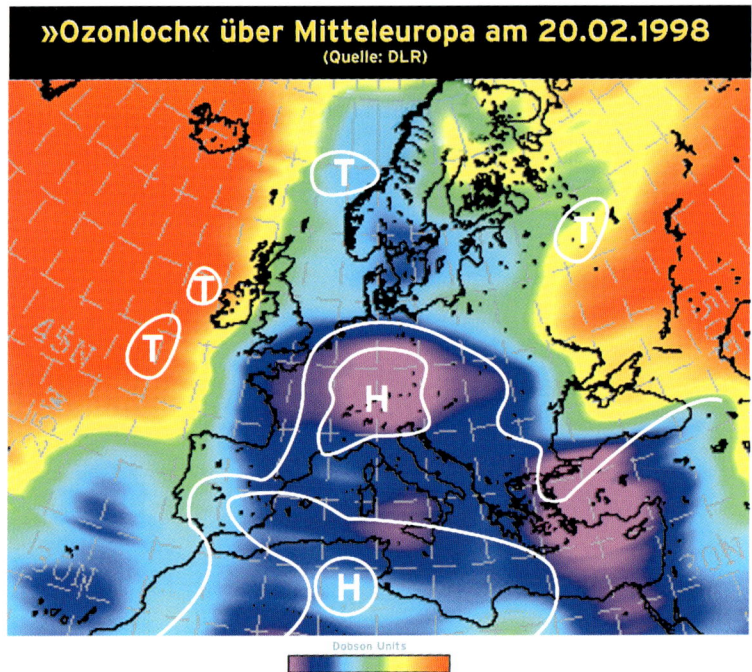

Diese nachbearbeitete Satellitenmessung der Ozonkonzentration in der Stratosphäre zeigt, dass besonders bei spätwinterlicher, sonnig-milder Hochwetterlage auch über Mitteleuropa ein »Mini-Ozonloch« auftreten kann.

Zwar gibt es mittlerweile computergestützte Angaben über das Wetterphänomen »El Niño«, doch hundertprozentig gesicherte Daten sind bislang noch nicht verfügbar. So wird mit Modellrechnungen versucht, die Auslöser und Folgen dieses Phänomens zu erfassen und es dadurch voraussagen zu können.

El Niño und La Niña

So richtig wissen wir im Grunde erst seit 1997 von diesem großen Naturphänomen. Einheimische peruanische Fischer tauften das Ereignis nach dem Christkind »El Niño«. Zu verstehen ist darunter die immer regelmäßiger und ausgeprägter um die Weihnachtszeit auftretende massive Erwärmung des sonst kalten Humboldtstromes vor Peru. Mittlerweile weiß man, dass es sich um Wechselwirkungen zwischen Ozean und den Luftdruckverhältnissen auf der Südhalbkugel handelt. Durch eine verhängnisvolle Kettenreaktion verändern sich dann großflächig die Passatwinde über dem Pazifik. Durch die höheren Wassertemperaturen verdunstet viel mehr Pazifikwasser. So entstand 1997/98 aus den schweren Regenfällen in Peru neben Verwüstungen auch ein ca. 40 Kilometer breiter neuer See im Norden des Landes, der dort die wüstenähnliche Region bewässern helfen könnte. Gleichzeitig wurden aber Kuba und vor allem Indonesien von einer lang anhaltenden Dürreperiode heimgesucht, die in Sumatra und Borneo die riesigen Wald- und Buschbrände zu einer mehrwöchigen Smogkatastrophe werden ließ.

Aber auch in Europa bekommen wir diese Wetteranomalie hautnah zu spüren: So haben die tropischen Winde die hochreichenden Starkwindbänder (Jetstreams) zum Ende des Winters 1998 viel weiter als üblich nach Norden verlagert. Die Folge war ein extrem milder und sehr sonniger Februar. Die Pflanzen reagierten in Mitteleuropa mit viel zu frühem Austreiben.

Umgekehrt sorgte die kalte Schwester, »La Niña«, ein knappes Jahr später mit kalten Wassermassen an der pazifischen Oberfläche für Ostwinde in Asien. Besonders viel Regen wurde dadurch in den Norden und Osten Chinas gebracht. Die gigantische Hochwasserkatastrophe entlang des Gelben Flusses Jangtse, von der etwa 240 Millionen Chinesen betroffen sind, war das Ergebnis.

Die extremen Regenfälle im Juli 1997 in Polen, Tschechien, der Slowakei, Österreich und Ostdeutschland mit einer Niederschlagsmenge von teilweise über 500 Liter pro Quadratmeter in wenigen Tagen und dem Jahrhunderthochwasser an der Oder sind dagegen nach Angaben der Wissenschaftler auf andere Ursachen zurückzuführen gewesen.

Die Hagelabwehr im Alpengebiet

Immer wieder werden im Sommer ganze Landstriche von vernichtendem Hagelschlag heimgesucht. Besonders in Mitleidenschaft gezogen wird ein etwa 40 Kilometer breiter Streifen vor den Nordalpen vom Allgäu bis zum Berchtesgadener und Salzburger Land.

Um dagegen anzugehen, hat man bereits im Jahre 1754 ein so genanntes »Wetterschießen« im Raum Rosenheim veranstaltet. Aber erst 1947 wurde entdeckt, dass Silberjodid eine dem Eis ähnelnde Kristallstruktur aufweist. Es ist zudem wasserlöslich, wird hochgradig in der Atmosphäre verdünnt und ist im Verhältnis zum volkswirtschaftlichen Schaden unter dem Aspekt der Umweltbelastung tolerierbar. So wurden zwischen 1958 und 1973 zeitweise 72 Abschussrampen für Hagelraketen, 140 Hagelschützen und 210 Wetterbeobachter eingesetzt. Ausgerechnet aber 1974, als durch das verschärfte Sprengstoffgesetz die »Wolkenimpfung« eingestellt werden musste, verursachten schwerste Hagelunwetter im Landkreis Rosenheim enormen Sachschaden. So wurde die Hagelabwehr 1975 erneut aufgenommen – diesmal aber per Flugzeug. Als am 12. Juli 1984 der Raum München von einem abendlichen Hagelschlag mit der damals weltweit größten Versicherungsschadenssumme von ca. einer Milliarde DM niederging, wurde die Hagelbekämpfung erneut zum Thema.

Der seit Februar 1994 bestehende eingetragene »Verein zur Erforschung der Wirksamkeit der Hagelbekämpfung« hat mittlerweile über 7000 Mitglieder aus allen Bereichen. Er unterstützt aus seinen Geldern auch das Erforschen der so genannten »Sferics«, blitzähnlicher elektromagnetischer Impulse von Wolken, die schon vor dem Schauer- oder Gewitterstadium auftreten.

Ob es nun der gute Wille von Petrus oder der wagemutige Einsatz der »Hagelflieger« ist, die per Funk von einer Münchner Wetterfirma in die unmittelbare Nähe der hagelträchtigen Gewitterwolken gelenkt werden – eines fällt auf: Zwischen dem Glauben der Bevölkerung, dass die eigene Hagelabwehr Unheil verhindert, und den statistischen Tatsachen besteht ein rätselhafter Zusammenhang: Schlimme Hagelunwetter blieben seitdem aus.

> In unseren gemäßigten Breiten kommen glücklicherweise keine Blizzards oder große Wirbelstürme vor. Auch Starkwinde mit Orkanstärke sind selten, doch mit dem Hagelschlag droht eine Gefahr, die große Schäden im Natur- und Kulturraum anrichten kann. Verheerende Hagelschläge kommen jedes Jahr vor, und die Schäden sind unter Umständen sehr groß. Mit der Hagelfliegerei wird seit Jahrzehnten die Entstehung wirklich großer Hagelkörner zu verhindern versucht.

Anhang

Umrechnungstabellen

Grad Celsius in Kelvin (K):
0 °K = -273,2 °C = absoluter Nullpunkt der Bewegungsenergie von Gasmolekülen

Grad Fahrenheit (°F) in Grad Celsius (°C)										
Fahrenheit	**0**	**1**	**2**	**3**	**4**	**5**	**6**	**7**	**8**	**9**
-40	-40,0	-40,6	-40,1	-41,7	-42,2	-42,8	-43,3	-43,9	-44,4	-45,0
-30	-34,4	-35,0	-35,9	-35,6	-36,1	-36,7	-37,2	-38,3	-38,9	-39,4
-20	-28,9	-29,4	-30,0	-30,6	-31,1	-31,7	-32,2	-32,8	-33,3	-33,9
-10	-23,3	-23,9	-24,4	-25,0	-25,6	-26,1	-26,7	-27,2	-27,8	-28,3
-0	-17,8	-18,3	-18,9	-19,4	-20,0	-20,6	-21,1	-21,7	-22,2	-22,8
0	-17,8	-17,2	-16,7	-16,1	-15,6	-15,0	-14,4	-13,9	-13,3-	12,8
10	-12,2	-11,7	-11,1	-10,6	-10,0	-9,4	-8,9	-8,3	-7,8	-7,2
20	-6,7	-6,1	-5,6	-5,0	-4,4	-3,9	-3,3	-2,8	-2,2	-1,7
30	-1,1	-0,6	0,0	0,6	1,1	1,7	2,2	2,8	3,3	3,9
40	4,4	5,0	5,6	6,1	6,7	7,2	7,8	8,3	8,9	9,4
50	10,0	10,6	11,1	11,7	12,2	12,8	13,3	13,9	14,4	15,0
60	15,6	16,1	16,7	17,2	17,8	18,3	18,9	19,4	20,0	20,6
70	21,1	21,7	22,2	22,8	23,3	23,9	24,4	25,0	25,6	26,1
80	26,7	27,2	27,8	28,3	28,9	29,4	30,0	30,6	31,1	31,7
90	32,2	32,8	33,3	33,9	34,4	35,0	35,6	36,1	36,7	32,2
100	37,8	38,3	38,9	39,4	40,0	40,6	41,1	41,7	42,2	42,8

°C = 5/9 • (°F-32); °F = 9/5° • C +32 (gebräuchlich in USA, GB)

Luftdruck
1 bar = 1000 millibar (mb) = 1000 Hektopascal (hpa)
1 Torr = 1,0 mm Quecksilbersäule (Hg) = 1,33 hpa (früher mb)

Niederschlag
1 mm Niederschlagshöhe = 1 Liter pro Quadratmeter
1 inch = 25,4 mm; 1 mm = 0,0394 inches (gebräuchlich in USA, GB)

Energie

1 Kalorie (cal) = 4,186 Joule (J) oder Wattsekunden (Ws)
1 Kilokalorie (kcal) = 1,16 Wattstunden (Wh); 1 Kilowattstunde (kWh) = 860 kcal

Ozonkonzentration

Gemessen in Mikrogramm Ozon pro Kubikmeter Luft

Zeit und Standort

Mitteleuropäische Zeit MEZ = mittlere Ortszeit (MOZ) des durch Stargard i. Pom. und Görlitz/Sachsen verlaufenden 15. östlichen Längengrades

Mitteleuropäische Sommerzeit MESZ = MEZ + 1 Stunde:
Vorstellen der Uhr um eine Stunde um 2 Uhr nachts am letzten Sonntag im März, Zurückstellen der Uhr um eine Stunde auf MEZ um 2 Uhr am letzten Sonntag im Oktober

	München	Frankfurt (Main)	Dresden	Berlin	Hannover	Hamburg	Deutschland
Mittlere Sonnenscheindauer (in Stunden)							
Januar	65	46	52	56	53	51	54
Februar	72	69	74	78	70	64	72
März	147	158	127	151	124	131	138
April	179	188	163	193	183	186	180
Mai	224	230	199	239	223	230	222
Juni	206	211	184	244	207	222	212
Juli	232	218	182	242	202	220	215
August	220	196	189	212	202	183	200
September	180	162	152	194	150	171	166
Oktober	137	103	115	123	112	100	116
November	60	44	54	50	51	44	52
Dezember	45	29	43	36	37	28	38
Jahr	1771	1640	1534	1818	1614	1639	1665

Kontaktadressen und Ansprechstellen zu Wetter und Klima

Deutscher Wetterdienst (Zentrale)
Frankfurter Str. 135 · D-63067 Offenbach
Tel.: +49 (0)69 80 62-0 · Fax: +49 (0)69 80 62-24 84
E-mail: mheinkel@dwd.d400.de

Informationen zu Sturmfluten an Nord- und Ostsee für die Seeschifffahrt
Deutscher Wetterdienst
Niederlassung Hamburg
Bernhard-Nocht-Str. 76 · D-20359 Hamburg
Tel.: +49 (0)40 31 90-0 · Fax: +49 (0)40 31 90-88 03

Informationen zu Hochwasser im Binnenland, beispielhaft Bayern
Hochwassernachrichtenzentrale im Bayerischen Landesamt für Wasserwirtschaft
Tel: +49 (0)89 1210-1166
Ansagedienst: +49 (0)89 12 10-15 88
E-mail: hnd@lfw.bayern.de
Internet-Infos: http://www.bayern.de/lfw/hnd

Informationen zum regionalen Wettertrend, rund um Urlaub und Freizeit (von Schneehöhen bis Badeseetemperaturen)
More and More Communication
Münchner Str. 101j · D-85737 Ismaning b. München
Tel: +49 (0)89 96276-120 · Fax: +49 (0)89 96276-151
E-mail: wetter@mmc.de
Internetinfos: http://www.wetternews.de

Informationen zu Wetterfühligkeit und Bioklima
Deutscher Wetterdienst
Geschäftsfeld Medizin-Meteorologie
Stefan-Meier-Str. 4 · D-79104 Freiburg
Tel: +49 (0)761 2 82 02-0 · Fax: +49 (0)761 2 82 02-35 oder -90
E-mail: wmikuteit@dwd.d400.de

Institut und Poliklinik für Arbeits- und Umweltmedizin der Universität München
PD Dr. Peter Hoeppe
Ziemssenstr.1 · D-80336 München
Tel: +49 (0)89 51 60-24 66 · Fax: +49 (0)89 51 60-39 57
E-mail: P.Hoeppe@lrz.uni-muenchen.de
Internetinfos: http://www.med.uni-muenchen.de/arbmed

Informationen zu aktueller UV-Strahlung und Sonnenbrandgefahr
Bundesamt für Strahlenschutz
Willy-Brandt-Str. 5 · D-38226 Salzgitter
Referat für Presse- und Öffentlichkeitsarbeit
Tel: +49 (0)5341 2 25-280

Informationen zum europäischen Ozongehalt in der Stratosphäre
Deutsches Zentrum für Luft und Raumfahrt e.V.
Porz-Wahnheide, Linder Höhe · D-51170 Köln
Tel: +49 (0)22 03 601-21 16 · Fax: +49 (0)22 03 601-32 49
E-mail: Pressestelle@dlr.de
Internetinfos: http://dlr.de
zu aktuellem Ozon über Europa: http://auc.dfd.dlr.de/data.html

Informationen zu Gefahren durch UV-Strahlung für die Haut und durch Pollenflug für Allergiker
Klinik und Poliklinik für Dermatologie und Allergologie am Biederstein, Technische Universität München
Biedersteiner Straße 29 · D-80802 München
Tel: +49 (0)89 4140-0 · Fax: +49 (0)89 4140-3171
Internet-Infos: http://www.derma-allergie.med.tu-muenchen.de

Informationen über Luftverschmutzung durch Schadstoffe (Smog, Sommerozon)
Umweltbundesamt Berlin
Postfach 330022 · 14191 Berlin
Tel: +49 (0)30 89 03-22 50
Luftgütedaten länderweise im Videotext oder über t-online: *ui#
Internetinfos: http//www.umweltbundesamt.de

Informationen über aktuelle Lawinenlage und Alpenwetter
Deutscher Alpenverein
Bundesgeschäftsstelle
Von-Kahr-Straße 2-4 · D-80997 München
Tel: +49 (0)89 14 00 30 · Fax:+49 (0)89 1 40 03 11
E-mail: info@alpenverein.de

Informationen über Klimatrends und detaillierte Spezialwetterkarten
Institut für Meteorologie der Freien Universität Berlin
Karl-Heinrich-Becker-Weg 6-10 · D-12165 Berlin
Tel: +49 (0)30 83 87 11 97 · Fax: +49 (0)30 7 91 90 02
E-mail: versand@bibo.met.fu-berlin.de
Internetinfos: www.met.fu-berlin.de/wetter/wetterkarte

Über den Autor

Christian Burkhard König studierte Forstwissenschaft in München und war anschließend als wissenschaftlicher Mitarbeiter in der Klimaforschung tätig, bevor er als Wetterredakteur und Präsentator bei Antenne Bayern begann. Später gründete er ein Dienstleistungsunternehmen. Als Autor bevorzugt er Themen wie Menschenkunde, Natur, Esoterik, Sport, Psychologie und natürlich das Wetter.

Dank des Autors

Beim Auswählen und fachgerechten Zusammenstellen der unzähligen Wissensdetails über die Wettervorgänge und gesundheitlichen Auswirkungen auf den Menschen geht mein besonderer Dank an Alexandra Henneberger. Viele praktische Hinweise zum Wetter am Meer kamen von Kai Zorn. Schließlich verdanke ich Emeritus Prof. Dr. Albert Baumgartner maßgeblich meinen unbekümmerten Drang zum Beobachten und Erforschen von Wetter- und Naturerscheinungen.

Impressum

Der W. Ludwig Verlag ist ein Unternehmen der Verlagshaus Goethestraße GmbH & Co. KG.
© 1999 Verlagshaus Goethestraße GmbH & Co. KG, München

Alle Rechte vorbehalten. Nachdruck – auch auszugsweise – nur mit Genehmigung des Verlages.

Redaktion:
Martin Stiefenhofer
Projektleitung: Ernst Dahlke
Bildredaktion: Beate Wagner
Umschlag: Till Eiden
DTP: Jan-Dirk Hansen
Produktion:
M. Metzger (Leitung), A. Aatz, Dr. E. Weigele-Ismael

Printed in Germany

Gedruckt auf chlor- und säurearmem Papier

ISBN 3-7787-3743-0

Benutzte Literatur

J. van Eimern: Wetter- und Klimakunde für Landwirte, Gärtner, Winzer und Landschaftsplaner; Stuttgart 1979
C.-D. Schönwiese: Klimaänderungen; Berlin, Heidelberg 1995
A. Schuh: Angewandte medizinische Klimatologie; Inst. für med. Balneologie und Klimatologie, München 1995
V. Faust: Biometeorologie; Stuttgart 1978
Meyers Kleines Lexikon Meteorologie; Mannheim 1987

Bildnachweis

Bavaria Bildagentur, Gauting: 138 (International Stock); Bayrisches Wasserwirtschaftsamt: 75; Deutscher Wetterdienst Frankfurt/Main: 64, 86; Forstwissenschaftliches Institut: 107; Frank Heller: 59 u; Christian König: 6, 22, 26, 29 o., 29 u., 30, 31, 34 o., 34 u., 38o., 38 u., 39, 40, 47, 49, 50, 51, 55, 57, 58, 59 o., 60, 61, 62 o., 70, 71, 77, 78, 82 o., 82 u., 84, 85, 87, 88, 89, 94, 95, 102, 104, 105, 106, 112, 115, 117, 118, 129, 130, 132, 136, 139, 142, 145, 149, 161, 165, 166, 178; Münchener Rückversicherung (Dr. Krügler): 37, 126, 137; Mauritius, Mittenwald: 62u (Thonig), 90 (fm), 124 (Rossenbach); Naturpark Berchtesgadener Land: 73, 98, 101, 103, 128, 133, 148, 173, 174; Pressarchiv Stovo: 111; Südwest Verlag, München: 144 (Christian Kargl/ Ute Schoenenburg), 150, 158 (N.N.); The Image Bank, München: 8 (Bernard Roussel), 63 (Pete Turner); Kai Zorn: 81, 125, 127, 135.

Alle Illustrationen sind von Nick Hermanns, München.

Sachregister

Abendrot 61, 172
Alkoholthermometer 83f.
Allergien 154, 156
Alpenglühen 62
Alpenraum, Wetter im 129f.
Altweibersommer 159
Aprilwetter 71, 131
Aquaplaning 118
Äquator 12, 46, 99
Atmung 12
Atomversuche 12
Azorenhoch 18, 65

Badevergnügen, ungetrübtes 140
Barograph 87
Barometer 86f.
Bauernkalender 176f.
Beaufort-Skala 40, 92f.
Bedeckungsgrad (Wolken) 93
Berg-/Seewetter 129ff.
Berg-/Talwind-Zirkulation 44
Bergwald 125f.
Beschwerden, wetterbedingte 145f.
Binnenseen, Wettereinflüsse auf 139f.
Bioklima-Zonen 155ff.
Blitze 37, 94, 132, 170
Bodenthermometer 86
Böhmer Wind 167
Bora 41

Cirrus (Schleierwolke) 12, 28, 35, 94
Coriolis-Kraft 15
Cumulonimbus (Gewitterwolke) 35ff.
Cumulus (Quell-/Haufenwolke) 28ff., 49

Dampfwolkenbilder 167

Deutschlandwetter, regional betrachtet 109
Doppelthermometer 90
Dosenbarometer 86f.
Dürre siehe Trockenheit

Ebbe und Flut 174
Eisdicken und Belastbarkeit 140f.
Eisheilige 159
Eiskörner 52f., 94
Eislaufwetter 140f.
Eisregen 54, 94, 116
Eisrettung 141
Eiswein 124
El Niño 182
Elemente, meteorologische 9
Erdatmosphäre 12
Erholungsfaktor berücksichtigen 157

Fahrenheit 23
Fallwinde 72f.
Faradayscher Käfig 170
Fata Morgana 63, 136
FCKW (Fluorkohlenwasserstoffe) 181
Flachlandklima 9
Fliehkraft 15
Föhn 71f., 129, 134, 150
Fröste 119f.
Frühfrost 120
Frühlingsbeginn 99ff.
Frühlingsboten 101

Gartenklima, Grundregeln fürs 121
Gartenwetter 118
Gartenwetterkalender 122f.
Gebirge, Wettergefahren im 132
Genua-Tief 71
Gewitter 9, 94, 132, 169ff.
 - Regeln zu 170
 - richtiges Verhalten bei 170

Gewitter-Wetterlagen 70
Gewitteraufzug 169
Glatteis 118
Glorie 60
Golfstrom 15
Grad Celsius 23
Grünflächen, städtische 116

Hagel 9, 39, 52f., 94, 119, 126f.
Hagelabwehr 183
Halo-Erscheinungen 59
Hauptelemente, meteorologische 22ff.
Hauptwetterphasen 20ff.
Hausbarometer 88
Hauttypen 153
Heiligenschein 60
Hektopascal (hPa) 24
Herbst 103f.
Himmelblau 60f.
Heuschnupfen 154
Hoch
 - Entstehung 18
 - über Mitteleuropa 68f.
Hochgebirgsklima 9, 155
Hochwasser-Wetterlage 74f.
Hundertjähriger Kalender 175
Hundstage 159
Hygrometer 24, 89f.

Inversionswetterlage 69, 73f.
Islandtief 65

Jahresringe 107
Jahreszeiten 9, 27, 50, 65, 99ff.
Jet-Stream 46, 182

Kalender, gregorianischer 164
Kaltluftseen 44, 131
Klima
 - gemäßigtes 9, 110
 - in Deutschland 108ff.

Klimabesonderheiten 156
Klimaschwankungen 180
Kohlendioxid 12
Komplettwetterstation 96
Kondensationseffekt 29
Kondensstreifen 35, 61, 171f.
Kontinentale Luft 19

La Niña 183
Laub-/Reifezyklus 108
Lawinen-Zusatzregeln 134
Lawinengefahr 75f., 133f.
Luft 12
Luftausgleichskräfte 15
Luftdruck 9, 22, 24f., 150
Luftfeuchtigkeit 9, 22ff., 89f., 150
Luftmassen-Charaktere 19
Luftschadstoffe 115, 127, 151
Luftspiegelungen 63, 136
Lufttemperatur 9, 22, 25, 83, 90, 150f.

Manometer 87f.
Meer, Wetter am 134
Meer-/Festland-Zirkulation 42f.
Meeresluft 19
Mensch als Wettermacher 179ff.
Messgeräte 82ff.
Messwerte objektivieren 111
Methan 12
Mistral 41
Mitteleuropa 9
Mittelgebirgsklima 9, 156
Mittelmeerluft 19
Mittsommernacht 102
Monatsnamen heute 164
Mond als Wetterprophet 174
Monsun 12, 44
Morgenrot 61, 172

Natureisbahn, ideale 141
Nebel 23, 25, 55, 95, 104, 114, 132f., 171

Nebelarten 56
Neumond 174
Niederschlag 9, 51ff.
Nordwetter 66
Nordostwetter 66
Nordseehoch 136
Nordseewetter 134
Nordwestwetter 66

Ostwetter 67
Ostseewetter 138f.
Ostwind 19, 136
Ozon 39, 77, 151f.
Ozonbelastung 115, 131, 152
Ozonloch 181f.

Passat 12, 44
Pflanzen als Wetterboten 174
Pflanzungen, frostgeschützte 120
Planeteneinflüsse 175
Planetenkalender 175
Polarluft 19
Pollenflug 154
Pollenflugkalender 155

Quallenwetter 136f.
Quecksilberthermometer 84f.

Radar 53
Rauchfahnen
  - als Wetterboten 166f.
  - und Windstärken 168
Raureif 47, 57
Regeln zu optischen Erscheinungen 172
Regen 14f., 51f., 113, 165
Regenbogen 58, 172
Regenmesser (Totalisatoren) 52, 88
Regentypen 51
Reibung 15
Reif 57, 113, 171
Reifglätte 118

Reise-Bioklima 156
Reizklima 135

Schäfchenwolken
  (Altocumulus) 31, 49
Schafskälte 159
Schalenkreuz-Anemometer 40
Schnee 14f., 52, 113, 165
Schnee-/Eistypen 53
Schneechaos 75
Schneeglätte 118
Schneehöhenmessung 89
Schönwetter
  - gesteigertes 21
  - mittleres 20
  - übersteigertes 21
Schwüle 152
See-/Umland-Zirkulation 42
Seeklima 9, 156
Sferics 183
Sichtweite 9, 95
Siebenschläfer 164
Silberjodid 183
Singularitäten 159
Singularitätenkalender 160
Skandinavienhoch 136f.
Smog 18, 69, 73f., 106, 167
Sommer 19, 23, 25, 34, 42f., 65, 77, 102f., 160
Sommergewitter 37ff.
Sommersmog 77
Sommersonnenwende 102
Sonne 10, 27, 58ff.
Sonnenbrand vermeiden 153f.
Sonnenlicht, Strahlungsbreite 10
Sonnenscheinautograph 10, 12, 94
Sonnenscheindauer 94f., 113, 116, 124
Sonnenschutzmittel 153
Spätfrost 119f.
Stadtwetter/Landwetter 113ff.
Starkwinde 45
Starkwindtypen 46
Statistiken, Aussagewert von 110f.
Strahlen, dunkle 61f.

Sachregister

Strahlung 9, 153
Straßenwetter 116ff.
Stratosphäre 12
Stratus (Schichtwolke) 28, 34
Sturmtief 137f.
Südwetter 67f.
Südostwetter 67
Südwestwetter 68
Sylt, Klima auf 134f.

Tag und Nacht Gleiche 99f., 103
Tau 51, 56, 104, 113, 171
Taupunkt 24
Tauwetter 134
Temperaturänderungen,
   Bedeutung 23
Temperaturmessfühler 85
Thermik 18
Thermograph 85
Thermometer 82ff.
Thermometerhütte 82f.
Tief
   - idealtypisches 16
   - über Mitteleuropa 69
Tief-/Hochdruckgebiete 15, 21
Tief-Wolken, typische 31
Tiere als Wetterboten 173
Treibhauseffekt 12, 180
   - Auswirkungen 181
Trockenheit 76f.
Tropopause 36
Troposphäre 12, 181
Türmchenwolken (Cumulus
   castellanus) 37

Überschwemmungen 74f., 138
Umrechnungstabellen 184
Urlaubsregionen, günstige 157
UV-Strahlung 12, 131, 152

Vegetationszyklen 107f.
Verdunstung 94
Vollmond 174

Vulkanausbrüche 12

Waldbrandgefahr 76f.
Waldbruch 126
Waldsonnenstrahlen 62
Waldwetter 124f.
Wanderwetterprognosen 131
Wärmemenge 108
Wasser 10, 14f., 51
Weihnachten, weiße 161
Weinbau 124
Wellenstrukturen 49f.
Westwetter 65, 105
Westwind 9, 19, 129
Wetter
   - Bedeutung im Alltag 81
   - Definition 9
   - im Jahreslauf 99ff.
   - in Deutschland 108ff.
   - lokalspezifisches 9
   - systematische Aufzeichnung
   79
   - und Gesundheit 143ff.
   - Wirkung 143
Wetterablauf
   - mit Kaltfront 17
   - mit Mischfront/Okklusion 18
   - mit Warmfront 17
Wetterbeobachtung 79ff.
Wetterberuhigung 22
Wetterboten 173f.
Wetterfühligkeit 143ff.
Wetterhäuschen, ideales 83
Wetterlagen 65ff.
   - besondere 69ff.
   - durch Menschen
   verursachte 179
Wetterphänomene 27ff.
Wetterprotokoll, eigenes 96, 192
Wetterreaktion 145
Wetterregeln
   - bewährte 162f.
   - praktische 165ff.
Wetterrekorde in Deutschland 110
Wetterschäden im Wald 126f.

Wetterscheiden 9
Wetterschießen 183
Wetterstationen 79, 81
Wettersturz im Gebirge 172
Wettersymbole 97
Wettertagebuch 96
Wetterumschlag 21
Wetterumschwung,
   aufkommender 21, 129
Wettervorhersage 20
Wetterweisheiten 159ff.
Wind 9, 27, 40ff., 65, 90ff.,
   114, 165
Wind-Wetter-Kombinationen 41
Windbrecher 48
Windempfinden 50
Windherkunft und Sicht 130
Windmessgeräte 40f., 90ff.
Windrose 40, 91
Windstärke 91ff.
Windsysteme 12, 27, 44, 129
   - städtische 44
Winter 12, 19, 23, 25, 34, 65,
   105ff., 114, 117f., 160f.
Winterfrost 119
Wintersonnenwende 105f.
Winzerwetter 124
Witterung 9
Wolken 9, 27ff., 165
   - irisierende 5
Wolkenfamilien 28
Wolkenspiegel 93
Wolkenzug 165

Zirkulationssysteme 41

Protokoll zur täglichen Wetterbeobachtung

Monat:　　　　Ort:　　　　　　　　　　　　　　Jahr:

Tag	Temperatur (°C)		Bewölkung			Gewitter	Regen/Schnee (mm)	Wind	Luftdruck (hPa)	Nebel/Hagel	Sonstiges
	Minimum	Maximum	●	◐	○						
1											
2											
3											
4											
5											
6											
7											
8											
9											
10											
11											
12											
13											
14											
15											
16											
17											
18											
19											
20											
21											
22											
23											
24											
25											
26											
27											
28											
29											
30											
31